한국
보수정부의
부침 2008-2017

김희민 편저

박영사

머리말

　금년은 본인이 교수로 재직한 지 30년이 되는 해이다. 이런 해에 실력 있는 후배 교수들과 지난 보수정부 9년을 논하는 책을 한국에서 출판하게 된 것은 본인에게는 큰 행운이다. 이제 100세 시대라고는 하나 언제까지 본인이 연구를 "잘" 할 수 있을지는 모르겠다. 한국의 경우 교수들에게 정년이라는 인위적인 종착점이 있고, 그로 인해 은퇴 시기가 연구 종료 시점이 되는 경우가 많은 것이 안타깝다. 본인의 경우 육체적으로 또 정신적으로 언제까지 좋은 연구를 할 수 있을지는 알 수 없지만, 그날이 올 때까지는 최선을 다해 연구하고 싶다.

　이 책에 실린 논문 중 몇 개는 국제 학술지에 실렸던 논문들을 학술지의 허락을 받고 번역, 수정을 한 것들이고, 나머지는 이 책만을 위해서 새로 쓰인 논문들이다. 이번 서적의 출판에 참여해 준 후배 교수들께 감사드린다. 이 책을 기획하고 완성함에 있어 서울대학교 발전기금, '인문·사회계열 학문전공교수 해외연수지원 사업' 그리고 미래기초학문분야 기반조성사업으로 지원되는 연구비의 도움을 받았음을 밝힌다.

　여기서 특히 2장을 본인과 공동 저술한 노정호 교수의 이야기를 아니할 수 없다. 본래 2장은 Kim, HeeMin and Jungho Roh. 2019. "The Impact of Candidates' Negative Traits on Vote Choice in New Democracies: A Test Based on Presidential Elections in South Korea."라는 제목으로 Journal of Asian and African Studies에 출판된 논문의 일부를 발췌한 후 그 내용을 번역, 수정한 것이다. 우리는 작년 초에 이 논문을 학술지에 제출하였고, 한 차례의 수정 과정을 거쳐 작년 말에 게재가 확정되었다. 인터넷 판은 이미 작년 12월에 게재가 되었고 종이책의 출판을 기다리고 있던 중 지난 1월 노정호

교수가 오랜 지병이 갑자기 도지면서 아무도 예상치 못하게 사망하였다. 노 교수는 연세대학교에서 학사와 석사 학위를 취득하고, 미국 MIT에서 정치학 박사 학위를 받았다. 그 후 예일대학교의 정치학과 및 사회정책연구원 (Institution for Social and Policy Studies)에서 박사 후 연구원을 지내고 귀국하여 2016년 요즘 바늘구멍 들어가는 것 같이 어렵다는 서울의 국민대학교 정치외교학과에 조교수로 임용이 되었다. 신임 조교수로는 엄청난 업적을 보이며 Party Politics, Electoral Studies, Journal of European Social Policy, International Area Studies Review, Social Science Journal 등 굴지의 국제 학술지에 논문을 게재하며 밝은 커리어를 만들어 가던 중이라 그의 갑작스러운 죽음이 너무나 안타깝다. 무엇보다도 귀국을 하여, 젊은 박사들이 바로 한국 연구로 방향을 바꾸는 전통을 따르지 않고, 진정한 사회과학을 하려 했다는 점에서 본인이 가장 아끼던 소장학자였다. 노 교수 사후 지난 3월 출판된 우리 논문이 수록된 종이책을 받아들었을 때 한없는 회한의 감정을 느낄 수밖에 없었다. 본인과 같이 썼던 학술지 논문과 이 책의 2장이 노정호 교수의 유작이 되는 셈이다. 삼가 고인의 명복을 빈다.

2019년 8월
김희민

차례

제1부

제1장 보수정부 9년, 부패와 정치/정책 이슈들
김희민

제1장
보수정부 9년, 부패와 정치/정책 이슈들*

김희민(서울대학교, 플로리다 주립대학교)

들어가며

　2016년 10월과 2017년 5월 사이에 한국 사회는 역사상 유례가 없는 정치적 사건들로 점철되었다. 2016년 10월 소위 '최순실 국정농단' 사건이 폭로된 후 국회는 박근혜 대통령을 탄핵하였고, 헌법재판소는 탄핵을 인용하였다. 이후 박 대통령과 최고위 공직자들은 부패와 헌법질서 교란 등의 혐의로 구속되어 재판을 받게 되었다. 2017년 5월에는 야당 후보였던 문재인 후보가 제19대 대통령 선거에서 승리하였고, 새 대통령으로 취임하였다. 2018년에는 이명박 전 대통령이 도마 위에 올라 무려 16건의 부패 혐의를 받고 기소되어 전직 대통령이 연달아 구속되는 상황을 맞이하였다.

　이 장에서는 우선 지난 몇 년간 벌어진 정치 엘리트들의 부패 사건을 설명하기 위한 이론적 배경으로서 부패와 민주주의 사이의 관계를 설명하는 이론들을 소개하려 한다. 그 후 현재까지 기소가 된 사건들을 중심으로 보수 9년 동안의 부패 상황을 묘사하고, 이 책에서 각 저자가 설명하고자 하는 보수정부의 이슈들과 대략적인 논의를 소개하려 한다.

* 이 장의 일부는 2018년 호주국립대학교(Australian National University)에서 개최된 2018 Korea Update 학회에서 키노트 연설로 발표되었다. 이 연구는 서울대학교 발전기금, 미래기초학문분야 기반조성사업으로 지원되는 연구비에 의하여 수행되었다.

부패와 민주주의

부패란 사적인 이익을 위해 공적인 권력을 사용하는 것이라 할 수 있다. 현재까지 연구들의 대다수가 부패는 민주주의 그 자체에 커다란 해악을 끼친다고 주장한다. 부패는 책임성(accountability), 투명성 등 민주주의의 중요 가치를 약화시키고 궁극적으로 민주주의에 대한 신뢰를 훼손한다(Dahl 1971; Pharr 2000; Anderson and Tverdova 2003; Mishler and Rose 2005; Chang and Chu 2006; Manzetti and Wilson 2006; 2007; Uslaner 2008). 이렇듯 사회과학의 대부분의 연구들은 부패가 민주주의에 부정적인 영향을 준다고 동의하고 있다. 그러면 민주주의의 이행과 심화는 부패에 어떤 영향을 줄까?

부패에 관한 많은 연구가 민주주의가 심화된 국가에서 부패의 수준이 낮다고 주장한다(Sandholtz and Koetzle 2000; Montinola and Jackman 2003; Canache and Allison 2005; Tavits 2007). 이들은 선거를 비롯한 민주주의의 제도적 측면(political institutions)들이 부패를 막아 주는 기능을 하고 있다고 본다. 만약 시민들이 부패한 정치인을 인지할 수 있다면, 그들은 부패한 정치인들을 선거과정을 통해서 단죄할 수 있다고 본다.[1]

그러면 민주주의 이행 이후 지난 30년 동안 가장 성공한 신흥 민주주의 국가의 하나로 여겨지는 한국은 어떠한가(Kim 2011)? 먼저 국제 투명성 기구(Transparency International)의 통계를 살펴보자. 국제 투명성 기구는 매년 부패인식지수(Corruption Perceptions Index)를 산정하여 발표한다. 이 부패인식지수는 세계 180국가의 공적 섹터의 부패상황을 전문가와 기업인들이 인지하는 정도를 점수를 내어 순위를 매긴 것이다. 이 부패인식지수는 0점에서 100점 사이에 위치하는데, 0점은 매우 부패한 국가, 100점은 아주 깨끗한 국가를 의미한다. 2018년 한국은 57점을 받아 세계에서 45번째로 투명한 국가로 나타났다. 진보정부가 출범하고 등수 면에서 많이 상승한 것이 이 정도이다.[2] 경제성장과 정치발전을 어느 정도 이룩한 국가들만을 놓고 보면 한국의 투명성은 (부패의 정도는) 가장 낮은 (가장 높은) 수준이라고 볼 수밖에 없다.

---

[1] 시민들의 인지 능력에 대해서 학계에서 여러 가지 논란이 있지만, 그 부분에 대한 논의는 생략하기로 한다.
[2] https://www.transparency.org/cpi2018.

국제적인 통계 외에 국내에서 벌어지는 사건들을 보더라도, 우리나라에서는 상당수의 정치인과 관료 등이 부패로 인하여 처벌을 받고 있다. 민주화 이후 30년이 넘었음에도 한국은 부패의 척결에 실패하고 있으며 시민들은 한국 사회가 몹시 부패하다고 인지하고 있다(Kim 2019).[3]

박근혜 정부의 국정농단, 촛불 시위 그리고 이어진 이명박 정부에 대한 부패 심판

2012년의 제18대 대선에서 박근혜 후보는 대한민국 역사상 최초의 여성 대통령이 되었다. 그는 1961년부터 1979년까지 장기 집권했던 박정희 대통령의 딸이었고, 1998년에 정치에 입문한 이후 5선 국회의원으로 활약했다. 2012년 박근혜는 당시 여당이었던 새누리당의 실질적인 지도자였으며 제18대 대선에서 대통령 후보가 되었다.

박정희 전 대통령의 딸이라는 사실은 박근혜에게 긍정적인 효과와 부정적인 효과를 같이 미쳤다. 우선 박정희 전 대통령은 반대자를 폭력으로 제압하고 대통령 직선을 피하여 영구 집권하기 위해 유신헌법을 제정하는 등, 권위적인 독재 정치를 펼쳤다. 많은 반대자가 고문을 당했으며 그중엔 목숨을 잃은 사람도 있을 것이다. 한편, 박정희 대통령은 1961년 군사 쿠데타 이후 통치의 합법성을 확보하기 위해 경제개발정책을 추구했다. 상당수의 한국인은 한국전쟁 직후 세계에서 가장 가난한 나라 중 하나였던 한국이 현재 세계 15위 안에 드는 경제 규모를 이루게 된 것이 박정희 대통령이 추구한 경제정책 때문이라고 믿고 있다. 이로 인해 박정희 시대에 대한 상반된 평가가 존재한다. 박근혜의 대선 도전은 박정희 시대에 대한 평가에서 나타나는 시민들 사이의 분열을 더 극명하게 보여 주었다. 어떤 사람들은 박근혜와 박정희라는 '독재자' 사이의 연관성 자체를 정치적 스캔들로 간주하였다(후보자의 가족사가 선거에 미치는 영향에 대해서는 Kim and Roh 2019와 이 책의 2장을 참조할 수 있다).

2012년 당시 야당이었던 민주통합당은 제18대 대선 후보로서 문재인을 내세웠다. 문재인은 노무현 전 대통령과 가까운 사이로, 정치에 입문하기 전

---

3) 시민들의 부패에 대한 인식에 대해서는 제 4장을 참고할 것.

에 두 사람은 같이 변호사 사무실을 운영했고, 노 대통령 집권 시에 문재인은 대통령 비서실장을 지냈다. 2012년의 대선은 결국 양자 대결이 되었고, 표 1 에서 보는 바와 같이 박근혜 후보가 문재인 후보를 51.6% 대 48%로 꺾었다.

표 1   2012년 제18대 대통령 선거 결과

후보자	정당	총 득표수	총 득표 비율
박근혜	새누리당	15,773,128	51.6%
문재인	민주통합당	14,692,632	48.0%
*기타	무소속		0.4%

*양대 정당의 후보 외에 선거 결과에 아무런 영향을 끼치지 못한 네 명의 후보가 있었다.

　　박근혜는 민주화 이후에 대통령이 되었다. 그는 법과 질서를 정립하고 강하고 효율적인 정부를 확립할 것이라는 기대를 받으며 임기를 시작했다. 그러나 그녀의 집권 4년 차에 터진 소위 '최순실 사건'은 온 국민을 경악시켰다. 최순실 사건은 2016년 10월 방송사 JTBC가 아무런 공직도 가지고 있지 않았던 최순실이라는 사인(私人)이 한국 사회에서 가장 예민한 문제들에 속하는 정치·안보정책에 개입했음을 폭로하면서 이슈화되기 시작했다. 언론의 폭로 기사가 쏟아지면서 정부의 인사정책, 재정정책(국민연금을 이용하여 이재용이 삼성을 통제할 수 있게 도왔다는 의심), 스포츠 정책(특정 스포츠를 지원하는 정부 재단의 설립), 문화정책(좌파 예술인들을 정부 보조금 수혜 대상에서 제외하는 블랙리스트) 등에서 최순실이 관여하지 않은 곳이 거의 없을 정도였음이 밝혀졌다. 신기하게도 최순실이 관여한 모든 정책의 재정적 수혜자가 최순실 자신이었다. 최순실은 정부 기관과 공무원들을 자유자재로 이용한 것 같이 보였다. 박근혜 대통령은 최순실의 재산과 권력 추구를 묵인했을 뿐만 아니라, 어떤 경우에는 적극적으로 공조한 것 같이 보였다. 결론적으로 대통령이 헌법을 위반해 가며 그가 가진 권력을 사인과 공유했다는 것이다.

　　최순실-박근혜 게이트 또는 국정농단은 다음을 포함한다:

• 뇌물: 삼성이 경마 실력이 그렇게 탁월하지도 않은 최순실의 딸 정유라를 위해서 고가의 말을 구입해 주었다. 정유라는 독일에서 이 말

들을 이용해 훈련했다. 만약 최순실이 박근혜 정권의 기업정책에 영향
력이 없었다면 삼성이 왜 일면식도 없는 사인에게 말을 사 주었을까?

• 뇌물/뇌물 강요: 최순실과 그 공범들은 두 개의 공익 재단을 설립하
고, 삼성, 현대, SK, 롯데 등 재벌 기업으로부터 수천만 달러에 해당하
는 기부금을 받았다. 흥미롭게도 최순실이 새로 설립하는 회사들이 이
재단의 재정 지원을 거의 독점하였다. 이 사실이 밝혀지자 기업들은
그들이 박 대통령으로부터 기부를 강요받았다고 주장하는 한편, 검찰
은 이들이 뭔가 대가를 받았을 것으로 생각하였다.

• 최순실은 대통령의 모든 연설을 사전에 교정하였다. 최순실은 정부
의 모든 비밀문서를 볼 수 있었고, 모든 정책 분야에 대해 대통령에게
의견을 제시할 수 있었다.

• 좌편향 예술가 블랙리스팅: 대통령 비서실장이었던 김기춘을 정점으
로 하여 청와대와 문화체육부는 거의 만여 명에 달하는 좌편향 예술가
의 블랙리스트를 작성하고 정부 지원금 수혜 대상에서 그들을 배제하
였다. 이러한 조치가 대통령의 지시로 이루어진 것일까?

• 최순실의 딸 정유라를 위한 이화여자대학교의 입시 부정과 성적 조
작: 이 '작전'을 위해서 해당 대학교의 총장, 보직 교수들과 강의를 맡
은 교수들이 동원되었다.

• 불법적 의료 행위: 보안상 출입이 허용되지 않은 성형외과 의사가 야
간에 정기적으로 청와대를 방문하여 의료 행위를 하였다. 그가 정확히
무엇을 했는지는 아직도 확실하지 않다.

그 외에도 다수의 범죄를 저지른 것으로 의심되는 상황이다.

분노한 군중은 거의 5개월 가까이 광화문에서 집회를 벌였고, 그 수가 백
만을 넘는 경우도 여러 번이었다. 이 촛불 집회에서는 청와대로 가는 길을 봉
쇄한 경찰과 백만여 명의 시위대가 대치하였으나 단 한 건의 심각한 폭력 사
태도 없었다는 점에서 인류 역사상 유례가 없다고 하겠다.

인구가 5천만 정도인 국가에서 촛불 집회의 참가자가 연 1,700만 명을 넘
어가면서 촛불은 직접 민주주의의 상징이 되었다. 이제 대한민국 국민의 대부
분이 무엇을 원하는지가 확실해졌고, 2016년 12월, 국회는 의석수의 2/3가 넘

는 찬성으로 박근혜 대통령 탄핵안을 가결했다. 헌법재판소는 바로 탄핵안 심의를 시작했고, 국회가 임명한 특검은 최순실과 정부 안팎에 있는 '최순실 공범'들의 죄상을 수사하기 시작했다. 2017년 3월 10일 헌법재판소는 박 대통령의 탄핵을 인용했다. 그 결과 박근혜는 대통령직에서 파면되었고 황교안 국무총리가 대통령 직무 대행의 역할을 맡게 되었다.

특검은 뇌물수수와 헌법 위반으로 박근혜를 기소했고, 박근혜는 21개의 혐의로 구속되었다. 삼성그룹의 부회장인 이재용 또한 뇌물공여죄로 기소되었다. 당시 국정농단에 연루된 인사들의 재판은 끝났거나 여전히 진행되고 있다. 박근혜는 대기업 관련 범죄, 문화예술계 블랙리스트 등 18개의 혐의와 국정원 특활비, 공천 개입 등 혐의 3개에 대해 각각 재판을 받고 있다. 전자는 2심, 후자는 1심 판결이 나온 상태이다. 2018년 4월 6일 18개 혐의에 대한 1심에서는 혐의 16개에서 일부 유죄 및 유죄가 인정되어 징역 24년 및 벌금 180억 원을 선고받았으며, 2018년 8월 24일 2심에서 징역 25년 및 벌금 200억 원으로 형량이 늘어났다. 2018년 7월 20일 혐의 3개에 대한 1심에서는 2개가 인정되어 징역 8년 및 추징금 33억 원을 선고받은 상태이다. 2개 재판을 합치면 혐의가 총 21개, 형벌은 총 33년형과 벌금 200억 원, 추징금 33억 원에 이른다.[4]

대한민국 헌법에 따르면 대통령 유고 시 60일 이내에 새로운 대통령 선거를 치르게 되어 있다. 그리하여 다음 대선의 날짜가 2017년 5월 9일로 결정되었다. 원내 정당만 보면 다섯 정당의 후보가 경쟁했다. 분당 또는 당명 변화 등의 노력에도 불구하고, 두 보수정당은 유권자로부터 아주 제한적인 지지를 받았다. 표 2에서 보듯이 진보적인 성격을 가진 야당이었던 더불어민주당의 문재인 후보가 최다 득표를 하여 대통령에 당선되었다.

---

4) 위키백과. "박근혜." https://ko.wikipedia.org/wiki/%EB%B0%95%EA%B7%BC%ED%98%9C(검색 일: 2019년 4월 5일).

표 2 2017년 제19대 대선 결과

후보	정당	총 득표수	득표율
문재인	더불어민주당	13,423,800	41.1%
홍준표	자유한국당	7,852,849	24%
안철수	국민의당	6,998,342	21.4%
유승민	바른정당	2,208,741	6.8%
심상정	정의당	2,017,458	6.2%

　　문재인 당선자의 대통령 임기는 선거 직후부터 시작되었다. 신임 문 대통령은 적폐 일소, 경제 재건, 정부의 합법성 복원 등 커다란 짐을 지고 임기를 시작하였다. 동시에 전임 박근혜 대통령 집권 마지막 해에 행해진 이해하기 어려운 여러 외교정책으로 인한 외교적 문제점들을 끌고 가야 하는 부담까지 안게 되었다:

• 미국: 사드(Terminal High Altitude Area Defense, THAAD)의 배치 완료와 트럼프 행정부가 FTA의 재협상을 요구하였다.
• 중국: 사드 배치에 반대한 중국은 재중 한국 기업을 압박하고 중국인의 한국 관광을 규제하는 등 한국에 대한 보복을 시작했다. 일종의 중국판 경제 제재라고 하겠다.
• 일본: 2015년 12월 한국 정부와 일본 정부는 일본군 '위안부' 문제 해결에 동의했다. 이에 의하면 일본은 정식으로 사과하고 생존하고 있는 피해자에 대한 보상으로 한국 정부하에 신설될 재단에 10억 엔을 기부하기로 하였다. 합의안에는 이번 결정이 "마지막이고 불가역적인 해결책"이라는 문구가 포함되었다. 박근혜 정부와 일본의 아베 신조 수상은 이 해결책이 수십 년간 끌어온 분쟁을 해결하기에 충분하다고 생각한 것 같으나, 한국의 여론은 달랐다. 협상안에 대한 부정적인 여론을 수용하여 신임 문재인 정부는 재협상을 요구했으나, 일본 정부는 이를 거부했다.
• 위에서 말한 것들 외에도 문재인 정부가 출범한 이후에 북한은 여섯 번째 핵실험과 대륙 간 탄도탄 실험을 하였다.

위에서 언급한 이슈들로 인해 문재인 정부가 들어섰을 때 한국은 미국, 중국, 일본 모두와의 관계에 있어서 어려운 상황에 놓여 있었다.

박근혜 정권의 부패와 국정농단의 충격이 채 가시기도 전, 이명박 전 대통령을 둘러싼 각종 부패 의혹이 제기되었고 결국 전임 대통령의 기소와 구속이 반복되었다. 이명박 대통령의 혐의를 열거하면 다음과 같다.[5]

• 특정경제범죄 가중처벌 등에 관한 법률상 횡령: 다스의 실소유주로서, 1994년 1월부터 2006년 3월까지 비자금 약 339억 원 조성·1991년부터 2007년까지 다스 자금 약 10억 5천만 원을 개인적으로 사용하였다.

• 특정범죄 가중처벌 등에 관한 법률상 조세포탈: 다스 직원 조영주 씨가 횡령한 것으로 알려진 120억 원을 회수했지만, 해외미수채권 회수로 허위 처리해 법인세 31억 원을 탈세하였다.

• 직권남용 권리행사방해: 2009년, 다스의 BBK 투자자문 투자금 140억 원을 반환받기 위해 진행한 미국 내 민사소송과 관련해 김백준 당시 청와대 총무기획관·청와대 법무비서관실·김재수 LA총영사 등에게 관련 대응을 지시하였다.

• 직권남용 권리행사방해: 2009년 1월, 김재정 씨가 뇌경색으로 쓰러진 후, 김재정의 사망에 대비해 김백준에게 상속세 절감 방안을 지시해 보고를 받았다.

• 특정범죄 가중처벌 등에 관한 법률상 뇌물수수: 2007년 이건희 삼성그룹 회장·이학수 전 삼성그룹 전략기획실장에게 다스의 미국 내 민사소송 자금 지원을 요구하여 2007년 11월부터 2011년 11월까지 삼성전자로부터 585만 709달러 73센트(한화 약 67억 7,401만 7,383원)를 수수하였다. 이명박은 2009년 12월 31일 이건희를 특별사면하였다.

• 특정범죄 가중처벌 등에 관한 법률상 뇌물수수·국고 등 손실: 2008년 3월부터 2011년 10월까지 김성호·원세훈 국가정보원장에게 특수활동비

5) 나무위키. "이명박 전 대통령 구속 사건/타임라인" 참조. https://namu.wiki/w/%EC%9D%B4%EB%AA%85%EB%B0%95%20%EC%A0%84%20%EB%8C%80%ED%86%B5%EB%A0%B9%20%EA%B5%AC%EC%86%8D%20%EC%82%AC%EA%B1%B4/%ED%83%80%EC%9E%84%EB%9D%BC%EC%9D%B8(검색일: 2019년 4월 5일).

지원을 요구해 4회에 걸쳐 총액 6억 원과 10만 달러를 수수하였다.

• 특정범죄 가중처벌 등에 관한 법률상 뇌물수수·정치자금법 위반: 2007년 1월부터 2011년 12월까지 이팔성 우리금융지주 회장으로부터 12회에 걸쳐 현금 22억 5천만 원과 1,230만 원 상당 양복을 받은 뒤, 우리금융지주 회장 임명 및 연임하게 하였다.

• 특정범죄 가중처벌 등에 관한 법률상 뇌물수수·정치자금법 위반: 2007년 가을부터 2008년 3월까지, 김소남 전 한나라당 의원으로부터 비례대표 국회의원 공천 청탁을 명목으로 5회에 걸쳐 4억 원을 수수한 뒤, 김소남에게 2008년 4월 총선 당시 한나라당 비례대표 7번을 주게 하였다.

• 특정범죄 가중처벌 등에 관한 법률상 뇌물수수: 2007년 8월부터 11월까지, 최등규 대보그룹 회장으로부터 5회에 걸쳐 5억 원을 받고, 4대강 정비 사업 참여 등 200억 원대 공사 4건을 수주하게 하였다.

• 특정범죄 가중처벌 등에 관한 법률상 뇌물수수: 2007년 12월, 손병문 ABC상사 회장으로부터 2억 원을 받았다.

• 특정범죄 가중처벌 등에 관한 법률상 뇌물수수: 2007년 12월, 지광 스님으로부터 불교대학원 설립 적극 지원을 대가로 3억 원을 받았다.

• 대통령기록물 관리에 관한 법률 위반: 2013년 2월, 대통령기록물 3,402건을 무단으로 영포빌딩에 유출한 뒤, 5년간 은닉해 보관하였다.

이러한 무려 16가지의 혐의에 대해 법원은 이명박 전 대통령에게 징역 15년 형·벌금 130억 원·추징금 82억 7,070만 3,643원의 선고를 내렸다. 이러한 판결에 대해 이 전 대통령은 항소한 상태이며 현재 고등법원에서 재판이 진행되고 있다.

이 서적에서 할 이야기들

이제까지의 묘사를 보면 보수정권 9년은 그야말로 부패로 얼룩진 세월로 보인다. 보수정권의 부패를 다루는 것이 이 서적의 큰 목적 중 하나이지만, 어떤 정권을 평가하기 위해 오로지 부패와 직접적으로 관련된 이슈만을 다루는 것은 바람직하지 않다. 왜냐하면 정부는 부패한 가운데서도 정책을 입안·실행했으며, 국내외적으로 여러 정치적 사건들은 계속 벌어지고 있었고, 국제 관계

면에서도 긍정적 또는 부정적인 변화가 일어나고 있었기 때문이다. 그리하여, 사실상 사회과학적 입장에서 분석할 수 있는 보수정부 9년의 정치/정책적 이슈들은 수도 없이 많을 것이며, 그 분석들을 모두 한 권의 서적에 담는다는 것 또한 불가능하다. 그리하여 이 서적에서 우리는 우리 각자가 관심을 가진 이슈들을 골라서 분석하기로 하였다. 우리의 분석이 보수정부 9년의 모든 면을 평가한다고 볼 순 없겠으나 이 책에서 다루는 각각의 이슈에 대해서는 좋은 분석을 제공하고 있다고 보아 주길 바란다.

이 서적의 각 장에서 제기하는 문제와 결론을 짧게 설명하면 다음과 같다. 제2장에서 노정호, 김희민, 성예진은 제17대, 18대 대선에서 후보자의 부정적인 특성이 유권자의 투표 선택에 미치는 영향을 검토하였다. 부정적인 특성에 관한 대부분의 학술적 연구는 선진 민주주의 국가를 대상으로 이루어져 왔으며, 이는 제3의 물결 시기 민주화된 국가들에 관한 연구의 부족으로 이어졌다. 저자들은 이명박, 박근혜 정부를 출범시킨 2007년과 2012년의 대통령 선거를 분석한다. 2007년에는 이명박 후보와 BBK 문제가 이슈였으며, 2012년에는 박근혜 후보와 박정희 대통령의 가족관계가 문제가 되었다. 한국에서 후보자의 부정적인 특성에 관한 이 연구는 그것이 부패 이슈이든 부정적인 가족관계와 같이 개인적인 인연이든 간에, 그러한 특성을 가진 후보자에 대해 통계적으로 유의미한 득표 감소로 이어질 수 있음을 발견하였다. 또한, 저자들은 후보자의 부정적인 특성과 한국의 주요한 투표 결정 요인으로서 지역, 이념, 세대 격차 사이의 상호작용이 투표 선택에 미치는 영향을 살펴보았다. 두 번의 선거에서 그 영향력의 패턴이 완전히 일정한 것은 아니었지만 '관습적인 정당 지지자(ritual partisans)'일 가능성이 높은 고연령층의 유권자 또는 극단적인 이념 성향 소유자와 같이 투표 결정이 이미 확고한 유권자의 경우, 후보자의 부정적인 특성 변수의 영향을 받을 가능성이 적은 것을 알 수 있었다. 그러므로 부정적인 특성의 영향력은 유권자의 개별적인 특성에 따라 달라질 수 있다. 마지막으로, 이 연구는 선진 민주주의 국가에 관한 연구에 비해 후발 민주주의 국가에 관한 연구가 부족한 상황에서 연구의 공백을 메우기 위한 중요한 시도이다. 이 점이 본 연구의 가장 중요한 기여라고 생각하는데, 그 이유는 이 연구의 결과가 다른 후발 민주주의 국가의 사례에도 일반화될 수 있을 것이라 보기 때문이다. 신생 민주주의 국가들이 자유롭고 공정한 선거를 채택하는 사례가 많아지면서 과거 권위주의 시대의 정치 엘리트들이 선거에 출마하는 경우가 빈번함을 고려하면 이 연구는 특히 시사점을 가진다.

제3장에서 조진만은 제18대 대선 당시 유권자의 복지-세금 태도에 포커스를 맞추고 있다. 먼저 저자는 모든 유권자 유형에서 '세금을 더 부담하더라도 복지 수준을 높여야 한다.'라는 주장에 동의하는 비율이 절반 이상을 기록하고 있다는 점을 지적한다. 그는 이러한 태도 분포가 제18대 대선에서 새누리당 박근혜 후보가 이념(정책)적으로 좌클릭을 하여 복지 확대에 적극적인 태도를 보였다는 점과 무관하지 않다고 해석하고 있다. 유권자의 복지-세금 태도에 대한 로지스틱 회귀분석 수행 결과, 다음의 요소들이 제18대 대선 당시 유권자의 복지 증대에 대한 지지와 세금 납부 태도를 결정하는 것으로 나타났다. 첫째, 민주통합당 문재인 후보를 지지한 유권자들의 경우 새누리당 박근혜 후보를 지지한 유권자들과 비교했을 때 복지 확대에 동의하는 경향이 더 강했다. 둘째, 아주 젊은 연령층과 노년층은 복지 확대에 우호적이었으나 중간 연령대의 경우 상대적으로 그러한 경향이 약했다. 마지막으로 제18대 대선 당시 유권자의 소득 수준이 높을수록 복지 확대에 더욱 우호적인 태도를 보였다. 조진만은 한국이 복지국가로 진입해야 하는 시기에 고소득 유권자들의 이러한 태도가 중요한 의미를 가질 수 있다고 주장한다.

제4장에서 이윤경은 박근혜 탄핵 촛불 시위에서 불평등이 어떻게 의제화되었는지를 다룬다. 그는 정치 의제를 만드는 행위자들의 역할과 사회 문제를 프레이밍하는 접근 방식의 중요성을 강조한다. 지난 20여 년 동안 한국 사회에서 경제 양극화는 악화되었고, 시민사회와 진보 정치 세력은 이런 객관적 불평등 현실을 사회적 담론과 정치 의제로 부각하기 위해 노력했다. 2016년 촉발된 촛불 집회가 장기화하는 과정에서 광화문 광장에 모인 시민들은 다양한 상상력을 발휘하며 박근혜 이후의 한국 민주주의를 논의했고, 여기서 불평등의 해소는 중요한 개혁 의제로 확인되었다. 집회 현장에서 시민들은 단순히 박근혜를 탄핵하고 국정농단 공범자들을 처벌하라는 요구에 그친 것이 아니라, 한국 사회가 가진 정치·경제의 구조적 문제에 대해 심도 있게 비판하였다. 시민들은 공정, 평등, 정의와 같은 가치가 우리 사회에 회복되어야 한다는 점을 지적하면서, 특히 재벌에 집중된 과도한 정치·경제 권력과 정경유착이 한국 불평등의 원인이며 한국 민주주의의 심화를 위해 경제 민주화가 핵심임

을 강조했다.

저자에 의하면 공공의 이익을 대변하고 사회 담론을 만들어 내는 주체가 누구냐에 따라, 그리고 불평등을 어떻게 프레이밍하느냐에 따라 물질적 양극화에 대한 사회적 인식이 달라질 수 있으며 이는 민주주의의 내용을 확장하는 방향으로 발전할 수도 있다. 저자는 시민사회와 진보 정치 세력이 경제 민주화라는 개념을 통해 불평등 해소와 공정성 강화를 민주 정치의 불가결한 내용으로 만들었다는 점에서, 한국의 사례가 민주 정치에 대한 새로운 가능성을 제시한다고 본다.

제5장에서 강우진은 2016-17년 당시 촛불 집회를 둘러싼 다양한 쟁점을 분석한다. 강우진은 촛불 집회의 성격을 이해하는 데 중요한 다섯 가지 쟁점의 경험적인 근거를 탐색하고자 하였다. 그 쟁점은 촛불 집회의 발생 원인, 주체, 최종적인 목표, 시위에서 비폭력 전술의 역할, 마지막으로 촛불 집회는 항쟁인가, 혁명인가의 문제이다.

저자는 촛불 집회의 원인을 제대로 분석하기 위해서는 촛불 집회의 발생 원인과 확산 원인을 구분하는 것이 유용하다고 제안한다. 특히, 강우진은 촛불 집회의 다층성을 이해하기 위해 페르낭 브로델(Fernand Braudel)로 대표되는 아날학파의 관점을 가져와 사건사와 국면을 구분한다. 사건사적 차원에서는 공적으로 위임된 공권력의 사유화에 대한 시민들의 분노의 폭발이 있었다. 이는 촛불 집회의 발생 원인이라고 할 수 있다. 하지만 강우진은 촛불 집회의 급속한 전국적 확산은 한국 민주주의의 공정성에 대한 시민들의 누적된 불만이 기저에 깔려 있었기 때문에 가능했음을 이해할 필요가 있다고 주장한다. 집회의 주체에 대한 논의는 촛불을 들었던 시민들이 추구했던 궁극적 목적을 함께 분석해 볼 때 잘 드러난다. 촛불 집회의 참여자 다수가 중간 이상의 소득 집단(400만 원 이상)에 속하고 사무·관리·전문직과 학생이 과반을 차지하여, 비교적 안정적인 사회적 지위를 가진 집단이라고 할 수 있었다. 또한, 여론조사 자료를 통해서 확인할 수 있는 사실은, 다수의 참여자는 대의 민주주의의 우회보다 대의 민주주의를 통한 해결을 원했다는 것이다. 이러한 면에서 볼 때 촛불 집회의 주체를 새롭게 구성된 다중으로 보는 것은 시기상조라고 할 수 있다. 비폭력 전술의 역할은 촛불 집회의 이중성을 잘 드러낸다. 비폭력 전술은 촛불 집회의 정치적 성공을 가져온 현실적인 전략이었다. 하지만

비폭력 전술에 대한 집착은 헌정주의적 정상화에 집착했던 촛불의 한계를 상
징하기도 한다. 마지막으로, "촛불은 혁명인가, 항쟁인가?"라는 질문에 대해
강우진은 한국 민주주의 발전의 궤적의 시각에서 볼 때 촛불 집회는 한국 민
주주의의 새로운 단계를 열어젖힌 정치혁명으로 부를 수 있다고 주장한다. 그
는 촛불 집회를 헌법 제1조를 정치적으로 실현한 사건이자 한국 민주주의 결
손 지점이었던 수평적 책임성의 미비를 보완하기 위한 '파수꾼 민주주의
(monitory democracy)'를 출현시킨 사건이었다고 본다. 그리고 저자는 1987년
유월 항쟁을 통해서 시작되었던 민주화는 2016–17년 촛불 혁명과 함께 새로
운 단계로 진입한 것이라고 주장한다.

　　제6장에서 강우창과 정한울은 국정농단과 대통령의 탄핵이 제19대 대선
에서 유권자의 선택에 어떠한·영향을 미쳤는지를 연구한다. 저자들은 먼저 집
합 수준과 개인 수준의 데이터를 사용하여 제18대 대선과 제19대 대선을 비
교했을 때, 유권자 선택의 주된 변화는 보수정당 지지자의 변화임을 보인다.
저자들의 분석은 제19대 대선에서의 보수정당의 몰락이, 한국의 유권자–정당
사이에 근본적인 변화가 발생한 것이기보다는, 국정농단의 여파로 인한 단기
적 결과였음을 보여 준다. 그 근거로 저자들은 주요 정당 지지자들의 선택이
여전히 기존의 지역주의와 세대 격차 요인에 의해 크게 영향을 받고 있으며,
탄핵에 대한 태도를 제외하고는 보수정당을 이탈한 유권자와 지지를 유지한
유권자 사이의 정책적 태도가 유사함을 제시한다. 이에 따라 국정농단과 탄핵
의 여파가 지나가면 현재 보수 유권자의 분열도 사라지리라는 주장이다.

　　제7장에서 윤미영과 문충식은 1991년부터 2011년 사이에 한국의 아프리
카 ODA 분배를 결정하는 요인이 무엇인지 질문을 던진다. 그들의 연구에 의
하면 한국의 아프리카 ODA 분배 정도는 수원국의 최빈국 지위, 산유국 여부,
인권 보장 정도, 경제성장률에 영향을 받는 것으로 나타났다. 이에 따르면 한
국의 ODA 정책은 인도주의적인 접근과 자국의 이익 추구라는 두 가지 동기
에 기인하는 것이다. 공여국의 이익이라는 측면에 과도하게 초점을 맞추면 수
원국 내에 반감이 생길 수 있다는 점을 고려했을 때, 최빈국 지위를 가진 수
원국에 상대적으로 많은 ODA를 배분하고 있는 한국의 정책은 올바른 방향으
로 나아가고 있는 듯하다. 그러나 석유 수출국과 경제성장률이 높은 국가에
편향되는 형태의 분배정책은 '글로벌 코리아'의 실천이라고 보긴 어렵다. 특

히 이 장의 결과 분석에는 보고하지 않았으나, 이러한 자국 이익 추구의 경향
은 시기적으로 이명박 정권 시기에 더욱 두드러졌다. 한국의 대 아프리카 원
조 규모는 이명박 정권하에서 급격히 상승하였다. 이는 아프리카 이니셔티브
에 포함된 원조량의 증가를 실현한 것으로 보인다. 그러나 저자들의 데이터를
2007년 이전과 이후로 나누어서 분석했을 때, 2007년 이후 표본에서는 경제
성장률 변수와 산유국 변수가 양의 값을 가지며 통계적으로 유의미하였지만,
2007년 이전의 표본에서 두 변수는 설명력을 갖지 않음을 확인할 수 있었다.
이 경향은 2008년 이명박 대통령 취임사에서 강조된 한국 경제 선진화를 위
한 자원 구축과 실용 정신에 일치한다. 현실주의적인 관점에서 ODA를 공여
국의 이익을 위해 사용하는 것이 비난받을 일은 아니다. 그러나 아프리카 이
니셔티브의 주요 목적이 아프리카의 빈곤 감소와 산업 육성, 개발이었음을 고
려해 볼 때, ODA 정책 추진 과정에서 이러한 원칙이 제대로 지켜졌는지 의
문이 들 수 있다.

　　제8장에서 테렌스 로어릭과 송두리는 2016년 가을을 전후하여 박근혜-
최순실 스캔들, 미국 도널드 트럼프의 대통령 당선, 북한의 증가하는 핵 위협
등이 동시다발적으로 터지면서, 이른바 '퍼펙트 스톰(perfect storm)'이 한국을
강타했다고 본다. 최순실 스캔들로 촉발된 박근혜 대통령의 탄핵 소추 및 직
무 정지는 한국 정치와 외교정책에 엄청난 영향을 끼쳤다. 스캔들이 공개된
날부터 박근혜의 탄핵 소추와 직무 정지, 뒤이어 황교안의 대통령 대행 체제,
2017년 5월 9일 문재인의 선거 승리에 이르기까지 한국의 국내 정치는 혼란
속에 있었다. 미국은 외교정책 경험이 거의 없고 동북아시아와 한반도의 정치
및 안보 이슈에 대한 지식이 부족한 도널드 트럼프를 대통령으로 선출하였다.
트럼프 후보는 미국의 동맹국들에 대해 도발적인 발언을 서슴없이 내뱉었고,
트위터를 통해 정책 입장을 밝히는 등 여과 없는 소통을 하기 일쑤였다. 이러
한 불확실성이 해소되는 동안, 한국과 미국 행정부의 안보 도전을 가중하는
북한의 핵무기와 탄도미사일 능력이 향상되었다. 그 어느 때보다도 도전적으
로 변하는 안보 환경의 한가운데에서 한국 정치의 대혼란으로 한국 정부는
새로 선출된 특이한 미국 행정부에 대응하는 데 어려움을 겪었다. 저자들은
박근혜-최순실 정치 위기가 한국 정부에는 심각한 역량 분산이었다고 주장
한다. 왜냐하면, 그로 인해 국정 운영의 중요한 관심과 에너지가 박근혜에게

제기된 혐의와 싸우는 데 투입되어 행정부의 역량과 영향력이 매우 약해졌고, 청와대는 트럼프 행정부에 의해 야기된 많은 도전을 다룰 수가 없었으며, 2016년 가을에서 2017년 여름에 이르기까지 북한을 다루는 주된 역할에서 한국이 소외되고 있었기 때문이다.

제9장에서 구양모는 박근혜 정부가 일본군 '위안부' 문제, 개성공단, 사드 배치 등의 대외정책 결정에서 왜 그렇게 갑작스럽고 인위적인 결정을 했는지를 설명하려고 하였다. 시스템 차원과 개인 차원의 변수들을 조합한 모델을 개발하여, 저자는 박 대통령과 그의 참모들이 북한의 도발 증가, 그에 대한 중국의 미온적인 태도 그리고 한미일 간의 삼각안보협력을 강화하려는 미국의 압박 등을 포함하는 외부로부터의 도전에 직면했었다는 점에 주목한다. 이런 도전에 직면하였을 때, 정책 입안자들 사이의 제도화된 토론의 부재, 여론에 대한 둔감한 반응성, 최순실을 포함하는 비공식적 그룹의 영향력 등으로 인하여 외부에서 이해하기 어려운 외교정책이 한국의 지도자들에 의해 진행된 것이라고 저자는 주장한다.

제10장에서 차두현은 이명박, 박근혜 정부의 외교정책 평가가 그들이 처한 부패 스캔들의 영향을 받고 있다고 말한다. 그리고 이러한 평가가 앞으로도 지속 가능할 것인가에 대해서 의문을 제기한다. 특정 행정부의 공과에 대한 판단은 시대에 따라 변화하는 것이 일반적이기 때문이다. 따라서 일정 시점에서의 특정 행정부에 대한 일반 국민들의 호감도나 인식은 해당 행정부 또는 정권에 대한 그 당시의 평가를 나타내는 것일 뿐 정확한 성적표로 보기에는 한계가 있음을 분명히 감안해야 한다. 따라서 보수정권 9년의 공과를 판단하기 위해서는 단순한 지지도나 호감도를 넘어선, 정책이 이루어 낸 성과를 바탕으로 한 평가가 필요할 수밖에 없다. 이는 외교·안보정책에 관해서도 마찬가지이다. 흔히 보수정권 9년여간의 과정에서 남북관계는 답보와 냉각을 벗어나지 못했고 북한 핵 문제는 오히려 악화하였으며, 한국의 국제적 위상 역시 특별히 신장된 면을 보이지 못했다고 이야기한다. 문제는 과연 이러한 주관적 평가를 잣대로 할 때, 그 이전의 정부 또는 현 정부까지도 비판으로부터 자유로울 수 있는가이다. 특정 정책들은 그 정책이 표방한 애초의 목표를 얼마만큼 효과적으로 달성했는가로 평가받아야 한다. 또한, 특정 정책들의 성과가 부진했던 환경적 요인이 그 행정부에 특유한 것인가 아니면 그 이전부터

내려온 유산(遺産)으로서의 속성을 지니고 있는가도 고려해야 한다. 이러한 점에서 저자는 보수정권 9년 동안 추진되었던 외교·안보정책들이 과연 그 당시의 외교·안보 환경하에서 타당한 것이었는지, 그리고 얼마나 효율성을 띠고 있었는지, 궁극적으로는 애초에 지향하였던 목표를 얼마만큼 달성했는지를 중심으로 그 공과(功過)를 평가해 보고자 한다. 이 장에서 저자는 일반적인 '보수정권'에 대한 이미지를 넘어 실제로 그 정책상의 성과가 있었는지를 살펴본다.

결론

이 서적에서 우리들은 보수정권 9년 동안에 일어났던 일련의 정치적 사건 및 정책결정과정에 관련된 이해하기 어려운 몇 가지 질문에 답하려 노력하였다. 우리의 주장이 얼마나 설득력이 있는지는 독자들이 판단할 일이다.

한국에서의 민주주의의 이행(democratic opening)은 1987년 전국적인 시민들의 시위를 기화로 시작되었다. 한국의 민주주의를 평가해 볼 때, '절차적 민주주의(procedural democracy)'는 확립된 것으로 보인다. 즉, 정치 지도자들은 정기적으로 시행되는 선거로 선출되고 있다. 2017년 탄핵 이전에 세 번의 평화로운 정권 교체가 있었다. 또한 시민들에게 어느 정도의 정치적 권리와 자유가 보장되고 있다.

하지만 한국 정치는 지역주의, 양극화와 부패로 점철되어 왔다. 주요 정당들은 특정 지역이나 계급에 기반을 두고 있었고, 자기 당의 근거지에서 공천을 받을 수 있으면 그동안 의정 활동의 실적이 별로 없거나 심지어는 부패에 연루되어 있어도 재선이 보장되는 그런 구조였다. 이런 현상은 정치 지도자들 사이에 책임성의 부재(a lack of accountability)를 낳았고, 그 결과로 시민들을 그들이 할 수 있는 것이 없다는 무력감에 빠져 정치에 대해서 냉소적이게 되었다.

앞으로 이런 상황이 변할 수도 있을까? 2016년의 스캔들과 촛불 집회가 커다란 시민교육의 기회가 된 것은 확실하다. 이제 시민들은 과도한 부정의, 부패 그리고 비정상적인 통치 행위를 직면했을 때 그들이 무언가를 할 수 있다는 것을 알아야 한다. 이제 리더들도 '시민의 힘'을 두려워해야 할 것이다. 이제 국민의 복지 향상을 위한 기여 없이 사익을 추구하는 정치인이 계속 당선되는 일은 없다고 믿어야 한다. 문재인 정부가 출범한 지도 벌써 2년이 지났다. 그러면 문재인 정권하에서 여야 정치인들의 행태는 지난 촛불 집회 이전과 비교해 과연 바뀌었을까? 이런 질문들에 관해 우리 각자는 이미 어떤 의견을 가지고 있을 것이다. 그러나 적어도 문재인 정권 5년이 끝나고 데이터에 기초하여 그에 관해 과학적인 분석을 할 수 있을 때, 좀 더 사실에 가까운 결론을 내릴 수 있을 것이다.

참고문헌

Anderson, Christopher J., and Yuliya V. Tverdova. 2003. "Corruption, Political Allegiances, and Attitudes toward Government in Contemporary Democracies." *American Journal of Political Science* 47: 91−109.

Canache, Damarys, and Michael E. Allison. 2005. "Perceptions of Corruption in Latin American Democracies." *Latin American Politics and Society* 47: 91−111.

Chang, Eric C., and Yun−han Chu. 2006. "Corruption and Trust: Exceptionalism in Asian Democracies?" *Journal of Politics* 68: 259−271.

Dahl, Robert A. 1971. *Polyarchy: Participation and Opposition.* New Haven: Yale University Press.

Kim, HeeMin. 2011. *Korean Democracy in Transition: A Rational Blueprint for Developing Societies,* University of Kentucky Press.

_____. 2019. "Corruption, Citizen Resistance, and the Future of Democracy in Korea." *Korea Journal* 59: 5−15.

_____ and Jungho Roh. 2019. "The Impact of Candidate's Negative Traits on Vote Choice in New Democracies: A Test Based on Presidential Elections in Korea." *Journal of Asian and African Studies* 54: 211−218.

Manzetti, Luigi, and Carole J. Wilson. 2007. "Why do Corrupt Governments Maintain Support?" *Comparative Political Studies* 40: 949−970.

Mishler, William, and Richard Rose. 2005. "What Are the Political Consequences of Trust? A Test of Cultural and Institutional Theories in Russia." *Comparative Political Studies* 38: 1050−1078.

Montinola, Gabriella R., and Robert W. Jackman. 2002. "Sources of Corruption: A Cross−Country Study." *British Journal of Political Science* 32: 147−170.

Sandholtz, Wayne, and William Koetzle. 2000. "Accounting for Corruption:

Economic Structure, Democracy, and Trade." *International Studies Quarterly* 44: 31−50.

Tavits, Margit. 2007. "Clarity of Responsibility and Corruption." *American Journal of Political Science* 51: 218−229.

Uslaner, Eric M. 2008. *Corruption, Inequality, and the Rule of Law: The Bulging Pocket Makes the Easy Life. New York:* Cambridge University Press.

제2부
내정: 선거와 시민저항

제2장
후보자의 부정적인 특성이 유권자의 투표 선택에 미친 영향: 17대, 18대 대선을 중심으로[1])

노정호(국민대학교)

김희민(서울대학교, 플로리다 주립대학교)

성예진(서울대학교)

서론: 신생 민주국가에서 후보자의 개인적인 특성에 대한 사례연구

선거에서 후보자는 중요하다. 최근 정치학 분야에서 후보자의 자질과 특성에 대한 관심이 높아지고 있다. 규범적 차원에서 유권자가 우수한 자질을 갖춘 후보자를 원한다면 경험적 차원에서 그러한 후보자가 실제로 선거에서 승리하였는지를 파악할 필요가 있기 때문이다(Banks and Kiewiet 1989; Bartels 2002; Bond et al. 1997; Carson et al. 2007; Cox and Katz 1996; Funk 1999; Gelman and King 1990; Hacker et al. 2000; Johnston and Pattie 2006; Kulisheck and Mondak 1996). 이에 따라 후보자의 부정적인 특성(nagative traits)이 유권자의 투표 행태에 미치는 영향 또한 주목받았다. 여기에서 부정적인 특성이란 다양한 형태로서, 불륜이나 탈세, 부패 등이 포함될 수 있다(e.g. Funk 1996; Hayes 2005; Miller et al. 1986). 그러나 이 논문에서 다루고자 하는 부정적으로 인지될 수 있는 후

---

1) 이 장의 내용은 Kim, HeeMin and Jungho Roh. 2019. "The Impact of Candidates' Negative Traits on Vote Choice in New Democracies: A Test Based on Presidential Elections in South Korea." Journal of Asian and African Studies 54: 211-228의 형태로 출판된 논문의 일부를 발췌한 후 그 내용을 번역 및 수정한 것이다. 이 과정에서 학술지로부터 필요한 허가를 얻었음을 밝힌다. 이 연구는 서울대학교 '인문·사회계열 학문전공교수 해외연수지원 사업'의 후원을 받아서 수행되었다.

보자의 사적인 특성은 스캔들보다는 더 광범위한 개념으로, 후보자의 부정적인 특성은 성별이나 인종과 관련된 고정관념, 종교, 연령, 교육 수준, 직업, 출생 지역/거주 지역, 성격 등에 관한 부정적인 인식 등도 반영하고 있다(Fridkin and Kenney 2011; Glasgow and Alvarez 2000; Prysby 2008; Terkildsen 1993 등).

한 가지 눈에 띄는 것은 이 주제에 관한 대부분의 기존 연구가 미국 등의 서구 민주주의 국가의 선거에 관해서만 행해졌다는 것이다. 소위 '제3의 물결'의 초기부터 많은 신생 민주주의 국가는 자유롭고 공정한 선거를 실시해 왔다. 그럼에도 불구하고 이 국가들에서 후보자의 개인적인 특성이 선거에 어떠한 영향을 미치는지에 대해 분석한 연구는 찾아보기 어려웠다. 이 논문에서 우리는 후보자의 부정적인 특성에 대한 평가가 한국 유권자의 투표 선택에 미치는 영향을 분석할 것이다. '부정적인 특성'이라는 개념은 후보자 개인에게 가장 큰 피해를 입힐 수 있는 개인적인 쟁점을 의미한다. 부정적인 특성은 스캔들보다 더 광범위한 내용을 포괄하기 때문에 이 글에서 다룰 세 가지 부정적인 쟁점은 스캔들, 스캔들은 아니었지만 이슈가 될 수 있는 사건들 그리고 후보자의 개인 가족사를 포함한다. 이후 서술하겠지만, 한국 유권자들은 2012년 대선에서 후보자의 개인 가족사를 그의 명백한 부정적인 특성으로 간주하고 있었다.

한국 선거에서 후보자의 사적인 특성의 영향에 관한 연구는 거의 없었다. 이 장에서는 후보자의 부정적인 특성과 함께, 한국 선거에서 나타난 투표 선택의 세 가지 주요 결정 요인인 이념, 지역, 세대 요인(강원택 2002, 2003; Kim 2011; Kim et al. 2008)을 포함하는 투표 선택에 관한 일반 모형을 만들고자 한다. 분석 대상은 2007년, 2012년에 시행된 두 번의 대통령 선거에 관한 설문자료이다.[2]

논문의 진행 순서는 다음과 같다. 다음 장에서는 이 논문에서 분석하는 선거의 맥락이 익숙하지 않은 독자들을 위해 2000년대 이후의 한국 선거사에 대해 간단히 서술한다. 그리고 나서 한국 유권자의 투표 행태에 관한 연구를 간단히 소개한 후 후보자의 부정적 특성의 영향에 대한 검증 가능한 가설을

---

2) 한국에서 후보자의 부정적인 특성의 영향을 검증하기 위해 2007년과 2012년의 선거를 선택한 이유는 물론 이 두 선거의 결과로 보수정부 9년이 가능했기 때문이다. 다행히 이 두 대선의 설문은 후보자의 부정적인 특성을 측정하는 문항을 포함하고 있다.

제시한다. 그다음 분석 방법과 데이터에 관해 설명한 후 분석 결과를 제시할 것이며 지역, 이념, 세대와 부정적 특성의 상호작용항 분석도 추가로 진행한 후, 결론으로 글을 마무리할 것이다.

한국 선거사에 관한 간략한 서술

이론적 논의에 들어가기에 앞서 이 글에서 다룰 두 차례 선거의 전후 맥락을 살펴보자. 2007년 12월 19일로 예정된 제17대 대통령 선거가 다가올 무렵, 노무현 대통령과 당시 집권당이었던 열린우리당의 지지율은 몇 가지 이유로 인해 매우 낮은 상황이었다. 첫째, 2002년 10월 초 북한이 과거 협정에서 동결하기로 약속했었던 핵무기 프로그램의 개발을 몰래 지속하고 있었다는 것이 밝혀졌으나 그럼에도 불구하고 노무현 대통령은 여전히 대북친화정책을 추진하고 있었다. 노무현 정부의 대북친화정책은 북한에 대한 경제 원조를 포함하고 있었고, 보수주의자들은 남한의 원조가 북한 주민에게 식량으로서 공급된 것이 아니라 핵무기 개발에 쓰였다고 비난했다. 둘째, 노무현 대통령의 파격적이고 정제되지 않은 언행이 임기 초에는 신선한 것으로 받아들여졌으나, 반미 또는 친북으로 느껴질 수 있는 그의 논쟁적인 발언들이 계속되면서 시민들의 반감이 커졌다. 임기 말엔 국민들의 다수가 그가 대통령답지 못하다는 생각을 하게 되었다.

다음 대선 날짜가 다가오면서 집권당이었던 열린우리당은 대선에 크게 패배할 것을 걱정하기 시작했고, 소속 의원들이 탈당하고 일각에서는 이념적으로 진보세력을 묶어 낼 수 있는 '빅 텐트'하에서 새로운 중도 정당을 창당해야 한다는 주장도 나왔다. 무엇보다도 집권당의 다수 의원들은 노 대통령으로부터 거리를 유지하고자 하였다. 이러한 상황에서, 의회 내 여러 분파 그룹들을 통합하고 열린우리당 잔류파와 다른 정당 탈당파들을 흡수하면서 대통합민주신당이 탄생하였다. 그러나 이 '새로운 정당'은 집권당이었던 열린우리당 세력을 핵심으로 하여, 제1야당이었던 한나라당에는 합류하고 싶지 않았던 다른 소그룹들이 참여하는 정당이었다. 이는 신당에게는 양날의 검이었는데, 열린우리당에서 노 대통령을 지지했던 대부분의 사람들이 신당 창당에 참여한 상황에서 작지만 다양한 그룹 간의 통합이 시도되면서 정당의 이념 정체성을 둘러싼 갈등이 이어졌다. 대통합민주신당은 다가올 대선에서 이기는 것은 차치하고, 특정 쟁점 입장에 대한 대표성을 띄지도 못할 것으로 보였다(Kim 2011). 이러한 혼란 속에서 2007년 대통합민주신당의 대선 경선에서는 과거 통일부 장관이었던 정동영이 겨우 다수표를 획득하여 최종 후보로 결정되었다.

한편 당시 야당이었던 한나라당에서는 대중 인지도가 높은 만만치 않은 후보들이 대선 후보 출마에 도전했다. 유력 후보 중 한 명이었던 이명박은 현대건설 CEO였고 국회의원을 역임했으며 서울시의 시장이었다. 이제 이명박의 커리어에서 도전 목록에 남은 것은 대통령이 되는 것밖에 없었을 것 같다. 다른 한 명의 후보는 박근혜로서, 박정희 대통령의 딸이었다. 1961년 쿠데타로 집권한 박정희 대통령은 1979년까지의 18년 통치를 통해 신속한 경제 발전을 이루었지만 동시에 반대자들을 검열하고 자유를 억압하는 헌법 개정을 밀어붙였던 독재자였다. 2007년 박근혜는 한나라당에서 가장 영향력 있는 리더 중 하나로 자신의 이미지를 굳혔다. 두 예비 후보의 치열했던 대결에서 승리한 사람은 이명박이었다. 간발의 차로 박근혜를 제친 이명박은 한나라당의 대선 후보가 되어 정동영과 경쟁하게 되었다. 2007년 12월에 치러진 대선에서 이명박이 총 투표 중 48.7%를 획득하여 당선되었다. 당시 집권당의 후보였던 정동영은 26.1%를 득표하여 1위와 2위 주자의 격차가 매우 컸다.

표 1 2007년 제17대 대통령 선거 결과

후보	정당	총 득표수	득표율
이명박	한나라당	11,492,389	48.7%
정동영	대통합민주신당	6,174,681	26.1%
이회창	무소속	3,559,963	15.1%
문국현	창조한국당	1,375,498	5.8%
군소 후보들*	–		4.3%

*위의 네 후보 외에도 여섯 명의 군소 후보가 있었다.

표 2 2012년 제18대 대통령 선거 결과

후보	정당	총 득표수	득표율
박근혜	새누리당	15,773,128	51.6%
문재인	민주통합당	14,692,632	48.0%
군소 후보들*	무소속		0.4%

*양대 후보 외에도 선거 결과에 아무런 영향을 미치지 못한 네 명의 후보가 있었다.

앞에서 논의한대로 2007년 한나라당 대통령 후보 지명에서 박근혜 후보는 간소한 차로 패배했다. 이명박 대통령이 집권했던 그다음 5년 동안 한나라당 내 다른 대안 후보가 나오지 않는 상황에서 2012년이 되었을 때 박근혜는 이미 사실상의 차기 대선 후보가 되어 있었다. 이명박 대통령의 임기 말에 한나라당과 대통령의 지지율이 하락하자 한나라당은 새누리당으로 당명을 바꾸었다.

당시 야당이었던 민주통합당(대통합민주신당의 후신)은 2012년 대선을 치르기 위해 문재인을 대통령 후보로 지명하였다. 문재인은 노무현 전 대통령과 가까운 사이로, 두 사람은 정치에 입문하기 전 변호사 사무실을 같이 운영하였고, 노무현 대통령 재임 당시 문재인이 청와대의 비서실장이었으며, 노무현 대통령 사후에는 노무현 재단의 이사장을 역임하였다. 2012년 사실상의 양자 대결에서 박근혜 후보는 문재인 후보를 51.6% 대 48%로 꺾고 대한민국 최초의 여성 대통령이 된다.

이제 선거 맥락에 관한 지금까지의 설명을 참고하여 이론에 기초한 예측과 가설 설정을 진행해 보도록 하자.

예측과 가설

이 장에서 우리는 한국 유권자의 투표 결정에 관한 기존 이론을 정리한다. 한국 선거에서 유권자의 주요한 투표 결정 요인으로서 (출신 또는 거주) 지역, 진보-보수 이념, 세대 격차가 있다. 이에 관한 이론적 논의 이후, 대선에서 후보자의 부정적 특성이 어떠한 영향을 미쳤는지에 관한 가설을 제시하고자 한다.

지역, 이념과 세대 격차

민주화와 자유로운 선거의 도입 이후, 지역주의는 한국의 주요한 정치균열이 되었다. 이는 영남과 호남 간의 경쟁에서 특히 분명히 드러났다. 권위주의 통치 이후의 대안으로 떠올랐던 정치 지도자들은 특정 지역을 대표하는 것으로 인식되었다. 그에 따라 그 지도자가 속한 정당마다 특정 지역에서의 지지는 견고했으나 각각의 정당이 전국적 지지를 얻지는 못하는 상황이었다. 한국 정치 연구자들 사이에 합의된 바에 따르면, 민주화 이후 선거 경쟁은 지역 차원의 절망과 적대를 표출하는 방식이 되었으며 이로 인해 지역주의가 한국 유권자들의 투표 선택에 결정적인 역할을 하게 되었다(정진민 1993; 최한수 1995; 이내영 1998, 1999; 박찬욱 1993). 수년에 걸쳐 주요 정당들은 당명을 바꾸며 이합집산했으나 그 정당들이 호남 또는 영남에 지역적 기반을 두고 있는 것은 여전했다. 이 연구에서 분석한 두 번의 선거에서 호남 기반의 정당은 대통합민주신당과 민주통합당이며, 영남 기반의 정당은 한나라당과 새누리당이다.

한편 오랜 기간 동안 한국 정치에서 당시 진보–보수 이념은 투표 선택의 주된 요인이 아닌 것으로 보여졌다. 왜냐하면 여러 정당 간 이념적으로 의미 있는 차이가 없었기 때문이다. 무엇보다 1987년 민주화 이후의 모든 정당이 이념적으로 보수적이었고 이는 한국전쟁의 기억 그리고 동서 냉전 시기 한국의 역할로 인한 '반공주의'의 영향 때문이었다(조기숙 2003; 최장집 2002; 이갑윤 1999; 손호철 1995).

그러나 2000년대에 들면서 이러한 경향이 바뀌고 있다. 일부 연구자는 유권자의 이념 성향의 차이가 2002년 대선에서의 투표 선택에 유의미한 영향을 미쳤다고 주장했다(강원택 2002, 2003). 이와 유사하게, 김희민과 동료들은 좌우 이념이 2004년 총선에서 주요 정당 지지자들의 투표 선택에 영향을 미쳤음을 보여 주고 있다(Kim et al. 2008). 2002년 이후 진보–보수 이념의 영향력이 커져 왔음을 고려할 때, 2007년과 2012년 대선에서도 이념 성향이 중요한 투표 결정 요인이었을 것이라 볼 수 있을 것이다.

2002년 대선은 또한 한국 선거에서 세대 격차가 선거 결과의 결정에 중요한 역할을 한 최초의 선거이다. 구체적으로, 고연령층은 한나라당 대선 후보였던 이회창을 지지하였고 저연령층은 당시 집권당이었던 새천년민주당의 노무현 후보를 선호하였다(Kim 2011). 김희민과 동료들의 연구에 따르면(Kim et al. 2008) 세대 격차는 2004년의 총선에서도 유효한 영향을 미쳤다. 2002년 대선 이후 세대라는 새로운 균열이 선거 향방의 중요한 결정 요인으로 떠올랐고 이후에도 그 영향력이 감소했다고 보긴 어렵기 때문에, 2007년과 2012년 대선에서도 세대 요인이 중요한 변수였을 것이라 할 수 있다.[3]

후보자의 부정적인 특성 – 부패 요인, 과거와의 연관성

후보자의 부정적인 특성에 관한 타당한 가설 설정을 위해, 이 변수가 특히 후발 민주주의 국가에서 무엇을 의미하는지 보다 자세히 언급할 필요가 있다. 우선 이 연구에서 '부정적인 특성'의 개념은 정치적 행위의 과정에서 정치 권력을 추구하거나 정부를 운영하면서 나타날 수 있는 부패 또는 부조리한 행동을 포함하지는 않음을 분명히 하고자 한다. 우리가 이러한 요소들을 변수로서 포함할 경우 학문적인 엄밀함을 위해 수많은 사례를 모두 분석해야 할 것이다. 그러나 이 연구에서 후보자의 부정적인 특성이란 후보자의 개인적으로 부도덕적인 행태 그리고 그의 정치적 활동과 관계없는 불가피한 연관성(associations)을 가리킨다. 앞에서 언급했듯이 후발 민주주의 국가에서 이 변수가 미치는 영향력을 검토한 연구는 거의 없다.

이 글에서 부정적인 특성이 무엇을 의미하는지 더 분명하게 살펴보기 위해 두 가지 대비되는 사례, 즉 후발 민주주의 국가의 정치적 환경을 고려했을 때 이 정의에 부합하는 사례와 그렇지 않은 사례를 이야기해 보겠다. 후자는 태국의 탁신 친나왓(Thaksin Shinawatra)의 사례이고 전자는 페루의 게이코 후지모리(Keiko Fujimori)의 경우이다. 탁신은 투표 매수나 부패 같은 부정적인 스캔들에 여러 번 연루되었지만 이는 우리가 논하고자 하는 사례가 아니다. 탁신은 1990년대 말 타이락타이(Thai Rak Thai)라는 정당을 창당하였고 2001년 총선에서 하원 의원과 지역 의원들에게 그의 당으로 오라는 제안을 하였다. 태국에서 당적 변경은 하나의 수익성 좋은 사업으로서, 지역 추종자들 간

---

3) 최근, 한국 정치의 다양한 측면에서 유의미한 세대 격차를 확인할 수 있다. 이 연구의 관심사인 투표 결정에 영향을 줄 뿐 아니라 북한에 대한 태도(박영득 · 이재묵 2016)와 복지에 대한 태도(이상록 · 김형관 2013; 노정호 · 김영순 2017)에도 세대별 차이가 나타나고 있음이 발견되었다.

의 강한 네트워크를 가지고 있는 의원은 그가 옮겨 간 정당이나 파벌 리더에게 재정적 보상을 꽤 두둑하게 받을 수 있었다. 의원들을 많이 이동시킬 수 있는 정당 지도자는 내각 자리를 요구하기도 했다. 그러므로 태국 선거를 교란시킨 투표 매수는 의원 매수에 선행했고, 탁신의 타이락타이는 의원 매수와 투표 매수 모두에 관여했다. 요약하면, 새롭고 현대적인 대안이라는 홍보에도 불구하고 타이락타이는 이전의 정당들과 다를 바 없었다. 타이락타이는 2001년 총선에서 절반에 가까운 하원의 의석을 획득하였다. 2001년 2월 하원이 개회되었을 때 500명의 의원 중 339명이 유례없이 탁신을 새 총리로 지지하였다(McCargo 2002). 의원 매수, 투표 매수와 같은 탁신의 정치적 행태는 부정적인 평가를 받을 만하다. 그러나 우리의 연구는 보다 사적으로 부정적인 특성을 다룬다.

개인의 부정적 특성에 관한 이 글의 정의에 더 잘 부합하는 것은 게이코 후지모리다. 후지모리는 2016년 페루 대통령 선거에 출마하였다. 그는 페루에서 매우 논쟁적인 인물이었던 알베르토 후지모리(Alberto Fujimori) 전 대통령(1993-2000년 집권)의 딸이다. 일본계 페루인인 알베르트 후지모리는 부패 스캔들과 인권 침해 문제로 비판받으며 페루를 떠나 일본으로 도피하면서 대통령직을 마감했으며 2005년 페루 방문으로 체포될 때까지 망명 지위를 유지했다. 그 이후 후지모리는 위법적인 수색과 구금을 명령한 것, 인권 침해, 배임, 뇌물수수라는 네 가지 죄목으로 기소되었다. 아버지의 그러한 행적 때문에 게이코 후지모리는 선거 기간 내내 매우 극단적인 평가를 받는 인물이었다. 게이코 후지모리는 빈곤층의 높은 지지를 받았으나, 인권 침해와 부패를 저지른 그의 아버지를 수용할 수 없었던 사람들과 그의 승리가 후지모리주의(Fujimorismo)의 귀환을 의미할 것이라 우려했던 사람들은 그를 거부했다. 2016년 4월 페루의 대선 1차 선거가 실시되었다. 페루의 선거법하에서는 1차 선거에서 높은 득표를 받은 두 명의 후보가 2차 선거에서 경쟁하게 된다. 게이코 후지모리는 1차 선거에서 39.74%를 득표하여, 21.04%를 득표한 전 수상 파블로 쿠친스키(Pablo Kuczynski)와 2차 선거에서 맞붙게 되었다. 2016년 6월 5일, 수많은 예측을 낳았던 2차 선거가 실시되었다. 1차 선거에서 득표율 3위였던 베로니카 멘도사(Veronika Mendoza)는 후지모리의 승리를 막기 위해 쿠친스키에게 전적인 지지를 보냈으며, 결국 쿠친스키가 후지모리에 0.25%p 차로 신승했다. 득표수로 따진다면 50,000표보다 더 작은 격차였다(BBC News 2016; Collyns 2016). 게이코 후지모리의 부정적인 특성은 전 대통령 알베르토 후지모리와 가족관계였다는 것이었다. 이러한 혈연이 게이코가 정치에 입문하기 오래전에 형성되었다는 점은 분명했으나 그럼에도 불구하고 그의 가족관계는 유권자가 보기에 부정적인 특성으로 간주되었다. 이후에 논의하겠지만, 독재자였던 박정희와 박근혜 후보와의 가족관계는 한국의 2012년 선거에서 후보자 개인의 부정적인 특성으로 작용했다. 이와 유사하게 2007년 대선 또한 (정치권력의 추구이든 정부 운영 경험이든) 후보자의 정치적 행태와 관계없는 사적인 이슈들이 유권자의 인식에서 그의 부정적인 특성으로 여겨졌다.

2007년 당시 야당이었던 한나라당의 대선 후보였던 이명박은 위에서 논의했던 바와 같이 매우 많은 업적을 쌓은 것으로 보였다. 그러나 이명박은 그 과정에서 또한 많은 위법을 저질렀다. 우리가 알고 있는 한, 뇌물, 건축법, 도시공원법, 노동법, 선거법, 주식거래법 위반으로 인해 그는 20차례 조사받거나 기소되었다. 이 중 대부분이 무혐의 판결을 받았고 최고형은 벌금이었다. 그러나 이러한 그의 행적으로 인해 많은 사람들은 그가 법의 준수를 중요하게 생각하지 않는다고 여기게 되었다.

대선 몇 달 전, 소위 'BBK 스캔들'이 터졌다. BBK는 주가 조작과 자금세탁에 관여하여 소규모 투자자들에게 엄청난 재정적인 피해를 입힌 회사였다. 회사의 CEO는 외국으로 도피하였으나 이 회사의 실제 소유주가 이명박이라는 소문이 돌았다. 책임의 심각성을 고려하여 특검이 지명되었고 대선이 얼마 안 남았을 때 이명박의 관여 사실에 대한 조사가 이루어지게 되었다(Kim 2011). 우리는 2007년 한국사회과학데이터센터(KSDC)의 대선 여론조사를 활용하여 얼마나 많은 유권자들이 BBK 스캔들에 영향을 받았는지 살펴보았으며 40%의 응답자들이 이 이슈를 그들의 투표에서 가장 중요한 요인으로 생각하였음을 알 수 있었다. 신문 보도에 따르면 BBK 스캔들로 인해 이명박의 이미지가 훼손되었다(Park & Hong 2007).

2012년에 집권당이었던 새누리당의 대통령 후보는 박근혜였다. 위에서 언급했듯이 박근혜는 박정희 전 대통령의 딸이다. 박정희는 1961년 군사쿠데타로 정권을 잡고 1979년 당시 중앙정보부 부장 김재규에 의해 암살당하기 전까지 장기 집권하였다. 박정희의 딸이라는 사실은 박근혜의 후보 지위에 부정적인 영향을 미쳤다. 박정희는 반대자들에 대한 무자비한 탄압을 통해 통치를 지속하였으며 대통령 직선제를 도입하지 않으면서 종신으로 집권하기 위해 헌법을 개정하는 '유신헌법'을 채택하였다. 반대자들의 다수가 고문당했고 죽음을 당한 경우도 있었다. 국가의 가장 악명 높은 독재자와 혈연이라는 점은 박근혜 후보가 아버지의 통치와 관련이 없음에도 불구하고 그에게 '준(semi) 스캔들'로서 작용했다. 2012년 KSDC 대선 설문 데이터를 살펴보면 약 58%의 유권자들이 유신 이슈가 투표 결정에 중요한 영향을 미쳤다고 응답했다. 연구자들은 또한 박근혜가 '유신 공주'라는 이미지를 가지고 있으며 그러한 이미지가 2012년 대선에서 그녀에게 가장 치명적인 약점이었다고 이야기하고 있다(임혁백 2012; 한홍구 2014).

지금까지 우리는 후보자의 부정적인 특성으로서 두 가지를 논의하였다. BBK 스캔들, 가족관계 이슈 각각은 매우 중요하고 또 눈에 띄는 이슈였으며, 두 번의 대통령 선거에서 유권자의 투표 선택에 영향을 미쳤다. 이제까지의 논의에 기초하여 다음과 같은 가설을 세울 수 있다.

가설: 한국의 대통령 선거에서 후보자의 부정적인 특성이 존재할 경우 그 후보자에 대해 투표하지 않는 반대 투표가 발생할 가능성이 높아진다.

데이터, 방법론과 분석 모형

이전 장에서 도출된 가설을 검증하기 위해 2012년 대선의 경우 이항 로지스틱 회귀분석을, 2007년 대선의 경우 다항 로지스틱 회귀분석을 실시하려 한다.[4] 다항 로지스틱 회귀분석은 종속변수가 범주형이며 세 범주 이상을 가지고 있을 때 실시한다(즉, 셋 이상의 유의미한 후보가 선거에 출마한 경우). 데이터는 KSDC의 선거 설문조사를 이용하였다.[5] 분석 모형은 다음과 같다.

---

4) 이 연구에서 사용된 데이터와 명령어는 다음 사이트에서 찾을 수 있다. https://sites.google.com/site/ drjunghoroh/files.

5) 한국사회과학데이터센터(KSDC)는 민주화 이후 선거관리위원회와 공동 조사한 대통령 선거와 국회의원 선거 설문자료를 모두 보유하고 있다. 한국 자료에 익숙하지 않은 독자들은 이 자료들이 미국의 NES 또는 영국의 BES와 동일하다고 보면 될 것이다. KSDC 선거 설문자료는 한국 선거를 분석할 때 가장 많이 이용된다.

$$V_i = \alpha_1 CNT_i + R_i'\beta + \gamma_1 Ideology_i + \gamma_2\, Age_i + Z_i'\lambda + \varepsilon_i \qquad (1)$$

　　종속변수인 V는 둘 또는 셋 이상의 범주로서, 유권자의 후보자 투표 선택을 의미한다. 2012년 대선에서의 이항 로지스틱 회귀분석 모형에서 박근혜 후보에 관한 투표 선택은 1로, 문재인 후보에 관한 투표 선택은 0으로 코딩하였다. 2007년 제17대 대선에 관한 다항 로지스틱 회귀분석 모형에서 이명박 후보에 관한 투표 선택은 0으로(기준 범주), 정동영은 1로, 이회창은 2로, 문국현은 3으로 변수화하였다. 다항 로지스틱 회귀분석을 이용하면 종속변수 범주들의 모든 가능한 짝 사이의 선택에 영향을 미치는 독립변수의 효과를 분석할 수 있다. 이명박이 매우 분명한 당선자였던 2007년 선거의 경우, 다른 경쟁자들 간의 비교는 의미가 없는 것으로 나타났다. 따라서 이명박에 대한 투표가 0으로서 기준 범주가 되었다(결과표에서 제외됨).

　　그다음 이명박과 다른 세 명의 후보들 사이의 비교에서 독립변수의 효과를 보자. 다른 군소 후보에 투표한 경우와 응답을 거부한 경우는 분석에 포함하지 않았다. 후보자의 부정적인 특성은 우리의 핵심 독립변수이다. 이 변수의 영향력을 분석하기 위해, 선거별로 다른 설문조사를 이용하였다. 2007년 설문은 BBK 이슈에 대한 의견을 직접적으로 물었기 때문에 우리의 가설 검증에 적합하다. 변수 'BBK'는 해당 이슈가 투표 선택에 가장 중요했다고 응답한 경우를 1로, 그렇지 않은 경우는 0으로 코딩하였다. 마지막으로 2012년 대선의 경우 '유신' 변수는 2012년 대선의 투표 선택에서 유신 시대의 유산이 그리 중요하지 않았다고 응답한 경우를 1, 매우 중요했다고 응답한 경우를 10으로 측정한 10점 척도이다. 이 변수는 박근혜 후보의 부정적인 특성과 연관되기 때문에 우리의 가설을 검증하기에 적절하다.[6]

---

6) 후보자의 부정적인 특성을 변수화(BBK, 유신)하기 위해 이용한 설문항들의 한 가지 한계는 이 설문항들이 후보자의 특성에 관한 평가라기보다 그 이슈의 중요성에 대한 응답자들의 인식을 보여 주는 것일 수도 있다는 점에서 이 설문항들과 후보자 특성과의 관계는 간접적이라는 점이다. 그러나 (한국에서 KSDC 또는 다른 설문조사의) 가능한 설문 문항들을 고려했을 때, 이 연구에서 사용한 문항들은 우리가 이용할 수 있는 최선의 문항이라고 볼 수 있다. 연구 결과가 보여 주듯이 해당 문항들에 기초한 변수들은 우리가 다룬 두 번의 선거에서 한국 유권자의 반대 투표 선택에 영향을 미쳤다.

표 3 한국 대통령 선거에서의 투표 결정 요인*

	2007			2012
	정동영	이회창	문국현	박근혜
BBK	0.176***	0.053**	0.007	
	(0.032)	(0.025)	(0.015)	
유신				−0.055***
				(0.009)
영남	−0.083***	−0.026	−0.025	0.106**
	(0.030)	(0.027)	(0.018)	(0.045)
호남	0.411***	−0.081***	0.024	−0.442***
	(0.053)	(0.028)	(0.026)	(0.049)
충청	−0.033	0.109**	−0.010	−0.110*
	(0.039)	(0.047)	(0.025)	(0.063)
기타 지역	0.015	0.064	−0.016	−0.078
	(0.064)	(0.060)	(0.031)	(0.086)
이념	−0.033***	0.005	−0.016***	0.119***
	(0.007)	(0.006)	(0.004)	(0.013)
나이	0.001	−0.002*	−0.002***	0.008***
	(0.001)	(0.001)	(0.001)	(0.002)
성별	−0.022	0.029	−0.007	0.006
	(0.028)	(0.023)	(0.016)	(0.042)
소득	0.012**	−0.008*	0.004	−0.002
	(0.006)	(0.005)	(0.003)	(0.007)
교육 수준	−0.034	0.016	0.020	−0.072*
	(0.025)	(0.023)	(0.017)	(0.041)
n	828	828	828	978

*표의 내용은 2007년 선거 자료에 대한 다항 로지스틱 분석 결과와 2012년 선거 자료에 대한 이항 로지스틱 분석 결과에서 도출된 한계효과(marginal effect)와 로버스트 표준 오차(robust standard error)이다. 다항 로지스틱 회귀분석에서 기준 범주는 이명박 후보에 대한 투표이다. *p < 0.1, **p < 0.05, ***p < 0.01.

많은 연구는 한국 유권자의 투표 선택을 결정하는 세 가지 주요 요인으로서 출신 지역, 이념 성향, 세대 격차를 지목해 왔다. 식 1의 변수 R은 응답자의 출신 지역에 따른 지역 더미 변수로, 영남, 호남, 충청 그리고 기타 지역 출신으로 코딩하였으며 서울, 인천, 경기의 수도권의 경우 기준 범주로서 표에서는 제외되었다. 이념 변수는 0(매우 진보)-10(매우 보수)로 이루어진 11점 척도의 주관적 자기 평가 응답을 이용하였다.[7] 연령 변수는 세대 격차의 효과를 설명하기 위한 변수로서 포함되었다. 이러한 변수들 이외에 성별, 교육 수준, 소득을 통제 변수로 추가하였다(Z).[8]

분석 결과

표 3은 2007년, 2012년 대선에서 다항 로지스틱과 이항 로지스틱 회귀분석의 분석 결과를 보여 준다. 비선형모형에서는 계수의 실질적 의미를 알 수 없기 때문에 한계효과(dF/dx)를 보고함으로써 독립변수 한 단위 변화에 따른 후보자 투표 확률의 변화를 알 수 있게 된다. 예를 들어 표 3의 첫 번째-세 번째 열은 BBK 스캔들이 투표 선택에 가장 중요한 요인이었다고 말하는 경우와 그렇지 않은 경우 정동영, 이회창과 문국현 후보 중 한 명에게 투표할 확률이 어떻게 달라지는지 보여 주고 있다. 네 번째 열은 유신에 대한 응답자들의 생각이 한 단위 변화할 때 박근혜 후보에게 투표할 확률이 어떻게 변하는지를 보여 준다.[9]

기존 연구를 참고하여 모형에 포함한 변수들의 영향력은 전반적으로 예측에 부합했다. 예를 들어, 호남-영남 출신 여부에 따라 지지하는 정당이 달라질 수 있다. 진보정당(대통합민주신당, 민주통합당) 후보자와 보수정당(한나라당, 새누리당) 후보자는 이념 성향에 따른 지지를 받았다. 그러므로 이념은 2000년대 이후 그 영향력이 커져서 2007년과 2012년 대선에서 중요한 변수로서 그 역할을 계속해 온 것을 알 수 있다. 김희민과 동료들의 연구(Kim et

---

7) 2012년 대선 설문조사에서 이념 변수는 1점이 "매우 진보", 5점이 "매우 보수"를 의미하는 5점 척도로 측정되었다.

8) 성별 변수에서 응답자가 여성인 경우 1, 남성인 경우 0을 부여하였다. 교육 수준은 "중졸 이하"를 1로, "고졸"을 2로, "대졸 이상"을 3으로 코딩하여 세 그룹으로 나누었다. 소득은 선거별 설문조사에 따라 다르게 측정되었다. 2007년의 경우 10점 척도, 2012년의 경우 12점 척도로 각각 측정되었다. 높은 숫자일수록 소득이 높은 것을 의미한다.

9) 유신 변수는 투표 결정에 유신의 잔재가 전혀 중요하지 않다고 답했을 경우 1점이고 매우 중요하다고 답했을 경우 10점인 10점 척도이다.

al. 2008)는 2002년 대선과 2004년 총선에서 세대 변수 또한 중요한 영향을 미쳤음을 보여 준다. 즉, 두 번의 선거에서 모두 고연령층은 보수정당 후보를 지지하고 저연령층은 진보정당 후보를 지지할 확률이 높았다.

후보자의 부정적인 특성에 관한 핵심 가설의 검증 결과는 우리의 가설이 지지되고 있음을 보여 준다. 2007년 BBK 스캔들이 중요한 이슈였다고 생각한 경우 이명박에 투표할 확률이 매우 낮아졌으며, 구체적으로 BBK 스캔들이 중요하지 않다고 생각한 투표자들에 비해 23.6%p 낮은 것으로 나타났다.[10] BBK 스캔들의 영향은 나이가 80세 변화하는 것과 비슷한 정도로 그 정도가 강했다. 유신의 유산을 중요하게 생각하는 유권자들은 2012년 박근혜 후보에게 투표할 확률이 감소했다. 구체적으로, 유신의 유산을 중요하게 생각하는 정도가 한 단위 증가할수록 박근혜 후보에게 투표할 확률은 5.5%p 감소했다. 이는 연령이 7세 낮아지는 것과 같은 효과였다. 유신 변수가 10점 척도인 것을 고려하면, 이 변수가 1에서 10으로 변화할 때 박근혜 후보에 대한 투표 확률은 55%p가 줄어드는 것이다. 이는 연령 변수의 경우 70세 어려지는 것과 효과가 같다. 전반적으로 우리의 분석 결과는 개인적인 부정적 특성이 두 번의 한국 대선에 유의미한 영향을 미쳤음을 보여 준다. 게다가 두 번의 선거에서 부정적인 특성과 부정적인 특성을 가진 후보에게 투표하지 않을 확률의 관계는 통계적인 유의미성이 모두 매우 강했다(p < .00001).

2007년과 2012년 설문조사는 다음 중 하나를 고르도록 하는 흥미로운 질문을 담고 있다. "1. 내가 투표한 사람이 당선되길 원해서 투표했다", "2. 좋아하지 않는 후보에 대한 반대 투표를 했다", "3. 누가 당선되든지 상관없다." 이 질문은 응답자들이 반대 투표를 던진 것인지 여부를 묻고 있다. 이 연구에서의 변수 관계를 더 분명히 하기 위해, 이 설문항을 이용하고자 한다.

첫째, 우리는 누가 반대 투표자인지 분석한다. 즉, 누가 위에서 언급한

---

10) 식(1)에서 $R_i'\beta + \gamma_1 Ideology_i + \gamma_2 Age_i + Z_i'\lambda = X_i'\delta$ 을 보자. 이명박 후보에게 투표할 확률에 미치는 '후보자의 부정적인 특성'의 한계효과는 $Prob(V = 0 \mid CNT = 1, X) - Prob(V = 0 \mid CNT = 0, X)$ 이다. 이는 BBK 스캔들을 투표 선택에 중요하게 생각한 유권자와 그렇지 않은 유권자의 두 집단별로 이명박 후보에게 투표할 예측 확률을 뺀 값이다. 이는 또한 기준 범주가 아닌 다른 세 후보에게 투표할 확률을 더해서 반대로 빼 주어도 구할 수 있다. $\sum_{j=0}^{3} Prob(V = j \mid CNT = k, X) = 1 \forall k$ 일 때, $Prob(V = 0 \mid CNT = 0, x) = -\sum_{j=0}^{3} \{Prob(V = j \mid CNT = 1, X) - Prob(V = j \mid CNT = 0, X)\}$ 이기 때문이다. 따라서 23.6%p라는 값은 -(0.176+0.053+0.007)=-0.236으로 계산된 것이다.

문항 중 2번을 선택하였는지 살펴보려 한다. 표 4에 나타난 결과는 다른 변수들의 값을 고정했을 때 BBK 스캔들과 유신의 잔재가 중요하다고 생각했던 유권자들이 2007년과 2012년 반대 투표자가 될 가능성이 높았음을 보여 준다.11) 다시 말해, 두 번의 선거 모두에서 유권자들은 후보자들의 부정적인 특성을 좋아하지 않았기 때문에 관련 후보에게 투표를 하지 않았다는 것이다. 둘째, 우리는 투표 선택에 반대 투표가 미치는 영향을 분석한다. 위의 설문 문항에 대한 응답을 세 개의 더미 변수로 만든 다음, 표 5에서 선택지 1을 기준 변수로 만들고(표에서는 제외됨) 2번 선택의 영향을 보였다. 이 결과는 반대 투표자가 부정적인 특성을 가진 후보자들에게 투표하지 않는다는 점을 분명히 보여 준다.

　　종합하면, 표 4와 표 5의 결과는 후보자의 부정적인 특성을 아주 싫어하는 유권자들은 그러한 특성을 가진 후보자에 대해 반대 투표를 던질 가능성이 높아지는 것을 보여 준다. 이와 같은 분석은 한국 대선에서 후보자의 부정적인 특성과 투표 선택 사이의 방향성을 확립해 준다.

---

11) 위의 2번을 선택한 경우 종속변수의 값을 1로, 그렇지 않은 경우는 0으로 코딩하였다. 이 장에서 보고하진 않았으나 우리는 3을 택한 응답자들을 제외하고 분석을 반복해 보았는데, 핵심적인 결과는 동일했다.

표 4   반대 투표 결정 요인*

	2007	2012
	반대 투표	반대 투표
BBK	0.080***	
	(0.029)	
유신		0.020***
		(0.005)
영남	−0.063*	−0.053*
	(0.035)	(0.030)
호남	−0.048	0.038
	(0.041)	(0.040)
충청	−0.097***	−0.022
	(0.040)	(0.041)
기타 지역	0.065	0.121*
	(0.069)	(0.067)
이념	−0.003	−0.010
	(0.006)	(0.006)
연령	−0.000	−0.002**
	(0.001)	(0.001)
성별	0.024	−0.023
	(0.027)	(0.026)
소득	0.006	0.009**
	(0.006)	(0.004)
교육 수준	0.024	0.054**
	(0.026)	(0.027)
n	854	979

*표의 내용은 이항 로지스틱 분석 결과 도출된 한계효과와 로버스트 표준 오차이다. *$p < 0.1$, **$p < 0.05$, ***$p < 0.01$.

표 5 부정적인 특성을 가진 후보자에 대한 반대 투표*

	2007			2012
	정동영	이회창	문국현	박근혜
반대 투표	0.250***	0.071**	0.006	−0.189***
	(0.045)	(0.031)	(0.021)	(0.046)
Vote_None	0.022	0.129***	−0.007	0.014
	(0.036)	(0.038)	(0.019)	(0.067)
영남	−0.059**	−0.012	−0.028	0.128***
	(0.029)	(0.026)	(0.018)	(0.044)
호남	0.457***	−0.072***	0.015	−0.428***
	(0.050)	(0.024)	(0.025)	(0.049)
충청	0.002	0.133***	−0.012	−0.097
	(0.042)	(0.048)	(0.025)	(0.061)
기타 지역	−0.004	0.050	−0.020	−0.037
	(0.053)	(0.054)	(0.031)	(0.087)
이념	−0.037***	0.007	−0.016***	0.120***
	(0.007)	(0.005)	(0.004)	(0.012)
연령	−0.000	−0.001	−0.002***	0.008***
	(0.001)	(0.001)	(0.001)	(0.002)
성별	−0.023	0.040*	−0.012	0.026
	(0.029)	(0.022)	(0.016)	(0.041)
소득	0.011*	−0.007*	0.004	−0.002
	(0.006)	(0.004)	(0.003)	(0.007)
교육 수준	−0.052**	0.015	0.020	−0.064
	(0.026)	(0.021)	(0.017)	(0.041)
n	829	829	829	991

*표의 내용은 2007년 선거 자료에 대한 다항 로지스틱 분석 결과와 2012년 선거 자료에 대한 이항 로지스틱 분석 결과에서 도출된 한계효과(marginal effect)와 로버스트 표준 오차(robust standard error)이다. 다항 로지스틱 회귀분석에서 기준 범주는 이명박 후보에 대한 투표이다. *p < 0.1, **p < 0.05, ***p < 0.01.

후보자의 부정적인 특성과 투표 선택의 주요 결정 요인 간의 상호작용

지금까지 후보자의 부정적인 특성이 한국의 대통령 선거에서의 투표 선택에 유의미한 영향을 미친다는 것을 보였다. 또한 세 가지 중요한 투표 결정 요인(지역, 이념, 세대)이 투표 선택에 지배적인 영향을 미친다는 점 또한 확인했다. 이 장에서 우리는 후보자의 부정적인 특성 변수와 세 가지 주요한 요인 간의 상호작용의 영향력을 검토하려 한다. 후보자의 부정적인 특성의 영향은 유권자들의 중요한 특성들에 따라 다르게 나타나는가?

후보자의 부정적인 특성의 영향이 지역, 이념, 세대 변수에 의해 차별화된 영향을 미칠 수 있는지 검토하기 위해 다변수 상호작용 모형(multiplicative interaction model)을 사용하였다. 이를 위해 모형 1에 후보자의 부정적인 특성 변수와 지역 더미 변수, 이념 변수, 연령 변수 사이의 상호작용 변수를 추가하였다.[12) 상호작용 모형은 다음과 같다.

$$V_i = \alpha 1 CNT_i + R_i'\beta + \gamma 1 Ideology_i + \gamma 2\ Age_i + [\mathbf{CNT} \times R]_i'\delta \qquad (2)$$
$$+\ \theta 1\ [CNT \times Ideology]_i + \theta 2[CNT \times Age]_i + Z_i'\lambda + \varepsilon_i$$

계수를 보고하는 대신 우리는 각각의 다른 유권자 집단 사이에서 부정적인 특성 변수의 한계효과를 계산하였다. 즉, 그림 1은 유권자가 다른 지역 출신일 때, 유권자의 이념 성향이 다를 때, 유권자의 세대가 다를 때 부정적인 특성 변수의 영향이 어떻게 다르게 나타나는지를 담고 있다. 그래프 위의 점선은 지역, 이념, 연령에 따라 달라지는 부정적인 특성의 한계효과를 95% 신뢰구간과 함께 나타낸다. 왼쪽과 오른쪽의 그래프는 2007년과 2012년 각각 이명박 후보와 박근혜 후보에 대한 투표 확률에서 후보자의 부정적인 특성 변수의 한계효과를 보여 준다.[13)

---

12) 상호작용항을 너무 많이 포함시키는 것은 공선성 등 추정에 있어서 여러 문제를 일으킬 수 있다. 그러므로 우리는 또한 지역 변수와의 상호작용항, 이념 변수와의 상호작용항, 연령 변수와의 상호작용항을 각각 포함한 개별 모델을 분석해 보았다. 추정된 조건부 한계효과는 세 개의 상호작용항을 모두 포함했을 때와 한 가지만을 포함했을 때에 상관없이 핵심적인 결과는 동일했다.

13) 2007년 선거에는 네 명의 주요 후보가 있었고, 따라서 다항 로지스틱 회귀분석을 사용하였다. 그림 1에는 이명박에 대해 투표한 경우의 한계효과만 포함하였는데 이는 후보자의 부정적인 특성과 세 가지 투표 결정 요인 간의 상호작용을 체계적으로 비교하기 위해서다.

그림 1 2007년과 2012년 대통령 선거에서의 투표 선택에서 지역, 이념, 연령에 따라
        달라지는 후보자의 부정적인 특성의 영향

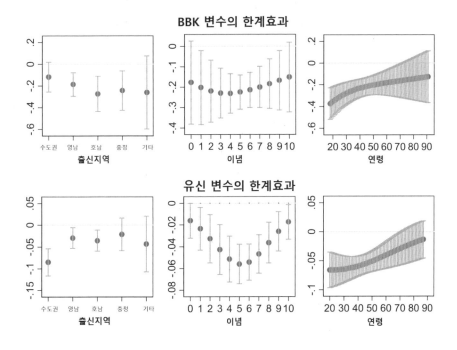

점 그래프는 이명박(위쪽 그림), 박근혜(아래쪽 그림) 후보에게 투표할 확률에 후보자의 부정적인 특성 변수
가 미치는 영향력의 한계효과를 나타낸 것이다. 막대선은 95퍼센트 신뢰구간이다.

그림 1은 여러 조건에 따라 부정적인 특성이 투표 선택에 미치는 영향이
달라질 수 있음을 명확하게 보여 주고 있다. 그러나 후보자의 부정적인 특성
의 영향력에 대한 세 가지 주요 요인의 체계적인 조절 정도가 여러 선거에서
일관적으로 나타나고 있지는 않았다. 첫째, 가장 오른쪽의 그래프에서 분명한
것은 세대가 흥미로운 조절 변수(moderating variable)라는 것이다. 후보자의 부
정적인 특성의 한계효과는 연령이 낮은 유권자들 사이에서 유의미했지만, 유
권자의 연령이 높아지면서 그 영향력의 정도가 줄어들었다. 고연령층 유권자
들 사이에서 부정적인 특성의 영향은 0과 유의미하게 다르지 않았다. 이러한
발견은 최근 최준영과 동료들의 연구(Choi et al. 2017)에서 연령이 높은 유권
자들이 '관습적인 정당 지지자(ritual partisans)', 즉 투표 결정을 할 때 정당 단
서에 상당히 의존하는 유형의 유권자들(Dalton 1984; 2000; 2013)이 되었음을
보였던 것과 일관된 결과이다. 관습적인 정당 지지자들은 정당과 분리해서 그

들의 입장을 결정하는 경우가 거의 없다. 그러므로 이들은 투표 결정을 내릴 때 후보자의 부정적인 특성에 관한 이슈가 중요하지 않다고 생각할 수 있다.

둘째, 이념은 후보자의 부정적인 특성의 효과를 조절하고 있는 것으로 보이지만 이는 세대 요인과 비교했을 때 분명히 드러나지는 않는다. 중간의 그래프를 보면 후보자의 부정적인 특성이 중도 유권자의 투표 결정의 경우에 그 영향이 강하게 나타나지만 이념 성향이 극단적인 유권자에게는 그 영향이 강하게 작용하지 않는 것을 알 수 있다. 극단적인 이념 성향의 유권자들은 이념적인 선호에 기초하여 후보자나 정당을 지지할 것인 반면 중도 이념의 유권자들은 충실한 지지자들이 아닐 수 있다. 그러므로 투표 결정에 대한 후보자의 부정적인 특성의 영향은 유권자의 이념이 변화함에 따라 달라질 수 있다.

위에서 언급한 두 가지 결과는 투표 결정이 이미 확고한(deterministic) 유권자들은 후보자의 사적인 부정적 이슈에 거의 영향을 받지 않을 가능성이 높다는 것을 보여 준다. 고연령층의 유권자들과 이념 성향이 극단적인 유권자들은 누구에게(어느 정당에게) 투표할지가 보다 분명한 경우가 많다. 이러한 경향을 후보자의 부정적인 특성과 지역주의의 상호작용에 적용시켜 보면, 영남과 호남 출신 유권자들 사이에서 부정적인 특성의 영향이 가장 약할 것이라고 예상해 볼 수 있다. 그러나 가장 왼쪽의 그래프는 이러한 예상에 어긋난다. 2012년 후보자의 부정적인 특성의 영향은 영남과 호남 출신보다 수도권(서울, 인천, 경기) 출신의 유권자들 사이에서 더 강하게 나타났다. 그러나 2007년에는 그 영향의 강도가 수도권보다 영남, 호남, 충청 출신 유권자들 사이에서 더 크게 나타났다. 이렇게 다른 결과가 나타나는 이유 중 하나는 이명박 후보가 대선 1년 전이었던 2006년까지 서울 시장이었던 것이 영향을 미쳤을 수 있다.

결론

이 논문에서는 한국에서 후보자의 부정적인 특성이 유권자의 투표 선택에 미치는 영향을 검토하였다. 부정적인 특성에 관한 대부분의 학술적 연구는 선진 민주주의 국가를 대상으로 이루어져 왔으며 이는 제3의 물결 시기 민주화된 국가들에 대한 충분한 연구의 부족으로 이어졌다. 우리는 한국의 2007년과 2012년의 대통령 선거를 분석했다. 부정적인 특성이 각각의 선거와 연관이 있었고 그와 관련된 설문지 문항도 존재했기 때문이다. 한국에서 후보자의 부정적인 특성에 관한 연구는 그것이 사적인 부패 이슈이든 부정적인 가족 관계와 같이 개인적인 인연이든 간에, 유권자의 투표 선택에 통계적으로 유의미한 득표 감소의 영향을 줄 수 있음을 보여 주고 있다.

또한 우리는 후보자의 부정적인 특성과 한국 유권자의 주요한 투표 결정 요인으로서 지역, 이념, 세대 격차 사이의 상호작용의 영향을 살펴보았다. 두 번의 선거에서 그 영향력의 패턴이 일정한 것은 아니었지만 '관습적인 정당 지지자'일 가능성이 높은 고연령층의 유권자 또는 극단적인 이념 성향 소유자와 같이 투표 결정이 이미 확고한 유권자의 경우 후보자의 부정적인 특성 변수의 영향을 받을 가능성이 낮은 것을 알 수 있었다. 그러므로 부정적인 특성의 영향력은 유권자의 개별적인 특성에 따라 달라질 수 있다고 볼 수 있다.

한편 이 연구의 분석은 보충될 여지가 있다. 이 연구에서 우리는 부정적인 특성에 대해 유권자가 어떻게 반응할지가 그들의 투표 선택에 영향을 미칠 것이라는 모형을 고안했는데, 이는 이슈 투표에 관한 문헌에 기초하고 있다 (Alvarez & Nagler, 1995; Ansolabehere et al., 2008; Erikson & Tedin, 2015). 그러나 유권자의 투표 선택이 부정적인 특성이라는 변수에 영향을 미칠 가능성을 완전히 배제하긴 어렵다. 그러므로 역의 인과성(reverse causality)의 가능성을 통제하는 것이 분석의 타당성을 높여 줄 것이다. 안타깝게도 그러한 가능성을 통제하는 것이 사실상 불가능하며 특히 이 연구에서 활용된 횡단면(cross-section) 데이터가 더욱 그러하다. 이러한 문제를 짚고 넘어가는 것은 우리의 주장이 잘못되었다기보단 이 연구가 구체적으로 그러한 한계점을 가지고 있음을 분명히 하기 위함이다.

마지막으로, 이 연구는 선진 민주주의 국가와 후발 민주주의 국가 사이에 존재하는 연구의 공백을 매우기 위한 중요한 시도이다. 이 점이 우리 연구의 가장 중요한 기여라고 생각하는데, 이 연구의 결과가 다른 후발 민주주의 국가의 사례에도 일반화될 수 있을 것이라 보기 때문이다. 신생 민주주의 국가들이 자유롭고 공정한 선거를 채택하는 사례가 많아지면서 과거 권위주의 시대의 정치 엘리트들이 선거에 출마하는 경우가 빈번함을 고려하면 이 연구는 특히 시사점을 가진다. 아시아나 남미 등의 다른 신생 민주주의 국가로 연구 대상을 확대한다면 후보자의 부정적인 특성의 영향에 대한 이해 수준을 높일 수 있을 것이다.

참고문헌

강원택. 2002. "세대, 이념과 노무현 현상." 『계간사상』 54: 80-102.

강원택. 2003. 『한국의 선거정치: 이념, 지역, 세대와 미디어』. 서울: 푸른길.

노정호·김영순. 2017. "한국인의 복지 태도와 정당지지: 제20대 국회의원 선거를 중심으로." 『동서연구』 29(2): 167-196.

박영득·이재묵. 2016. "세대에 따른 통일과 대북인식 차이 분석: 코호트 분석을 중심으로." 『글로벌정치연구』 9(2): 31-67.

박찬욱. 1993. "제14대 국회의원 총선거에서의 정당지지 분석." 이내영 편, 『한국의 선거 1』: 67-114. 서울: 나남.

손호철. 1995. 『현대 한국 정치: 이론과 역사』. 서울: 사회평론.

이갑윤. 1998. 『한국의 선거와 지역주의』. 서울: 오름.

이남영. 1999. "1998년 지방선거와 지역주의." 조중빈 편, 『한국의 선거 3: 1998년 지방선거를 중심으로』: 15－42. 서울: 푸른길.

이내영. 1998. "유권자의 지역주의 성향과 투표." 이내영 편, 『한국의 선거 2』: 11－44. 서울: 푸른길.

이상록·김형관. 2013. "한국사회에서의 세대와 복지태도." 『사회과학연구』 29(3): 433-458.

임혁백. 2012. "[동아광장] '유신공주' 대 '선거의 여왕.'" 2012/07/19. 동아일보.

정진민. 1993. "한국사회의 세대문제와 선거." 이내영 편, 『한국의 선거 1』: 116－137. 서울: 나남.

조기숙. 2003. "정당과 정책." 심지연 편, 『현대 정당정치의 이해』: 120-145. 백산서당.

최장집. 2002. 『민주화 이후의 민주주의』. 서울: 후마니타스.

최한수. 1995. "6.27 지방선거의 평가: 정당지지 및 지역주의 실태." 『한국정치학회보』 29(3): 141-161.

한홍구. 2014. 『유신』. 서울: 한겨레.

Alvarez RM and Nagler J. 1995. Economics, issues and the Perot candidacy: Voter choice in the 1992 presidential election. *American Journal of Political Science* 39(3): 714-744.

Ansolabehere S, Rodden J and Snyder JM. 2008. The strength of issues: Using multiple measures to gauge preference stability, ideological constraint, and issue voting. *American Political Science Review* 102(2): 215-232.

Banks JS and Kiewiet DR. 1989. Explaining patterns of candidate competition in congressional elections. *American Journal of Political Science* 33(4): 997-1015.

Bartels LM. 2002. The impact of candidate traits in American presidential elections. In: King A (ed.) *Leaders' Personalities and the Outcomes of Democratic Elections, Oxford Scholarship Online Monographs.* Oxford: Oxford University Press: 44-69.

BBC News. 2016. Peru elections: Keiko Fujimori concedes to Kuczynski. BBC News, 10 June.

Bond JR, Fleisher R and Talbert JC. 1997. Partisan differences in candidate quality in open seat House races, 1976-1994. *Political Research Quarterly* 50(2): 281-299.

Carson JL, Engstrom EJ and Roberts JM. 2007. Candidate quality, the personal vote, and the incumbency advantage in Congress. *American Political Science Review* 101(2): 289-301.

Choi JY, Kim J and Roh J. 2017. Cognitive and partisan mobilization in new democracies: The case of South Korea. *Party Politics* 23(6): 680-691.

Collyns D. 2016. Kuczynski ahead in Peru election, but will he be able to govern? The Guardian, 7 June.

Cox GW and Katz JN. 1996. Why did the incumbency advantage in US House elections grow? *American Journal of Political Science* 40(2): 478-497.

Dalton RJ. 1984. Cognitive mobilization and partisan dealignment in advanced industrial democracies. *The Journal of Politics* 46(1): 264-284.

Dalton RJ. 2000. The decline of party identification. In: Dalton R and Wattenberg M (eds) *Parties Without Partisans:* 19-36. Oxford: Oxford

University Press.

Dalton RJ. 2013. *The Apartisan American: Dealignment and Changing Electoral Politics*. Los Angeles, CA: CQ Press.

Erikson RS and Tedin KL. 2015. *American Public Opinion: Its Origins, Content and Impact*. 9th ed. New York, NY: Routledge.

Evans JA. 2004. *Voting and Voters: An Introduction*. London: SAGE Publications.

Fridkin KL and Kenney PJ. 2011. The role of candidate traits in campaigns. *The Journal of Politics* 73(10): 61–73.

Funk CL. 1996. The impact of scandal on candidate evaluations: An experimental test of the role of candidate traits. *Political Behavior* 18(1): 1–24.

Funk CL. 1999. Bringing the candidate into models of candidate evaluation. *The Journal of Politics* 61(3): 700–720.

Gelman A and King G. 1990. Estimating incumbency advantage without bias. *American Journal of Political Science* 34(4): 1142–1164.

Glasgow G and Alvarez RM. 2000. Uncertainty and candidate personality traits. *American Politics Quarterly* 28(1): 26–49.

Hacker KL, Zakahi WR, Giles MJ, et al.. 2000. Components of candidate images: Statistical analysis of the issue–persona dichotomy in the presidential campaign of 1996. *Communications Monographs* 67(3): 227–238.

Hayes D. 2005. Candidate qualities through a partisan lens: A theory of trait ownership. *American Journal of Political Science* 49(4): 908–923.

Huntington SP. 1993. *The Third Wave: Democratization in the Late Twentieth Century*. Norman: University of Oklahoma Press.

Johnston R and Pattie C. 2006. Candidate quality and the impact of campaign expenditure: a British example. *Journal of Elections, Public Opinion and Parties* 16(3): 283–294.

Kim H. 2011. *Korean Democracy in Transition: A Rational Blueprint for Developing Societies*. Lexington, KY: University Press of Kentucky.

Kim H, Choi JY and Cho J. 2008. Changing cleavage structure in new democracies: An empirical analysis of political cleavages in Korea. *Electoral*

Studies 27(1): 136-150.

King A. 2002. *Leaders' Personalities and the Outcomes of Democratic Elections.* Oxford: Oxford University Press.

Kulisheck MR and Mondak JJ. 1996. Candidate quality and the congressional vote: A causal connection? *Electoral Studies* 15(2): 237-253.

McCargo D. 2002. Democracy under stress in Thaksin's Thailand. *Journal of Democracy* 13(4): 112-126.

Miller AH, Wattenberg MP and Malanchuk O. 1986. Schematic assessments of presidential candidates. *American Political Science Review* 80(2): 521-540.

Prysby C. 2008. Perceptions of candidate character traits and the presidential vote in 2004. *PS: Political Science & Politics* 41(1): 115-122.

Terkildsen N. 1993. When white voters evaluate black candidates: The processing implications of candidate skin color, prejudice, and self-monitoring. *American Journal of Political Science* 37(4): 1032-1053.

제3장

18대 대선에서 나타난 유권자의 복지-세금 태도[*]

조진만(덕성여자대학교)

서론

  본 연구의 목적은 18대 대선 시기 복지 문제와 관련하여 한국의 유권자들이 어떠한 태도를 보이는지를 세금 문제와 연계하여 경험적으로 분석하는 데 있다. 구체적으로 본 연구는 기존 연구들(권혁용 2010; 2009; 김신영 2010; 김희자 1999; 이현우 2013; Blekesaune and Jill 2003; Hetherington 2005; Iversen and Soskice 2001; Pierson 1996; Razin and Sadka 2005; Shapiro et al. 2008; Svallfors 1995; Wilensky 1975)에서 유권자의 복지 태도에 중요한 영향을 미치는 요인으로 지적되었던 정치적 선호, 정치신뢰, 사회경제적 배경(연령, 소득 수준, 성별, 교육 수준)이 2010년대 후반의 한국에서도 유권자의 복지-세금 태도를 결정짓는 주요한 요인으로 작용하고 있는지를 고찰하고 있다.

  최근 한국에서 복지 문제는 중요한 화두이다. 그리고 한국의 경제 수준을 고려할 때 복지에 대한 공공지출이 적다는 비판[1]은 과거부터 지속적으로 제기되고 있다. 그럼에도 불구하고 복지 문제는 한국 정치에서 상대적으로 큰 주목을 받지 못하였던 것이 사실이다. 이처럼 18대 대선 시기 한국에서 복지

---

[*] 이 장의 내용은 조진만 2014. "한국 유권자의 복지-세금 태도 결정요인 분석." 『21세기정치학회보』 제24집 3호:113-134의 형태로 출판된 논문을 이 서적의 목적에 맞게 수정한 것이다. 이 과정에서 학술지의 허가를 받았음을 밝힌다.

[1] 대표적으로 경제개발협력기구(OECD)에 속해 있는 회원국들 중 한국의 공적사회지출(public social expenditure) 비율이 멕시코 다음으로 가장 낮은 수준을 기록하고 있다는 비판이 있다(마인섭 2011, 42).

문제에 대한 논의가 제대로 이루어지지 못한 데는 다음과 같은 요인들이 중
요하게 작용하였다.

첫째, 해방 이후 지속적으로 성장 위주의 경제발전을 추구하는 과정에서
복지와 관련한 분배 문제가 소홀이 다루어졌다(송호근·홍경준 2006; Yang
2013). 복지 문제는 기본적으로 재분배적인 특징을 보인다. 그런데 국가적·국
민적 차원에서 복지 문제가 제대로 논의되고 정착되기 위해서는 국민 개개인
이 복지 부담과 혜택에 대한 명확한 인식을 토대로 국가의 예산이 마련되고
재분배되어야 한다(정원호 2012). 하지만 과거 한국은 경제적으로 어려운 상황
속에서 국가 주도의 성장 위주 경제발전을 추진하다 보니 복지 문제에 대한
관심과 논의가 상대적으로 부족하였다.

둘째, 자본과 비교하여 노동의 영향력이 약하였고, 노동자를 대변하는 정
당이 정치권력을 장악하지 못하였다. 복지국가를 건설하는 데 있어 노동 계급
의 정치적 세력화와 정권 장악 여부는 가장 중요한 요인으로 간주된다(Allen
and Scruggs 2004; Esping—Anderson 1990; 1985; Korpi 1983; Korpi and Palme 2003;
Stephen 1979). 왜냐하면 고용주와 달리 소득이 원천이 고용 여부에 있는 노동
자들의 경우 정부가 복지(재분배)정책을 통하여 자신들을 보호해 주기를 희망
하기 때문이다. 그러므로 현실 정치에서 노동자를 대변하는 정당이 존재하고,
그 정당이 정권을 장악할 수 있는 능력을 보유하고 있는가의 문제는 복지국
가의 확립과 발전에 중요한 영향을 미친다. 하지만 한국의 경우 과거 권위주
의 정권하에서 성장 위주 경제발전을 하는 과정에서 노동계를 탄압하고 희생
을 상당 수준 강요하였다. 그리고 오늘날 노동자를 직접적으로 대변하는 정당
이 수권 능력을 보여 주지 못하고 있는 것도 현실이다.

셋째, 정치적인 측면에서 한국은 민주화된 지 오랜 시간이 흐르지 않았
고, 정치제도적으로도 복지정책을 추진하기 어려운 구조를 형성하고 있다는
것이다. 복지국가는 자유로운 선거 경쟁이 이루어질 수 있는 대의 민주주의하
에서(권혁용 2011; 김희자 2012, 88; Alesina and La Ferrara 2005; Huber and
Stephens 2001; Wilensky 1975), 그리고 정치제도적으로 다수결제보다는 합의제
하에서 용이하게 구축될 수 있다(최태욱 2011; Alesina and Galeser 2004; Huber
et al. 1993; Iversen and Soskice 2006). 왜냐하면 이러한 정치환경하에서 노동자
를 대변하는 좌파 정당이 정치권력을 가질 수 있는 확률이 높아지고, 우파 정

당들도 좌파 정당들이 제시하는 복지정책에 대한 대응으로 선거 경쟁에 임할 수밖에 없기 때문이다. 또한 다수결제와 비교하여 합의제하에서는 다양한 사회의 이해관계와 선호가 반영될 가능성이 높기 때문에 복지정책을 추진하기가 상대적으로 용이하다. 그런데 이 문제와 관련하여 한국은 대의 민주주의가 확고하게 정립된 기간이 상대적으로 길지 않고, 정치제도적으로도 다수결제에 기반한 선거제도와 정당 체계를 유지하고 있는 특징을 보이고 있다(김재한·아렌트 레입하트 1997).[2]

넷째, 한국의 근면, 책임성, 가족, 상부상조를 중시하는 유교주의의 영향으로 인하여 복지의 공급을 국가가 아닌 가족과 기업이 주도하는 모습을 보였다(안재홍 2013; 홍경준 1999). 특히 이와 같은 유교주의는 해방 이후 미국의 자유주의와 결합되어 복지가 개인 생활에 대한 국가의 지나친 개입을 이끌고 개인의 노동 윤리를 손상시킨다는 관념을 형성하는 데 영향을 미쳤다. 그 결과 한국에서 복지정책은 사회의 극빈자들만을 대상으로, 경기 침체나 가족 위기와 같은 예외적 상황에서 매우 제한적으로 추진하는 것이 바람직하다는 사회적 관념이 강화되었다(윤광일 2014, 106-109).

하지만 이러한 상황은 민주화 이후 지속적으로 변화의 조짐을 보이기 시작하였다. 민주화 이후 노동에 대한 통제와 성장 위주의 경제개발이 가져온 문제점들이 본격적으로 부각되었다. 그리고 이러한 문제들에 대하여 보수와 진보정당들이 각자의 입장과 정책들을 제시하면서 선거 경쟁을 하는 모습을 보여 주었다. 특히 세계화의 여파 속에서 1997년 IMF 경제 위기를 겪게 됨에 따라 사회적 안전장치에 대한 국민들의 요구도 높아지게 되었다(마인섭 2011; 정한범 2012; Garrett 1998; Iversen and Cusack 2000; Rodrik 1998). 그뿐만 아니라 2004년에 실시된 17대 국회의원 선거에서 1인 2표 병립제 도입의 효과로 노동자를 직접적으로 대변하는 민주노동당이 최초로 원내에 진출함에 따라 복지 문제가 본격적으로 논의되었다. 더욱이 2010년 지방 선거에서 곽노현 서울특별시 교육감 후보를 비롯하여 진보 진영의 후보들이 전면 무상급식 등을 내세워 대거 당선됨에 따라 복지 문제는 생활밀착형 쟁점이 되었고, 복지국가

---

2) 이외에도 의원내각제와 달리 견제와 균형의 원리에 입각하여 운영되는 대통령제의 경우 대통령의 거부권 행사, 분점정부 상황, 독립적인 사법부의 존재 등이 급진적인 복지정책의 도입을 막는 역할을 한다는 지적도 존재한다(윤광일 2014).

건설은 거역할 수 없는 하나의 명제가 되었다. 그 결과 그 이후의 선거들에서 보수와 진보 진영 모든 후보들이 복지를 중요한 선거 쟁점과 화두로 제시하는 모습을 보였다. 2012년 대통령 선거에서는 보수정당을 대표하는 박근혜 후보의 공약 조차 기초노령연금 확대, 고등학교 무상교육 등 보편적인 복지를 지향하는 다수 정책을 포함하고 있었다. 교육, 교통, 의료, 주거, 보육 등의 문제와 관련한 무상 시리즈가 범람하는 모습을 보이는 상황하에서 최근에는 증세 없는 복지를 추진하는 것에 대한 반론과 저항들도 생겨나고 있다.[3]

이러한 상황에서 18대 대선 시기 한국의 유권자들이 복지 문제와 관련하여 어떠한 태도를 보이고 있는가를 경험적으로 고찰하는 작업은 중요한 의미를 갖는다. 왜냐하면 이것은 복지국가로의 진입을 목전에 두고 있는 2010년대 후반의 한국에 있어서 다양한 정책적 시사점을 제공할 수 있기 때문이다. 복지 문제는 세금 문제와 연계하여 정책의 이념적 차이가 분명하게 존재하는 갈등쟁점(position issue)의 성격을 갖는다(강원택 2007; 전진영 2006; Quinn and Shapiro 1991). 그럼에도 불구하고 최근 한국 사회에서 복지 문제 자체는 합의쟁점(valence issue)의 모습을 보이고 있다(Stokes 1963). 이것은 복지쟁점 자체만 놓고 보면 그 추진과 확대를 거부하기 힘든 측면이 존재한다는 것을 의미한다. 하지만 재분배적 성격을 보이는 복지 문제는 다른 한편으로 그 재원을 마련하는 세금 문제와 반드시 연계하여 고민할 필요가 있다.[4] 즉 세금에 대한 논의 없이 무상 복지를 강조하고 시행한 것에 대한 문제점들이 최근에 불거져 나오고 있듯이 복지와 세금의 문제를 연동하여 경험적 분석을 진행하는 것이 적실성을 갖는다.

지금까지 한국에서 유권자의 복지 태도를 경험적으로 분석한 기존 연구는 상대적으로 부족하다. 그리고 기존 연구의 경우 세금 문제와 연동된 설문

---

3) 무상 복지정책에 대한 최초의 반발은 2011년 8월 서울특별시 오세훈 시장이 자신의 신임 문제를 걸고 전면 무상급식에 대한 찬반 주민투표를 진행함으로써 이루어졌다. 결국 이 주민투표는 최종 투표율 25.7%를 기록하여 33.3% 이상 참여의 성립 조건을 갖추지 못함에 따라 오세훈 시장이 사퇴하는 결과를 초래하였다. 그리고 최근에는 전국 시·도교육감협의회가 재정난을 이유로 급증하는 무상 보육과 급식 등에 대한 복지비 부담을 감당할 수 없다며 복지 디폴트(지급 불능) 선언을 예고하기도 하였다(중앙일보 2014/10/18-20).

4) 한국 유권자들의 경우 복지 문제와 관련하여 증세에 대해서는 반대하면서 복지 확대에는 찬성하는 이중적인 태도를 보인다(최균·류진석 2000). 예를 들어 한국의 유권자들은 복지 예산 확충에 대해서는 71.3%가 찬성하는 모습을 보인 반면 복지를 위한 세금 납부 의사에 대해서는 단지 36.2%만이 찬성하는 모습을 보여 큰 차이를 나타내고 있다(이현우 2013).

을 활용하여 유권자의 복지 태도를 분석하지 않아 유권자의 정치적 선호나 사회경제적 배경에 따른 복지 태도의 차이가 상대적으로 잘 드러나지 않는 결과들이 도출되었다(권혁용 2009; 김신영 2010; 김희자 1999; 이현우 2013). 복지 문제를 세금 문제와 연계하여 분석하지 않을 경우 복지는 유권자 대다수가 바람직하다고 생각하고 원하는 합의쟁점적 성격을 보일 수 있다. 그리고 그 결과로 유권자들의 정치적 선호와 사회경제적 배경에 따른 복지 태도의 차이가 덜 두드러지게 나타날 수 있다. 하지만 현실적으로 세금과 연동된 복지 문제는 갈등쟁점적 성격을 보일 가능성이 높다. 그러므로 18대 대선 시기 한국 유권자의 복지 태도를 세금 문제와 연동하여 경험적으로 분석하고 있는 본 연구는 향후 복지 문제를 둘러싼 소모적인 논쟁이나 정치권의 과대한 선심성 복지 공약의 남발을 방지할 수 있는 방안들을 모색하는 데 일정한 기여를 할 수 있을 것으로 기대된다.

이론적 논의

최근에 전 세계적으로 경제적 불평등이 심화됨에 따라 복지 문제가 뜨거운 화두로 제기되고 있다(Kelly and Enns 2010; Luttig 2013). 그리고 최근 한국도 동일한 차원에서 경제적 양극화의 심화와 복지국가로의 진입을 앞두고 있는 상황에서 유권자들이 복지 문제에 대하여 어떠한 태도를 보이고 있는가에 대한 관심이 증대되고 있다. 하지만 이에 대한 기존 연구는 절대적으로 부족한 것이 현실이다(김신영 2010; 김희자 1999; 권혁용 2009; 이현우 2013; 최균·류진석 2000).

한국에서 유권자의 복지 태도에 대한 기존 연구는 서구 복지국가들에서 제시된 가설들을 중심으로 유권자의 정치적 선호, 정치신뢰, 사회경제적 배경 등이 복지에 대한 인식과 태도에 어떠한 영향을 미치는가를 중점적으로 논의하고 분석하였다. 특히 앞서 지적한 바 있듯이 기존 연구들은 한국 유권자의 복지 태도를 경험적으로 분석하는 데 있어 세금 문제와 연계하지 않은 경우가 많았다. 그리고 변수들의 조작화와 분석에 사용된 자료들도 일률적이지 않아 제시된 결과들의 일관성이 떨어지는 모습도 보였다.[5]

---

5) 예를 들어 김희자(1999)의 경우 유권자의 복지 태도와 관련하여 계급별·계층별 차이가 나타나지 않는다고

이러한 점을 고려하여 본 연구는 "세금을 더 내더라도 복지 수준을 높여야 한다"라는 설문에 대한 유권자의 입장을 종속변수로 설정하여 18대 대선 시기 한국 유권자의 복지-세금 태도에 대한 이론적 논의와 경험적 분석을 수행하고 있다. 그리고 기존 연구에서 한국 유권자의 복지 태도에 영향을 미치는 요인으로 간주되었던 정치적 선호, 정치신뢰, 사회경제적 배경에 초점을 맞추어 독립변수들을 구성하고 있다. 이에 대한 구체적 논의를 전개하면 다음과 같다.

먼저 본 연구는 유권자의 정치적 선호와 관련하여 이념 성향과 투표 선택의 두 요인에 주목하고 있다. 첫째, 좌파(진보)와 우파(보수)로 대별되는 유권자의 이념 성향은 이에 따라 복지에 대한 입장이 차이를 보일 수 있다는 점에서 중요한 의미를 갖는다(김희자 2012, 89-93; Budge et al. 1987; Klingemann et al. 1994; Lakoff and Rockridge Institute 2006; Quinn and Shapiro 1991; Robertson 1976). 일반적으로 우파(보수)는 빈곤의 책임은 개인에게 있고, 복지가 경제적 효율성을 저하시킨다는 입장을 보인다. 이러한 이유로 우파(보수)는 복지와 같은 재분배 정책에 소극적인 작은 정부를 지향한다. 반면 좌파(진보)는 빈곤에 대한 개인적 책임과 더불어 사회구조적 문제를 지적하고, 성장과 분배의 선순환과 조화를 강조하는 입장을 보인다. 그러므로 좌파(진보)는 복지정책을 적극적으로 추진할 수 있는 큰 정부를 선호한다. 종합하면 우파(보수)적 이념 성향을 보이는 유권자와 비교하여 좌파(진보)적 이념 성향을 보이는 유권자의 경우 세금 부담을 더 하더라도 복지정책에 우호적인 입장을 보일 가능성이 높다.

둘째, 유권자가 중요한 선거에서 어떠한 투표 선택을 하였는가의 문제도 복지-세금 태도를 결정짓는 중요한 요인으로 작용한다. 유권자의 이념 성향이 복지-세금에 대한 태도를 결정짓고, 선거에서도 투표 선택에 중요한 영향을 미치는 것은 부인할 수 없다. 하지만 유권자들이 스스로 인식하는 이념 성향은 그 기준에 있어 차이를 보일 수 있다. 그뿐만 아니라 유권자의 이념 성향에 따른 복지-세금에 대한 태도도 일률적이지 않을 가능성도 존재한다. 다만 일반적으로 유권자들은 정당(후보)의 정책적 차이를 대략적이라도 인지

주장하였다. 반면 김신영(2010)과 이현우(2013)는 유권자의 정치적 태도와 사회경제적 배경에 따라 복지 태도에 일정한 차이가 존재한다고 주장하였다. 또한 김신영과 이현우의 경우에도 유권자의 복지 태도에 영향을 미치는 요인으로 설정한 독립변수들이 많은 차이를 보이는 상황 속에서 유권자의 사회경제적 배경이 복지 태도에 미치는 영향력이 차이를 보였다.

하고 투표를 한다는 점은 충분히 수용이 가능한 부분이다. 그리고 현실적으로 어떠한 정당(후보)이 선거를 통하여 실질적으로 정치권력을 획득하고 행사하는가의 문제가 선거 이후 복지와 세금 관련 정책들을 입안하고 수행하는 데 핵심적으로 작용하게 되는 것도 사실이다. 그러므로 대통령 선거와 같이 중요한 선거에서 유권자가 어떠한 정당(후보)에 투표하였는가의 문제는 복지−세금에 대한 태도를 결정짓는 데 중요한 영향을 미칠 수 있다.

　　다음으로 본 연구에서 주목하고 있는 요인은 정치신뢰의 문제이다. 정치신뢰는 정치 행위자가 유권자들이 기대하고 바라는 바대로 결과물을 산출할 수 있는 주관적 인식으로 정의된다(Gambetta 1988). 그리고 복지는 기본적으로 정치권의 결정에 의하여 소득이 재분배되는 것을 기반으로 추진되는 특징을 보인다. 이때 유권자들이 정치권을 불신할 경우 자신이 내는 세금이 제대로 사용되지 못한다는 인식을 가질 수 있기 때문에 복지 문제에 대하여 소극적이거나 부정적인 태도를 보일 수 있다(이현우 2013; Hetherington 2005; Ruthstein 2009; Scholz and Lubell 1998). 그러므로 정치신뢰가 낮은 유권자와 비교하여 높은 유권자의 경우 세금 부담을 감수하더라도 복지정책에 우호적인 입장을 보일 가능성이 높다.

　　마지막으로 본 연구는 유권자의 사회경제적 배경과 관련하여 연령, 소득 수준, 성별, 교육 수준에 주목하고 있다. 첫째, 연령은 복지 문제와 관련하여 혜택을 받을 연령대가 되면 복지의 확대를 선호하고, 복지에 대한 세금 부담이 많아지는 연령대에 진입하면 복지 확대에 부정적인 입장을 취하게 된다고 평가된다(김희자 2012, 107−108; 서복경·황아란 2012; Johnson et al. 1989; Kirkpatrick 1976). 그런데 문제는 복지 혜택을 받는 연령대라는 것을 명확하게 규정하기 힘든 측면이 존재한다는 점에 있다. 연금과 의료 등 대부분의 중요 복지 혜택은 은퇴한 고연령층에 집중되는 특징을 보인다. 하지만 교육, 보육, 주거 등과 관련한 복지 혜택은 노년층보다 청장년층에 초점이 맞추어지는 것도 사실이다. 더욱이 사회에 진출하여 직장을 구하기 이전까지의 젊은 세대는 자신이 이루어 놓은 경제적 토대가 부족하기 때문에 세금 부담의 문제보다는 자신이 받을 수 있는 혜택을 중심으로 복지 확대의 문제에 더욱 우호적인 태도를 보일 가능성도 높다.[6] 그렇다면 연령에 따른 일반적인 차원의 복지 태도는 사회에 진출하기 이전의 젊은 세대와 사회로부터 은퇴한 노년층에서는 상대적으로 우호적인 모습을 보일 수 있다. 하지만 나머지 세대에 있어서는 개인이 처해진 상황에 따라 복지–세금에 대한 태도는 다양한 특징을 보일 가능성이 존재한다. 그러므로 연령이 복지–세금 태도에 미치는 영향은 선형적인 관계가 아니라 U자 형의 비선형적인 관계를 형성하고 있다는 관점에서 경험적 분석을 수행하는 것이 더욱 적실성을 가질 수 있다.

둘째, 소득 수준의 경우 세금 납부의 부담과 그에 따른 복지 혜택 간의 관계를 고려하여 일반적으로 유권자의 소득 수준이 높을수록 복지에 덜 우호적인 태도를 보인다(Galbraith 1970; Gilens 1999; Svallfors 1995). 복지와 관련한 조세는 최하층 소득자를 제외하고는 모든 국민이 차등적으로 부담하게 된다. 그러므로 소득 수준이 높을수록 복지 비용에 대한 세금 부담은 큰 반면 복지 혜택은 상대적으로 적은 특징을 보인다. 특히 한국과 같이 복지국가의 진입 단계에 있는 경우 소득 수준이 높을수록 세금 부담이 가중되고, 양질의 복지 수혜를 받아 본 경험이 없기 때문에 이러한 경향은 더욱 강하게 나타날 수 있다(Esping–Anderson 1990). 즉 한국에서는 소득 수준이 높은 유권자들은 공적 복지를 위한 세금 부담에 호의적인 입장을 보이기보다는 가급적 이와 관련한 비용을 최대한 절감하면서 사적인 차원에서 자구적으로 복지 대책을 마련하는 모습을 보일 수 있다(Kangas and Palme 1990). 이러한 이유로 소득 수준이 높은 유권자의 경우 소득 수준이 낮은 유권자와 비교하여 세금 부담을 감수하면서 복지정책에 우호적인 입장을 보일 가능성이 상대적으로 낮다.

셋째, 성별의 경우 남성보다 여성이 복지정책에 더 우호적인 입장을 보일 가능성이 높다(Svallfors 1995). 그 이유는 현실적으로 여성이 남성보다 가사, 양육, 간병 등의 문제에서 복지 수혜자로서의 위치를 점유할 가능성이 높기 때문이다. 그뿐만 아니라 이러한 상황에서 복지정책이 확대되면 여성이 독립적인 생활과 취업의 기회를 더 가질 수 있다는 점에서도 여성이 남성보다 복지 문제에 대하여 더욱 긍정적인 입장을 견지할 가능성이 높다(김희자 2012, 107). 특히 한국의 경우 육아, 교육, 가사 등과 관련한 책임이 여성에게 상대적으로 많이 부여되고, 남성이 경제 활동을 책임지는 경우가 많다. 그러므로

---

6) 젊은 세대의 경우 일반적으로 자신들이 미래에 부담하게 될 복지 비용 증가에 저항하는 태도를 보인다(Razin and Sadka 2005). 하지만 젊은 세대의 경우 미래가 불확실한 상황에서 반값 등록금과 같이 현재 직접적으로 비용을 부담하지 않고 혜택을 받을 수 있는 복지정책에 대하여 저항할 가능성은 상대적으로 낮을 수 있다.

한국에서 이와 같은 경향은 더욱 강하게 나타날 수 있다. 하지만 다른 한편으로 이러한 상황에서 경제 활동을 책임지는 남성은 가정 활동을 책임지는 여성보다 복지를 위한 세금 부담에 더욱 민감하게 반응할 가능성도 충분히 존재한다. 그러므로 한국에서 성별이 유권자의 복지-세금 태도에 어떠한 영향을 미칠 것인가에 대해서는 일률적인 가설을 정립하기 어려운 측면이 존재한다. 다만 경험적 분석의 결과, 일반적인 인식과 달리 여성 유권자와 비교하여 남성 유권자들이 복지에 대하여 부정적인 태도를 강하게 보인다면 이것은 한국에서 사회 전반적으로 복지 확대에 대한 요구보다는 복지 비용에 대한 세금 부담 문제를 더욱 중시하는 경향을 보인다는 점을 시사한다. 그뿐만 아니라 이것은 한국에서 국민들의 자발적 세금 부담을 통한 복지국가 건설이 현 단계에서는 용이하지 않을 수 있다는 점도 암시한다.

넷째, 교육 수준의 경우 그 수준이 높을수록 복지정책에 덜 우호적인 태도를 보인다(Alesina and La Ferrara 2005; Iversen and Soskice 2001). 기회의 평등이 보장되는 상황하에서는 높은 수준의 교육을 받은 유권자의 경우 그렇지 않을 유권자와 비교하여 사회적 지위와 안정을 획득할 가능성이 높다. 그러므로 교육 수준이 높은 유권자들의 경우 자신이 수혜자가 될 확률이 떨어지는 복지정책을 적극적으로 지지하지 않은 모습을 보일 수 있다. 또한 교육 수준이 높은 유권자들의 경우 복지 문제가 세금 문제와 밀접하게 연동되어 있고, 그러한 상황에서 양자가 적절한 균형을 이루지 못할 경우 사회적으로 어려움을 겪을 수 있다는 점을 인식할 가능성도 높다. 그러므로 교육 수준이 높은 유권자들의 경우 과도한 복지 확대와 조세 부담에 대하여 비판적인 입장을 견지할 수 있다.

데이터, 연구모형, 조작화

본 연구는 18대 대선 당시 한국 유권자의 복지-세금 태도를 경험적으로 분석하기 위하여 한국정치학회가 한국사회과학데이터센터(KSDC)에 의뢰하여 실시한 "제18대 대통령 선거 관련 유권자 의식조사" 자료를 활용하고 있다.[7]

---

7) 이 설문조사는 2012년 12월 20일부터 25일까지 제주도를 제외한 전국 만 19세 이상 성인 남녀 1,200명을

본 연구에서 이 설문조사 자료를 활용하고 있는 이유는 우선적으로 여타 선거와 비교하여 대통령 선거가 가장 중요한 선거로 부각된다는 점을 고려하였기 때문이다. 또한 복지－세금 태도의 문제는 기본적으로 국가적 차원의 문제로서 대통령 선거의 경우 국회의원 선거나 지방 선거와 달리 지역적 요인에 대한 통제가 가능하다는 점도 중요하게 고려하였다. 그리고 본 연구의 주제와 관련하여 유권자의 복지 태도를 세금 문제와 연계하여 파악할 수 있는 설문항이 이 설문조사 자료에 포함되어 있다는 점도 중요한 요인으로 작용하였다. 이 밖에도 유권자의 복지 태도에 대한 기존 연구들의 경우 최신 자료를 사용하지 않고 있다는 점에서 가장 최근에 실시된 대통령 선거 설문조사 자료를 활용하여 경험적 분석을 수행하는 것이 의미를 가질 수 있다고 판단하였다.

앞에서 전개한 이론적 논의를 토대로 본 연구는 구체적으로 다음과 같은 로지스틱 회귀분석 모델에 기반하여 18대 대선 시기에서의 한국 유권자의 복지－세금 태도에 대한 경험적 분석을 수행하고 있다. 일단 본 연구의 종속변수(V_1)는 "세금을 더 내더라도 복지 수준을 높여야 한다"라는 주장에 대한 유권자의 동의 여부를 묻는 설문을 활용하여 조작화하였다. 구체적으로 본 연구는 이 설문에 대하여 "공감한다(복지 확대 찬성)"라고 응답한 유권자들을 1로, 그리고 "공감하지 않는다(복지 확대 반대)"라고 응답한 유권자들은 0으로 코딩하였다. 이와 같은 본 연구의 종속변수는 해당 시기의 유권자의 복지 태도 문제와 관련하여 세금 부담의 요인을 통제하면서 경험적 분석을 수행할 수 있다는 점에서 유용한 측면이 존재한다.

▌연구모델: $V_1 = \alpha + \beta_1$*이념 성향$+ \beta_2$*대통령 선거 투표 후보$+ \beta_3$*정치 신뢰도$+ \beta_4$*연령$+ \beta_5$*연령$^2 + \beta_6$*소득 수준$+ \beta_7$*성별$+ \beta_8$*중졸 이하$+ \beta_9$*대재 이상$+\varepsilon$

다음으로 본 연구는 유권자의 정치적 선호, 정치신뢰 수준, 사회경제적 배경이 복지－세금 태도에 영향을 미칠 수 있다는 관점에서 총 9개의 독립변

대상으로 진행되었다. 설문조사 방식으로 구조화된 설문지에 기반한 대인면접조사(face-to-face interview) 방식이 채택되었다. 표본의 추출은 지역별, 성별, 연령별 층화 추출(stratified random sampling)하는 방식으로 이루어졌다. 표집오차는 95% 신뢰 수준에서 ±2.83%였다.

수들을 설정하고 있다. 구체적으로 본 연구는 유권자의 정치적 선호와 관련하여 이념 성향과 대통령 선거 투표 후보를, 그리고 정치신뢰 수준은 관련된 설문항을 조합하여 정치신뢰도 지수를 산출하여 독립변수로 설정하고 있다. 그뿐만 아니라 유권자의 사회경제적 배경과 관련해서는 연령, 연령^2, 소득 수준, 성별, 교육 수준을 독립변수로 설정하고 있다. 구체적으로 본 연구는 독립변수들은 다음과 같이 조작화하였다.

먼저 유권자의 정치적 선호와 관련하여 이념 성향은 매우 진보 0점, 중도 5점, 매우 보수 10점 사이에서 유권자가 자신의 이념적 성향을 평가한 설문을 사용하여 조작화하였다. 그리고 대통령 선거 투표 후보는 18대 대통령 선거에서 새누리당 박근혜 후보를 선택한 유권자들은 1로, 민주통합당 문재인 후보를 선택한 유권자들은 0으로 코딩하였다.

다음으로 정치신뢰도는 유권자의 정치신뢰 수준을 직접적으로 파악할 수 있는 설문항이 존재하지 않은 상황하에서 이를 유추할 수 있는 세 가지 설문을 조합하여 조작화하였다. 구체적으로 본 연구는 "정치인들은 나같은 사람이 어떤 생각을 하는지에 대하여 별로 관심이 없다", "일반적으로 정치인(대통령, 국회의원)은 당선된 후 선거 때 행동과는 상당히 다르다", "정당들은 사람들이 무슨 생각을 하는지보다는 표에만 관심이 있다"라고 질문한 설문들을 활용하였다. 그리고 매우 공감한다＝1, 대체로 공감한다＝2, 별로 공감하지 않는다＝3, 전혀 공감하지 않는다＝4로 되어 있는 설문항에 대한 유권자들의 선택을 조합하여 정치신뢰도 지수를 산출하였다. 그러므로 정치신뢰도는 최소 3점에서 최대값 12점 사이에 분포하게 되며, 그 수치가 높을수록 정치에 대한 신뢰 수준이 높은 것을 의미한다.

마지막으로 유권자의 사회경제적 배경과 관련하여 연령은 응답자의 설문조사 시점 나이로 조작화하였다. 다만 앞서 이론적 논의를 전개하는 과정에서 지적한 바 있지만 유권자의 연령과 복지－세금 태도는 비선형적인 특징을 보일 가능성이 높다. 이 점을 고려하여 본 연구는 2차의 다항식을 고려한 연령과 연령^{2}의 두 개 독립변수를 설정하였다. 앞서 전개한 이론적 논의를 고려한다면 본 연구의 모델에서 회귀계수 β_4는 음(－)의 값을, 그리고 회귀계수 β_5는 양(＋)의 값을 갖게 될 것이다(Gujarati 1995, 217－221). 소득 수준은 한 달 가구 소득을 기준으로 100만 원 미만＝1, 100－149만 원＝2, 1

50−199만 원＝3, 200−249만 원＝4, 250−299만 원＝5, 300−349만 원＝6, 350−399만 원＝7, 400−449만 원＝8, 450−499만 원＝9, 500−599만 원＝10, 600−699만 원＝11, 700만 원 이상＝12로 코딩하였다. 성별의 경우 여성＝0으로, 남성＝1로 코딩하였다. 교육 수준은 설문조사상에서 중졸 이하, 고졸, 대재 이상의 세 가지 수준에서 파악하고 있다. 이에 본 연구는 고졸을 기준 변수로 설정하여 중졸 이하와 대재 이상의 두 개 가변수를 설정하였다.

경험적 분석

다음의 표 1은 앞서 제시한 연구모델을 토대로 18대 대선 당시 한국 유권자의 복지−세금 태도에 대한 로지스틱 회귀분석을 수행하여 그 결과를 제시한 것이다. 일단 연구 결과를 보았을 때 카이자승 값의 유의확률(p)이 0.00으로 나와 본 연구의 모델이 적합도 측면에서 문제가 없는 것으로 나타났다. 세부적으로는 대통령 선거 투표 후보와 소득 수준이 유의확률 0.01 이하 수준에서, 연령과 연령^{2}이 유의확률 0.1과 0.05 이하 수준에서 2017년 당시 유권자의 복지−세금 태도에 통계적으로 유의미한 영향을 미치는 것으로 나타났다. 반면 이념 성향, 정치신뢰도, 성별, 교육 수준(중졸 이하, 대재 이상)은 18대 대선에서 투표한 유권자의 복지−세금 태도에 통계적으로 유의미한 영향을 미치지 못하는 것으로 나타났다.

좀 더 세부적인 차원에서 회귀계수의 통계적 유의미성과 승산비(odds ratio)를 중심으로 연구 결과를 정리하면 다음과 같다. 먼저 정치적 선호 문제와 관련하여 이념 성향은 유권자가 진보적인 이념 성향을 보일수록 복지 확대에 상대적으로 우호적인 경향은 보였지만 실질적으로 복지−세금 태도에 별다른 영향을 미치지 못하는 것으로 나타났다(B＝−0.001, Exp(β)＝0.999, p＝0.975). 반면 대통령 선거 투표 후보는 유권자의 복지−세금 태도에 통계적으로 유의미한 영향을 미치는 것으로 나타났다(Exp(β)＝0.609, p<0.01). 즉 다른 독립변수들의 영향력을 통제하였을 때 18대 대통령 선거에서 새누리당 박근혜 후보에 투표한 유권자들의 경우 민주통합당 문재인 후보에 투표한 유권자들과 비교하여 세금을 더 부담하더라도 복지 수준을 확대해야 한다는 주장에 동의할 승산비가 두 배에 좀 못 미치는 정도로 떨어지는 모습을 보였다.

표 1 18대 대선 유권자의 복지-세금 태도에 대한 로지스틱 회귀분석 결과

독립변수	회귀계수(B)(표준오차)	유의확률(p)	Exp(β)
상수	1.371(0.673)	0.041	3.941
이념 성향	-0.001(0.033)	0.975	0.999
대통령 선거 투표 후보	-0.495(0.152)	0.001	0.609
정치신뢰도	-0.038(0.035)	0.283	1.039
연령	-0.052(0.027)	0.052	0.950
연령^2	0.001(0.000)	0.048	1.001
소득 수준	0.071(0.023)	0.003	1.073
성별	0.217(0.134)	0.105	1.242
중졸 이하	0.215(0.254)	0.396	1.240
대재 이상	-0.138(0.165)	0.402	0.871
-2로그우도	1315.834		
카이자승	29.969(p=0.000)		
사례 수	990		
적중률	60.1		

    이와 같은 연구 결과는 2017년의 한국의 경우 서구 복지국가와 달리 좌-우 이념에 따라 유권자의 복지-세금 태도가 분열되어 있지 않다는 점을 시사한다.[8] 그뿐만 아니라 이는 18대 대선에서 한국의 유권자들이 대통령 선거와 같은 중요한 선거에서 어느 정당(후보)이 정권을 잡게 되면 보다 복지에 우호적 또는 적대적 정책들이 입안되고 시행될 것이라는 기대와 믿음을 갖고 있었다는 점도 보여 준다. 다시 말해 당시 유권자들은 자신의 이념 성향과 연계하여 복지-세금에 대한 명확한 태도를 견지하고 있다기보다는 자신이 지지하는 정당(후보)의 정책적 정체성 문제와 연계하여 복지-세금에 대한 태도를

---

8) 한국의 경우 분단국가의 특수성으로 인하여 서구 민주국가에서 보편적으로 형성되어 있는 좌-우 차원보다는 진보-보수 차원에서 이념적 지형이 형성되어 있다. 그리고 이러한 상황하에서 대다수의 유권자들은 중도적인 이념 성향을 지향하고 있다. 실제로 18대 대통령 선거에서도 유권자들이 자신의 이념 성향을 정확하게 중도(5점)로 평가한 비율이 36.8%에 달하였다. 그리고 범중도(4점-6점) 차원의 유권자 비율은 절반(55.7%)을 상회하였다. 중도적인 이념 성향의 유권자들은 진보와 보수의 정책적 입장을 오가는 이중개념자적 특징을 보인다(Lakoff and Rockridge Institute 2006)는 주장을 고려하면 이와 같은 한국 유권자의 이념적 특징으로 인하여 복지-세금 태도에 이념 성향이 별 영향을 미치지 못하는 결과가 나왔다고도 볼 수 있다.

형성하고 유지할 가능성이 높아 보인다.

　　다음으로 정치신뢰도의 경우 유권자의 복지－세금 태도에 통계적으로 유의미한 영향을 미치지 못하는 것으로 나타났다. 다만 정치신뢰도가 유권자의 복지－세금 태도에 미친 영향과 관련하여 우리가 주목할 필요가 있는 점은 기존 연구들에서 주장한 바와 달리 2017년의 한국에서는 정치신뢰도가 높은 유권자가 오히려 복지 확대에 대하여 부정적인 입장을 보일 가능성이 높은 경향을 보인다는 것이다. 이것은 한국에서 일반적으로 정치에 대한 신뢰도가 매우 낮은 특징을 보인다는 점이 반영된 결과일 수 있다.[9] 그리고 본 연구가 가용할 수 있는 설문항의 부재로 인하여 재분배 정책과 관련된 복지 문제의 경우 일반적인 정치신뢰의 문제보다 이를 담당하는 정부기관에 대한 신뢰의 문제가 더 중요할 수 있다(이현우 2013)는 주장을 변수를 조작화하는 과정에서 충분히 반영하지 못한 결과일 수도 있다. 그러므로 이 문제에 대해서는 향후 좀 더 면밀한 고찰이 필요하다. 다만 18대 대선 당시 정치적 신뢰가 높은 유권자들이 정치적 신뢰가 낮은 유권자들과 비교하여 복지 확대를 적극적으로 지지하지 않는다는 본 연구의 결과는 향후 한국에서 복지－세금 관련 정책들이 본격적으로 입안되고 시행되는 과정에서 다양한 논란과 저항들이 발생할 수 있다는 점을 시사하고 있다.

　　마지막으로 유권자의 사회경제적 배경과 관련하여 첫째, 연령은 앞서 이론적 논의에서 언급하였던 것처럼 유권자의 복지－세금 태도와 관련하여 비선형적 관계를 형성하고, 통계적으로 유의미한 영향을 미치는 것으로 나타났다. 구체적으로 연령의 회귀계수는 음(－)의 값을 갖고(B＝－0.052, p<0.1), 연령^2(B＝0.001, p<0.05)의 회귀계수는 양(＋)의 값을 갖는 것으로 나타났다. 이것은 아주 젊은 연령층과 노년층에서는 복지 확대에 대하여 우호적인 입장을 보인 반면 그 중간에 있는 연령대의 경우 상대적으로 복지 확대에 대한 입장이 덜 우호적인 특징을 보였다는 것을 의미한다. 이와 같은 결과는 앞서 이론적 논의에서 언급하였던 것처럼 사회 진출 이전의 젊은 세대는 자신이 이루어 놓은 경제적 토대가 부족하여 복지를 위한 세금 부담으로부터 상대적으로

---

9) 실제로 정치신뢰도가 상대적으로 높은 유권자 집단(9점-12점)의 비율은 8.9%에 불과하였다. 반면 정치신뢰도가 상대적으로 낮은 유권자 집단(3점-6점)의 비율은 68.4%에 달하였다.

자유로울 수 있다는 점이, 은퇴한 노년층의 경우 복지의 최대 수혜자라는 점에서 복지 확대에 우호적인 태도를 보인다는 점이 반영된 결과라고 볼 수 있다. 다만 현 단계에서는 어떠한 연령층에서 복지−세금에 대한 태도가 변화하는 모습을 보이는가를 확인할 수 없다. 그러므로 추후 이와 관련된 확률을 세부적으로 산출하여 그 특징을 살펴볼 필요가 있다.

둘째, 소득 수준의 경우 서구 복지국가의 경험과 달리 18대 대선 시기의 유권자들은 소득 수준이 높을수록 복지 확대에 더욱 우호적인 태도를 보였다. 그리고 이것은 통계적으로 유의미한 것으로 나타났다(B=0.071, p<0.01). 이 시기의 유권자들이 복지국가로 진입해야 하는 상황에서 소득 수준이 높은 유권자들이 세금 부담을 감수하더라도 복지 수준을 높여야 한다는 주장에 동의하는 경향을 보인다는 점은 중요한 의미를 가질 수 있다. 왜냐하면 이것은 2010년대 후반의 한국에 복지에 대한 사회적 공감대가 존재하고 있다는 점 그리고 증세를 통한 복지 확대에 대하여 그 비용 부담자인 고소득층 유권자들의 거부감이 크지 않다는 점을 시사하기 때문이다. 다만 이 연구 결과는 지금까지 한국에서 복지 비용에 대한 세금 부담이 서구 복지국가와 비교하여 그다지 크지 않았던 상황에서 나온 것이다. 그러므로 향후 복지 확대를 위한 누진적 세금 인상의 추이에 따른 유권자의 태도를 좀 더 면밀하게 추적할 필요가 있다.

셋째, 성별의 경우 승산비를 고려할 때 여성과 비교하여 남성이 복지 확대에 1.24배 정도 더 동의하는 경향을 보였다. 하지만 이것이 통계적으로 유의미한 수준은 아닌 것으로 나타났다(Exp(β)=1.242, p=0.105). 이 역시 서구 복지국가에서 통상 남성과 비교하여 여성이 복지 확대에 더 우호적인 입장을 보이는 것과 비교하여 이 시기 한국의 유권자들이 차이를 보이는 부분이다. 이것은 앞서 이론적 논의 부분에서도 언급한 바 있듯이 한국에서는 남성이 경제 활동을 책임지는 경우가 많아 나타난 결과일 수 있다. 즉 경제 활동을 책임지는 남성의 경우 복지 확대보다는 그에 따른 세금 부담의 문제에 더욱 민감하게 반응할 가능성이 존재한다. 그러므로 이러한 문제는 장기적으로 성별에 따른 경제적 책임을 공유할 수 있는 사회를 만드는 노력이 결실을 거둘 때 완화되거나 해소될 수 있다. 그러기 위해서는 여성이 보다 많은 사회 진출의 기회를 가질 수 있도록 관련 복지정책에 대한 투자가 요구된다. 다만 본 연구의 결과를 놓고 볼 때 향후 한국에서 복지 문제에 대한 논의는 이러한 부분들에 대한 사회적 공감대를 어떻게 형성할 것인가의 문제가 중요하게 대두될 것으로 예상된다.

넷째, 교육 수준과 관련하여 이 시기 한국의 유권자들은 전반적으로 교육 수준이 높을수록 복지 확대에 대하여 덜 우호적인 태도를 보이는 것으로 나타났다. 하지만 이것이 통계적으로 유의미한 것은 아니었다. 구체적으로 고졸 유권자들과 비교하여 중졸 이하의 교육 수준을 보인 유권자들의 경우 복지 확대에 동의할 가능성이 1.24배 높게 나타났다($\text{Exp}(\beta)=1.240$, p=0.396). 반면 고졸 유권자들과 비교하여 대재 이상 교육 수준을 기록한 유권자들의 경우 복지 확대에 동의할 가능성이 0.87배 정도에 머무르는 것으로 나타났다($\text{Exp}(\beta)=0.871$, p=0.402). 이것은 교육 수준이 높은 유권자들의 경우 상대적으로 안정된 직장에서 근무할 가능성이 높고, 복지는 세금 문제와 연계하여 균형을 유지하는 것이 중요하다는 인식이 기인한 결과일 수 있다.

지금까지 로지스틱 회귀분석의 회귀계수 통계적 유의미성과 승산비를 중심으로 18대 대선 시기 유권자의 복지−세금 태도에 어떠한 변수들이 영향을 미치는가를 살펴보았다. 하지만 2017년 당시 유권자의 복지−세금 태도의 특징을 좀 더 세부적인 차원에서 파악하기 위해서는 통계적으로 유의미한 영향을 미치는 것으로 판명된 독립변수들을 중심으로 그룹을 형성하여 확률을 구할 필요가 있다. 즉 다른 독립변수들의 영향력을 통제한 상황에서 로지스틱 회귀분석의 결과 한국 유권자의 복지−세금 태도에 통계적으로 유의미한 영향을 미치는 것으로 판명된 대통령 선거 투표 후보, 연령, 소득 수준에 초점을 맞추어 특정 유형의 유권자가 복지 확대에 대하여 동의하는 확률을 구할 필요가 있다.

$$\text{확률} = \frac{e^{\alpha + \beta_1 * \text{이념성향} + \beta_2 * \text{대통령선거 투표 후보} + \beta_3 * \text{정치신뢰도} + \beta_4 * \text{연령} + \beta_5 * \text{연령}^2 + \beta_6 * \text{소득 수준} + \beta_7 * \text{성별} + \beta_8 * \text{중졸 이하} + \beta_9 * \text{대재 이상}}}{1 + e^{\alpha + \beta_1 * \text{이념성향} + \beta_2 * \text{대통령선거 투표 후보} + \beta_3 * \text{정치신뢰도} + \beta_4 * \text{연령} + \beta_5 * \text{연령}^2 + \beta_6 * \text{소득 수준} + \beta_7 * \text{성별} + \beta_8 * \text{중졸 이하} + \beta_9 * \text{대재 이상}}}$$

이와 같은 확률은 위의 공식을 통하여 산출할 수 있다.[10] 본 연구는 이념 성향(56.5)과 정치신뢰도(9.19)는 평균값에 고정시키고, 성별과 교육 수준은 남성(1)과 대재 이상(1)으로 설정하여 대통령 선거 투표 후보, 연령, 소득 수준의 변화에 따라 복지 확대에 동의하는 확률이 어떻게 변화하는지를 살펴보았다.[11] 이렇게 산출된 주요 유권자 그룹별 복지 확대 찬성 확률은 표 2에 제시되어 있다.

표 2   18대 대선 당시 주요 유권자 그룹별 복지 확대에 찬성할 확률

연령/소득 수준 대통령 선거 투표 후보	새누리당 박근혜 후보 투표	통합민주당 문재인 후보 투표
20세	59.6%	70.7%
25세	58.7%	70.0%
30세	59.1%	70.3%
35세	60.6%	71.7%
40세	63.4%	73.9%
45세	67.1%	77.0%
50세	71.7%	80.6%
55세	76.7%	84.4%
60세	81.9%	88.1%
65세	86.7%	91.4%
100만 원 미만	58.5%	69.8%
200-249만 원	63.5%	74.1%
300-349만 원	66.7%	76.7%
400-449만 원	69.8%	79.1%
500-599만 원	72.7%	81.4%
600-699만 원	74.1%	82.4%
700만 원 이상	75.5%	83.4%

---

10) 로지스틱 회귀분석 결과를 통하여 확률을 구하는 방식에 대한 보다 구체적인 논의는 리아오(Liao 1994, 10-18)의 저서를 참고할 수 있다.

11) 본 연구에서 성별은 임의적으로 남성으로 설정하였다. 반면 교육 수준은 대재 이상의 유권자 비율이 55.0%로 가장 높다는 점을 고려하여 설정하였다. 또한 본 연구는 연령별 확률을 구할 때에는 소득 수준을 평균값(6.02)에 맞추고, 소득 수준별 확률을 구할 때에는 연령을 평균값(44.62)에 맞추고 관련 확률을 산출하였다.

　이 표를 통하여 우리는 다음과 같은 점들을 확인할 수 있다. 첫째, 18대 대통령 선거에서 민주통합당 문재인 후보를 지지한 유권자들의 경우 새누리당 박근혜 후보를 지지한 유권자들과 비교하여 분명하게 복지 확대에 동의하는 모습을 보이고 있다. 즉 연령과 소득 수준을 통제한 거의 모든 그룹에 있어서 민주통합당 문재인 후보를 지지한 유권자들은 새누리당 박근혜 후보를 지지한 유권자들과 비교하여 대략 10% 정도 복지 확대에 더욱 동의하는 경향을 보였다. 이것은 한국에서 세금 문제와 연계된 복지 문제는 상당히 정치적인 속성을 보이고 있기 때문에 향후 선거에서도 이 문제를 둘러싼 정당(후보)들 간의 경쟁은 치열하게 전개될 가능성이 높다는 점을 시사한다.

　둘째, 연령 문제와 관련해서는 20대 초반의 젊은 유권자들이 복지 확대에 동의하는 모습을 일부 보였지만 전반적으로 30대 중반 정도까지는 복지 확대에 대하여 소극적인 태도를 보이고, 40세 이후부터 점차적으로 복지 확대에 우호적인 모습을 보이고 있다. 이것은 기본적으로 2017년 시민들이 개인이 사회에 진출하고 가정을 꾸려서 안정을 유지하기 이전까지는 복지 비용에 대한 세금 부담의 문제에 더욱 민감할 수도 있다는 점을 시사한다. 또한 이것은 30대 중반 정도의 시기까지는 자신이 부담하는 세금과 비교하여 복지에 대한 혜택이 적다는 인식이 존재할 수 있다는 점도 시사한다. 다만 한국에서 세대별 복지와 세금에 대한 태도와 입장은 향후 좀 더 질적인 차원에서 면밀하게 분석할 필요가 있다.

　셋째, 소득 수준의 경우 유권자의 소득 수준대가 높아질수록 복지 확대에 동의하는 확률이 거의 고르게 증가하고 있다. 소득 수준이 낮을수록 복지의 수혜자가 되기 때문에 한국처럼 소득 수준이 가장 낮은 유권자 집단에서 오히려 복지 확대에 가장 부정적인 입장을 보였다는 점은 흥미로운 결과이다. 왜냐하면 이것은 한국에 개인의 경제적 책임성을 강조하는 유교주의 전통과 자유주의의 영향으로 소득 수준이 낮은 사람이 복지를 요구하는 것에 대한 심리적 위축감 등이 존재하여 나타난 결과일 수도 있기 때문이다. 그리고 다른 한편으로 소득 수준이 높은 사람들의 경우 자신의 경제적 성과를 개인적 차원으로만 환원하지 않는 경향을 보이기 때문에 나타난 결과라고도 해석할 수 있다. 하지만 이 문제에 대한 다양한 해석에 대해서는 향후 질적인 연구를 통한 보완이 필요하다.

넷째, 모든 유권자 유형에서 세금을 더 부담하더라도 복지 수준을 높여야 한다는 주장에 동의하는 비율이 절반 이상을 기록하고 있다. 이것은 18대 대통령 선거 당시만 해도 복지국가 건설에 대한 사회적 공감대가 상당히 높게 형성되어 있었고, 복지 문제를 둘러싼 논란이 상대적으로 적었다는 것을 의미한다. 그리고 이것은 18대 대통령 선거에서 새누리당 박근혜 후보가 이념(정책)적으로 좌클릭을 하여 복지 확대에 적극적인 태도를 보였다는 점과도 무관해 보이지 않는다. 다만 최근에 복지 확대에 대한 세금 부담 문제와 관련하여 다양한 논란이 제기되고 있는바 18대 대통령 선거 당시 유권자들의 보여 주었던 이와 같은 입장이 오늘날 어떠한 변화의 모습을 보이고 있는가의 문제에 대해서는 향후 추가적인 분석이 요구된다. 만약 오늘날에도 이와 같은 유권자의 복지-세금 태도가 유지되고 있다면 누진적 증세에 대한 우려감에서 벗어나 복지 수준을 높이는 것이 유권자들에 대한 정치권의 반응성을 높이는 것이 될 수 있다.

결론

2010년 지방 선거를 기점으로 한국에서 복지 문제는 중요한 화두로 부상하고 있다. 하지만 오늘날 세금 문제와 연계하여 무상 복지 관련 정책들에 대한 우려감과 비판도 제기되고 있다. 복지국가로의 진입을 목전에 둔 2017년의 한국에서 복지 확대는 거역할 수 없는 하나의 명제가 되어 최근 선거들에서 정치권이 경쟁적으로 이와 관련한 정책들을 쏟아 내고 있다. 하지만 복지는 기본적으로 재분배적인 특성을 보이는 정책 분야이기 때문에 그 비용 부담을 어떻게 할 것인가라는 조세 문제로부터 자유롭지 못하다. 그러므로 복지-세금에 대한 유권자들의 태도가 어떠한 특징을 보이는가를 경험적으로 분석하는 작업은 중요한 의미를 갖는다. 왜냐하면 향후 복지 문제를 둘러싼 소모적인 논쟁을 피하면서 적실한 정책을 통하여 안정적으로 복지국가로 진입하는 데 있어 이와 같은 작업이 의미 있는 기여를 할 수 있기 때문이다. 하지만 지금까지 복지 문제에 대한 유권자들의 인식을 경험적으로 분석한 기존 연구가 부족할 뿐만 아니라 이 문제를 세금 문제와 연계한 기존 연구는 찾아보기 힘들다.

이에 본 연구는 "세금을 더 부담하더라도 복지 수준을 높여야 한다"라는 주장에 대하여 2017년 한국의 유권자들이 어떠한 태도를 보이고 있는가를 최근에 실시된 18대 대통령 선거 설문조사 자료를 활용하여 경험적으로 분석하였다. 본 연구의 로지스틱 회귀분석 결과, 18대 대선 당시 한국 유권자의 복지-세금 태도에 통계적으로 유의미한 영향을 미치는 변수는 정치적 선호(대통령 선거 선택 후보), 연령, 소득 수준으로 나타났다. 반면 서구 복지국가에서 유권자의 복지 문제에 대한 인식에 중요한 영향을 미치는 것으로 간주되는 이념 성향, 정치신뢰도, 성별, 교육 수준은 당시의 한국에서는 통계적으로 유의미한 영향을 미치지 못하는 것으로 나타났다. 그리고 한국의 유권자들의 경우 소득 수준이 높을수록, 정치신뢰도가 낮을수록, 여성보다 남성이, 교육 수준이 높을수록 세금 부담을 더 하더라도 복지를 확대해야 하는 경향을 보인다는 점은 서구 복지국가의 경험과 차이를 보이는 것으로 향후 좀 더 면밀한 논의와 분석이 필요한 부분이라고 사료된다.

한국에서 복지 문제는 서구 복지국가와 다른 문화적 경험 속에서 제기되었고, 비교적 최근에 이에 대한 논의가 본격적으로 대두되고 있다. 그러므로 본 연구의 결과에 이러한 한국적 특수성이 반영되었을 가능성이 존재한다. 그리고 이러한 측면을 고려하면 향후 한국 정치에서 복지-세금 문제를 둘러싼 논쟁과 정치적 경쟁은 서구 복지국가의 경험과는 다소 차이를 보일 수도 있다. 다만 18대 대선 시기 유권자 자료 분석을 통해 본 연구에서 확률을 산출한 결과, 주요 유권자 그룹 모두에서 세금을 부담하더라도 복지를 확대해야 한다는 주장에 동의하는 비율이 절반을 상회하는 모습을 보였다는 점은 주목할 필요가 있다. 왜냐하면 이것은 18대 대통령 선거 시기만 하더라도 복지 문제에 대한 사회적 공감대가 보편적으로 형성되어 있었다는 점을 의미하기 때문이다.

하지만 오늘날 지방 재정 문제를 이유로 시·도 교육감들이 복지 디폴트를 예고할 정도로 합의쟁점적 복지 문제는 세금 문제와 연계하여 점차 갈등 쟁점으로 변환되고 있는 실정이다. 그러므로 향후 18대 대통령 선거 시기에 유권자들이 보여 주었던 복지-세금 태도가 오늘날에도 그대로 유지되고 있는지 아니면 상당한 변화의 모습을 보이고 있는지를 경험적으로 분석하는 작업은 중요한 의미를 가질 수 있다. 만약 오늘날 한국의 유권자들이 본 연구에서 분석한 18대 대통령 선거 시기와 동일한 복지-세금 태도를 보인다면 정치권은 누진적 증세에 대한 우려감에서 벗어나 복지 수준을 높이는 방향으로 정책적 방향을 잡은 것이 유권자들의 요구에 반응하는 것일 수도 있다. 하지만 이 짧은 시기에 한국 유권자의 복지-세금에 대한 태도가 상당히 많은 차이를 보였다면 정치권은 인기영합적인 복지정책을 남발하기보다는 복지와 세금의 균형을 고려하여 효율적인 복지정책을 입안하고 시행하는 노력이 요구된다.

참고문헌

강원택 편. 2007. 『세금과 선거: 각국의 경험과 한국의 선택』 서울: 푸른길.

김신영. 2010. "한국인의 복지의식 결정요인 연구: 국가의 공적 책임에 대한 태도를 중심으로." 『조사연구』 제11권 1호: 87–105.

김재한·아렌트 레입하트. 1997. "합의제와 한국의 권력구조." 『한국정치학회보』 제31집 1호: 99–120.

김희자. 1999. "한국인의 복지태도 분화." 『사회복지정책』 제8권: 106–124.

_____. 2012. "복지태도와 복지정치." 정태환 외 지음. 『한국의 복지정치』 서울: 학지사.

권혁용. 2009. "누가 언제 재분배 정책을 선호하는가?: 한국의 거시경제 상황과 정책무드." 『국가전략』 제15권 3호: 147–173.

_____. 2010. "누가 집권하는가는 중요한가? 정부당파성, 복지국가, 그리고 자본주의의 다양성." 『한국정치학회보』 제44집 1호: 85–105.

_____. 2011. "정당, 선거와 복지국가: 이론과 선진민주주의 국가의 경험." 『의정연구』 제17권 3호: 5–28.

마인섭. 2011. "한국 정당의 복지정책과 선거." 『의정연구』 제17권 3호: 29–62.

송호근·홍경준. 2006. 『복지국가의 태동: 민주화, 세계화, 그리고 한국의 복지정치』 서울: 나남출판.

안재홍. 2013. 『복지 자본주의 정치경제의 형성과 재편』 서울: 후마니타스.

윤광일. 2014. "한국과 미국의 복지체제 비교." 이재묵·서정건·유성진·윤광일·정회옥. 『도전과 변화의 한미정치: 과정과 이슈』 서울: 서울대학교출판문화원.

이현우. 2013. "복지정책의 확대에 대한 태도 결정요인 분석: 정부의 질, 한국과 북유럽 국가 비교." 『한국정치연구』 제22집 3호: 95–119.

전진영. 2006. "조세정책 관련 법안에 대한 국회의원의 투표행태 분석." 『의정연구』 제12권 1호: 131–157.

정원호. 2012. 『복지국가』 서울: 책세상.

정한범. 2012. "세계화 시대의 선거와 복지제도의 관계." 『한국정당학회보』 제11권 1호: 195－227.

최균·류진석. 2000. "복지의식의 경향과 특징: 이중성." 『사회복지연구』 제16권 3호: 223－254.

최태욱. 2011. "복지국가 건설과 '포괄정치'의 작동을 위한 선거제도 개혁." 『민주사회와 정책연구』 통권 19호: 42－68.

홍경준. 1999. "복지국가의 유형에 관한 질적 비교분석: 개입주의, 자유주의, 그리고 유교주의 복지국가." 『한국사회복지학』 통권 38호: 309－335.

Alesina, Alberto and Edward L. Galeser. 2004. *Fighting Poverty in the U.S. and Europe: A World of Difference.* Oxford: Oxford University Press.

Alesina, Alberto and Eliana La Ferrara. 2005. "Preferences for Redistribution in the Land of Opportunities." *Journal of Public Economics* 89(5－6): 897－931.

Allan, James and Lyle Scruggs. 2004. "Political Partisanship and Welfare State Reform in Advanced Industrial Societies." *American Journal of Political Science* 48(3): 496－512.

Blekesaune, Morten and Quadagno Jill. 2003. "Public Attitude toward Welfare State Policy: A Comparative Analysis of 24 Nations." *European Sociological Review* 19(5): 415－427.

Budge, Ian, David Robertson, Derek Hearl. eds. 1987. *Ideology, Strategy and Party Change: Spatial Analyses of Post－War Election Programmes in 19 Democracies.* Cambridge: Cambridge University Press.

Esping－Anderson, Gøsta. 1985. *Politics against Market.* Princeton: Princeton University Press.

＿＿＿＿＿＿＿＿＿＿＿＿. 1990. *The Three Worlds of Welfare Capitalism.* Cambridge: Polity Press.

Galbraith, John K. 1970. *The Affluence Society.* London: Penguin.

Gambetta, Diego. 1988. "Can We Trust?" Diego Gambetta. ed. *Trust: Making and Breaking Cooperative Relations.* Cambridge: Basic Blackwell.

Garrett, Geoffrey. 1998. *Partisan Politics in the Global Economy.* New York: Cambridge University Press.

Gilens, Martin. 1999. *Why Americans Hate Welfare.* Chicago: University of Chicago Press.

Gujarati, Damodar N. 1995. *Basic Econometrics.* New York: McGraw—Hill, Inc.

Hetherington, Marc. 2005. *Why Trust Matter?: Declining Political Trust and the Demise of American Liberalism.* Princeton: Princeton University Press.

Huber, Evelyne, Charles Ragin, John D. Stephens. 1993. "Social Democracy, Christian Democracy, Constitutional Structure, and the Welfare State." *American Journal of Sociology* 99(3): 711−749.

Huber, Elelyne and John Stephens. 2001. *The Development and Crisis of the Welfare State.* Chicago: University of Chicago Press.

Iversen, Torben and David Soskice. 2001. "An Asset Theory of Social Policy Preferences." *American Political Science Review* 95(4): 875−893.

_____. 2006. "Electoral Institutions and the Politics of Coalitions: Why Some Democracies Redistribute More Than Others." *American Political Science Review* 100(2): 165−181.

Iversen, Torben and Tom Cusack. 2000. "The Cause of Welfare State Expansion: Deindustrialization or Globalization." *World Politics* 52(April): 313−349.

Johnson, Paul, Christopher Conrad, David Thomson. 1989. *Workers versus Pensioners: Intergenerational Justice in an Aging World.* New York: St. Martin's Press.

Kangas, Olli and Joakim Palme. 1990. "The Public−Private Mix in Pension Policy." *International Journal of Sociology* 20(3): 78−116.

Kelly, Nathan J. and Peter K. Enns. 2010. "Inequality and the Dynamics of Public Opinion: The Self−Reinforcing Link Between Economic Inequality and Mass Preferences." *American Journal of Political Science* 54(4): 855−870.

Kirkpatrick, Samuel A. 1976. "Aging Effects and Generational Differences in Social Welfare Attitude Constraint in the Mass Public." *Western Political Quarterly* 29(1): 43−58.

Klingemann, Hans-Dieter, Richard I. Hofferbert, Ian Budge. 1994. *Parties, Policies, and Democracy*. Boulder: Westview Press.

Korpi, Walter. 1983. *The Democratic Class Struggle*. London: Routledge.

Korpi, Walter and Joakim Palme. 2003. "New Politics and Class Politics in the Context of Austerity and Globalization." *American Political Science Review* 97(3): 425-446.

Lakoff, George and the Rockridge Institute. 2006. *Thinking Points: Communicating Our American Values and Vision*. New York: Farrar, Straus and Giroux.

Luttig, Matthew. 2013. "The Structure of Inequality and Americans's Attitudes Toward Redistribution." *Public Opinion Quarterly* 77(3): 811-821.

Liao, Tim Futing. 1994. *Interpreting Probability Models: Logit, Probit, and Other Generalized Linear Models*. Thousands Oaks, California: SAGE Publications, Inc.

Pierson, Paul. 1996. "The New Politics of Welfare State." *World Politics* 48(2): 143-179.

Quinn, Dennis P. and Robert Y. Shapiro. 1991. "Economic Growth Strategies: The Effects of Ideological Partisanship on Interest Rates and Business Texation in the United States." *American Journal of Political Science* 35(3): 656-685.

Razin, Assaf and Efraim Sadka. 2005. *The Decline of the Welfare State: Demography and Globalization*. Cambridge: The MIT Press.

Robertson, David. 1976. *A Theory of Party Competition*. London: Wiley.

Rodrik, Dani. 1998. "Why Do More Open Economies Have Bigger Governments?" *Journal of Political Economy* 106(5): 997-1032.

Ruthstein, Bo. 2009. "Creating Political Legitimacy Electoral Democracy Versus Quality of Government." *American Behavioral Scientist* 53(3): 311-330.

Scholz, John and Mark Lubell. 1998. "Trust and Taxpaying: Testing the Heuristic Approach to Collective Action." *American Journal of Political Science* 42(2): 398-417.

Shapiro, Ian and Peter A. Swenson, Daniel Donno. eds. 2008. *Divide and Deal: The*

Politics of Distribution in Democracies. New York: New York University Press.

Stephen, John. 1979. *The Transition from Capitalism to Socialism*. London: MacMillan.

Stokes, Donald E. 1963. "Spatial Models of Party Competition." *American Political Science Review* 57(2): 368–377.

Svallfors, Stefan. 1995. "The End of Class Politics?: Structural Cleavages and Attitudes to Swedish Welfare Policies." *Acta Sociologica* 38(1): 53–74.

Wilensky, Harold. 1975. *The Welfare State and Equality: Structural and Ideological Roots of Public Expenditure*. Berkerly: University of California Press.

Yang, Jae–jin. 2013. "Parochial Welfare Politics and the Small Welfare State in South Korea." *Comparative Politics* 45(4): 457–475.

제4장
불평등의 정치 의제화와 2016-2017년 촛불 운동

이윤경(토론토대학교)

수백만의 시민들이 손에 촛불을 들고 시작한 시민저항은 2017년 봄 부정한 대통령을 몰아내고 새로운 정부를 만들어 냈다. 박근혜 대통령과 최순실이 저지른 유례없는 국정농단에 국민은 분노하였고, 2016년 10월부터 시작된 촛불 집회는 6개월에 걸쳐 매주 토요일 한국의 주요 도시에서 벌어졌으며, 해외 교포 사회에까지 확산되었다. 연인원 1,700만이 참여한 촛불 운동은 대통령 탄핵이라는 요구로 응집되었고, 이런 국민적 압력에 순응하여 국회는 12월에 대통령 탄핵안을 통과시켰다. 2017년 3월 헌법재판소가 탄핵안을 인용함으로써 박근혜와 관련자들에 대한 법의 심판이 시작되었다. 그 결과 5월에 치러진 조기 대통령 선거에서 민주당의 문재인 후보가 국민 41퍼센트의 지지를 받아 새로운 대통령으로 당선되었다. 이는 국민의 힘으로 만들어 낸 정치 드라마였고, 지난 9년 동안 이명박—박근혜 보수정권하에서 이루어진 법치의 후퇴, 국민 기본권과 언론 탄압 등으로 나타난 민주주의 후퇴에 제동을 건 일대 사건이었다. 세계 곳곳에서 민주 정치가 쇠락하고 반체제적 포퓰리즘, 파괴적 민족주의, 심지어 백인 우월주의 움직임이 강해지는 현실에 반해, 한국의 사회 운동은 "세계에 어떻게 민주주의를 해야 하는지 보여 주었다"와 같은 찬사를 받았다.[1]

이 연구는 평화적인 정권 교체를 극적으로 가능하게 한 2016—2017년 촛불 운동의 발생과 확장을 분석하면서, 정치 개혁에 관한 의제 형성 과정을

[1) 워싱턴 포스트, 2017년 5월 10일.

자세히 들여다보고자 한다. 국민의 전국적 저항을 불러온 일차적인 원인은 박근혜 대통령의 국정농단과 임무 방임인 것이 틀림없지만, 본 연구는 국민의 일차적 저항이 한국 사회에 대한 근본적이고 종합적인 비판 담론으로 확대된 데는 두 개의 흐름이 전제하고 있다고 주장한다. 촛불 시위가 시작되기 이전부터 한국의 시민사회는 보수정부하에서 악화된 사회경제적 불평등과 민주주의 후퇴에 대해 적극적인 문제 제기를 해 왔다. 박근혜–최순실 스캔들이 언론에 보도되기 시작하면서 촛불 집회가 점화되었고, 이후 집회의 현장은 한국의 민주주의가 나가야 할 방향에 대한 다양한 주장과 상상이 공론화되는 정치 토론의 장이 되었다. 매주 토요일 집회가 진행되면서 집회 주최 측과 참여자들은 다양한 사회경제적 불평등의 해결이 박근혜 이후 한국 민주주의가 해결해야 할 정치 개혁의 핵심적 내용이라고 주장하게 되었다. 다시 말해, 평범한 시민들의 저항은 부정부패하고 무능한 대통령을 사퇴시키기 위해 시작되었지만, 사회경제적 평등과 공정함을 보장하는 민주 정치를 요구하는 운동으로 발전한 것이다.

이런 주장을 논의하기 위해 본 논문은 경제적 불평등과 정치적 과정(예컨대 권위주의적 지도자의 등장, 외국인 배척주의와 민족주의의 상승)을 연결시키는 이론들을 검토해 본다. 한국의 사례를 통해, 한 사회에서 불평등이 어떤 방식으로 정치 의제화되느냐에 따라 서구의 경우와는 다른 정치적 결과를 만들어 낼 수 있다고 주장한다. 운동 주체들의 의미 만들기 과정을 중요시하는 사회운동 이론에 근거하여, 본 논문은 시민사회와 정치 엘리트들이 불평등의 문제를 대중적 문제로 그리고 민주주의의 의제로 만드는 과정을 심도 있게 고찰하는 것이 중요하다는 점을 강조한다.[2]

이 논문은 불평등의 심화와 정치적 결과를 연구하는 이론들을 비판적으로 검토하는 것으로 시작해서, 불평등의 문제를 의제화하는 주체와 과정의 이론적 중요성을 제안한다. 그리고 지난 20여 년 동안 진행된 한국 사회의 불평등 심화를 사회경제 데이터를 통해 보여 준 후, 이렇게 객관적으로 존재하는 불평등을 시민사회와 진보 정치 세력이 2010년대 들어 어떻게 대중의 관심사

---

2) 이 논문에서 "정치 의제화"라는 개념은 행위 집단이 사회 문제를 고유한 방식으로 프레이밍하는 과정에서 그 사회 문제에 정치적 의미를 부여하는 것으로 이해한다. 프레이밍, 의미 만들기, 담론 형성과 비슷한 의미로 사용된다.

그리고 정치적 의제로 전환시켰는지 고찰한다. 마지막으로, 수개월 동안 진행된 촛불 운동 과정에서 불평등에 대한 대중적 논의가 어떻게 접합되었는지를 보기 위해 집회 현장 담론과 아젠다의 변화를 추적해 본다. 그리고 불평등이라는 문제가 집회 참여와 문재인 정부에 거는 기대에서 어떤 비중을 차지하는지를 알기 위해 여론조사 데이터를 살펴본다. 본 논문은 요즘같이 세계 곳곳에서 민주주의가 후퇴하는 현실에서, 한국의 촛불 집회에서 나타난 불평등의 정치 의제화 방식이 새로운 민주주의의 가능성에 대해 무엇을 제시하는지 논의하면서 글을 마친다.

불평등의 심화와 정치적 결과에 대한 이론들

　신자유주의적 정책 선회와 지역적 그리고 지구적 차원의 경제 위기를 수차례 겪으면서, 불평등은 많은 나라가 공유하는 심각한 문제가 되었다. 불평등과 불안정이 악화되는 상황에서 사람들은 다양한 방식으로 다양한 정치적 해결책을 요구해 왔다. 미국에서 시작된 "월스트리트를 점령하라"라는 운동에서는 "1퍼센트 대 99퍼센트"라는 구호가 울려 퍼졌고, 볼리비아, 브라질, 에콰도르, 베네수엘라와 같은 남미 국가에서는 21세기형 사회주의를 주창하는 정치 세력을 선출하기도 했다. 반면 오스트리아, 덴마크, 미국 같은 곳에서는 포퓰리즘, 민족주의, 외국인 혐오주의, 네오파시즘 등을 선동하는 극우 세력이 집권하게 되었다.

　이 주제를 연구하는 학자들은 상반된 두 개의 결론을 제시한다. 한편에서는 불평등이야말로 현재 나타나고 있는 민주주의의 후퇴와 권위주의 세력의 회귀를 불러낸 원인이라고 판단한다. 자신이 처한 경제 상황이 나빠지면서 빈곤한 시민들은 정치에 대한 관심과 참여가 줄어들기 때문이다(Dahl 1971; Schattschneider 1975; Verba, Schlozman, and Brady 1995). 달과 같은 학자는 가난한 유권자는 "평등에 대한 요구를 만들어 내기보다는 정치에 대한 체념, 무관심, 포기, 절망에 빠지게 된다"라고 주장한다(Dahl 1971, 102). 경제적 불평등에 처한 시민들이 정치에 관심을 잃고 참여하지 않으면서, 정치는 소수 정치-경제 엘리트가 정치 제도를 장악하고 자신들의 이해를 증진시키는 정책만을 만드는 그들만의 게임이 되고 만다. 길렌스와 페이지는 미국 정치를 연구하면서 미국의 정치 제도가 정책 입안을 하면서 일반 시민의 이해관계는 무시하고 경제 엘리트층의 이해관계를 관철한다는 점을 분석했다(Gilens & Page 2014). 이런 금권정치 경향성에 대해 크라우치는 "포스트 민주주의"라고 명명하고, 하비는 "전문가과 엘리트의 통치," 해커와 피어슨은 "승자독식 정치" 그리고 버미오는 "민주주의의 퇴보"라고 개념화한다(Crouch 2004; Harvey 2005; Hacker & Pierson 2010; Bermeo 2016).

더 나아가 대중들은 물질적 빈곤과 불안을 극복하기 위한 대안으로 민족주의적 포퓰리즘, 독재적 지도자에 대한 갈망, 종교적 근본주의와 같은 극단적 이데올로기를 선택하기도 한다(Harvey 2005). 신자유주의적 세계화 과정에서 패자의 위치에 서게 된 사람들은 상당한 불안과 박탈감을 느끼며, 이에 대한 대응으로 근거 없는 비난 대상과 가상의 위협을 만들어 낸다. 신자유주의 경제 제도하에서 일정한 생활수준을 유지하는 것이 불가능해진 사람들은 그 원인을 인종적 타자에게 돌리는 것이다(Rauch 2017). 불안한 국민들은 민주주의에 대한 믿음이 떨어지고, 독재자라도 괜찮다는 생각에 찬동하게 된다. 세계가치조사(World Values Survey)에 따르면 "의회나 선거를 무시하는 강한 지도자"에 긍정하는 응답자의 비율이 이 조사에 포함된 대부분의 국가에서 지난 20년 동안 꾸준히 늘어난 것으로 나타난다(Foa & Mounk 2017). 그리고 조사에 드러난 반민주적 정치 성향은 지난 수십 년 동안 세계화가 진행되면서 증가한 불안감과 연결되어 있다. 유권자 중 상당한 수의 사람들이 민주주의에 대한 믿음이 낮아지면서 독재 정치를 부추기는 반체제적 지도자에 경도되는 것이다(Foa & Mounk 2017, 9). 이런 연구 결과를 놓고 보면, 왜 백인 노동자들이 반이민자 정책과 인종주의 그리고 민족주의를 주장하는 미국의 트럼프를 또는 프랑스의 마리 르펜을 지지하는지 설명이 가능해진다.

이런 비관적 분석과 달리, 경제적 불평등과 정치 과정을 연구하는 일군의 다른 학자들은 불평등이 오히려 빈곤한 계층의 정치적 행동을 낳고 "경제투표"와 진보 정치로 귀결된다고 결론짓는다. 사회 운동의 대표적 이론 중 하나는 구조적 문제에서 비롯되는 불만이 빈곤 계층을 집합화하고 문제 해결을 위한 행동에 나서게 한다고 가정한다(Gurr 1970; Simmons 2014). 경제적 어려움을 경험하는 시민들은 문제 해결을 선거 경쟁 과정에서 추구하기도 한다. 신자유주의의 무차별한 도입과 구조 조정으로 수차례 경제 위기를 경험한 남미의 유권자들은 전격적인 분배 정책을 주창하는 좌파 정당을 지지했다. 그 결과 2010년대 초반 남미 10여 개 국가에서 좌파 대통령이 집권했다(Weyland et al. 2010; Levitsky & Roberts 2011).[3] 하지만 불평등 심화에 대한 정당의 대응이 자동적인 것은 아니다. 판투슨과 루에다의 OECD 국가에 대한 연구에 따르면, 경제 불평등이 심화되면서 좌파 정당들이 더 진보적 분배 정책을 도입하는 것은 빈곤 계층이 정치적으로 조직화되었을 때만이라고 강조한다(Pontusson & Rueda 2010).

요약하자면, 불평등의 심화가 어떤 정치적 결과를 가져오는가에 대한 경험 연구들은 하나의 결론으로 귀결되지 않는다. 심각해지는 빈부 격차가 진보적 재분배 정치에 대한 열망으로 나타나든 아니면 반민주적 민족주의적 보수 정치로 귀결되든, 중요한 점은 물질적 어려움 자체가 일정한 정치적 결과를 만드는 것이 아니라는 것이다. 이런 논의에 생산적으로 개입하는 방법은 불평등의 정치화 과정을 자세히 살펴보는 것이다. 사실 구조적 불평등은 세계 곳곳에 항시 존재하는 문제지만, 이 구조적 문제를 사람들이 집단적으로 인식하는 관점은 정치적 의미 만들기에 달려 있다(McAdam 1982). 사회 운동의 이론 중 하나인 프레이밍이라는 관점에서 보면, "사회 운동은 운동의 주체와 대상 그리고 방관자가 누구인지를 명명하고 의미를 생산하고 확장하는 의미 생산 주체"이자(Snow 2004, 384), 이런 주체성은 사회의 현실 속에서 특정 사회 문제를 선택적으로 드러내는 작업을 통해 나타난다(Emirbayer & Mische 1998). 따라서 실재하는 경제적 불평등의 문제가 어떻게 프레이밍되고 정치 의제화되는지, 그리고 문제의 해결을 위해 당사자들이 어떻게 행동에 나서게 되는지를 자세히 고찰하는 것이 중요하다.

이런 점에서 한국의 사례는 다른 나라들에서 극우 세력이 경제적 불안감의 원인을 이민자들과 외부자(다른 나라)에게 돌리고, 신자유주의 경제 체제하에서 "실패한" 시민들에게 권위주의 지도자와 혐오주의 정치를 선동하는 경험과는 매우 다른 방식으로 불평등이 정치 의제화된 것을 보여 준다. 한국 정치에서 경제 불평등을 문제 제기한 것은 시민사회와 진보 개혁 세력이었고, 극우 세력은 경제 문제가 아닌 반공, 반북, 자유 민주주의라는 구호를 중심으로 조직하기 때문이다.[4] 시민사회와 진보 정치권은 경제 양극화를 제도 정치

---

3) 최근 브라질, 아르헨티나, 칠레의 선거에서는 이와는 반대되는 정치 세력이 집권했다.

권 안에서 다뤄져야 할 핵심 의제로 만들기 위해 노력해 왔고, 불평등 심화의 원인을 외부에서 찾는 것이 아니라 보수정권하에서 심화된 정경유착이 만들어 낸 민주주의 후퇴의 문제, 국내 정치의 문제로 접근했다. 이는 "경제 민주화"라는 담론에서 잘 나타나는데, 불평등의 해소를 한국의 민주주의를 심화하고 강화하는 내용으로 접근한 것이다. 그리고 이런 불평등과 불공정에 대한 사회적 담론은 박근혜 탄핵을 요구하며 시작된 촛불 운동 과정에서 확산되었다. 한국의 2016 − 2017년 촛불 시위에 대한 연구로 경제 불평등과 그 정치적 결과에 대한 체계적 이론을 제시하기에는 한계가 있을 수밖에 없지만, 적어도 시민사회가 빈부 격차의 악화라는 객관적 현실을 사회 담론화하고 이를 통해 민주주의의 지평을 넓히는 과정은 서구 사회의 경험과는 분명 대비되는 정치적 과정을 보여 준다. 아래에서는 지난 20여 년간 악화된 불평등을 몇 가지 지표로 갖고 논의한 후, 이런 객관적 현실이 어떻게 중요한 불평등 담론으로 형성되기 시작했는지를 추적해 본다.

불평등의 악화

한국의 경제발전은 1960년대 이래 "상대적으로 평등함이 동반된 급속한 성장"으로 알려졌지만, 최근에 들어서는 "불평등한 저성장"으로 특징지어진다. 한국 경제는 1990년대부터 신자유주의로 선회하였고 1997 − 98년 외환 위기 이후 중도 정부하에서 더 가속화되었다. 신자유주의가 제시하는 전형적인 정책들을 따라 한국의 자본 시장은 자유화되었고, 무역 장벽은 낮춰졌으며, 공기업의 민영화가 진행되었고, 노동 시장의 유연성은 더욱 높아졌다. 이 시기에 악화되기 시작한 경제적 격차는 단순한 소득 불평등에 그치지 않고 경제 부문 간, 노동의 유형별, 성별, 세대 간 벌어진 구조적 불평등을 포함한다.

소득 격차와 관련해서는 여러 가지 지표가 부가 일부에 집중되어 있다는 현실을 보여 준다. 표 1은 지난 20년 동안 경제 불평등의 변화를 여러 지표로 정리했다.[5] 1996년 소득 상위 20퍼센트는 하위 20퍼센트에 비해 4배 더 많이

---

4) 한국에서 보수 우익은 사회주의 국가들이 추구하는 민중 민주주의에 대한 반대로서 "자유 민주주의"를 주창한다.
5) 여기에 Gini 지수는 포함하지 않았는데 이는 전체 가구를 포함하기 시작한 것이 2006년이라 이전 데이터가 없기 때문이다. 이전 통계에서는 1인 가구와 자영업 가구를 제외하고 도시 가구의 소득만을 측정했기 때문에

벌었다면, 20년 후에는 5.5배를 더 많이 번다. 같은 기간 상위 10%의 부가 전체에서 차지하는 비중은 34.7퍼센트에서 48.5퍼센트로 증가했다. 이들 통계가 사용하는 가구 소득 조사 자료가 아닌 소득세 데이터를 사용한 다른 연구가 있는데, 여기서는 1996년 4.8퍼센트에 불과했던 상위 1퍼센트의 소득이 2010년에는 7.5퍼센트로 증가한 것으로 나온다(Kim & Kim 2014). 또한 지난 20년은 중산층이 줄어들고 빈곤층이 늘어난 시기이기도 하다.

표 1 한국의 불평등 지표: 1996-2016년

	1996년	2006년	2016년
상위 20% 대 하위 20%	4	5.4	5.5
상위 10%	34.7%	44%	48.5%
상위 1%	4.8%	6.9%	7.5%(2010)*
중산층 비율	68.5%	55%	43.6%
빈곤율	11.3%	14.3%	14.7%
비정규직 비율	25.3%	35.5%	32.8%
실업률	2%	3.5%	3.7%
청년 실업률	4.6%	7.9%	9.8%

자료: 통계청, 가계 동향 조사.
* 이 수치는 소득세 자료를 사용하는 Kim and Kim(2014)에서 인용하였다.
참고: 여기 수치는 임금, 사업 소득, 재산 소득, 상속 등을 포함한 시장 소득이다. 중산층은 중위 소득의 50-150퍼센트에 해당하는 계층이며, 빈곤은 중위 소득의 50퍼센트 이하의 소득이 기준이다. 청년층은 15-29세 사이의 인구다.

이와 같은 시기 한국의 노동 시장은 내부자와 외부자 사이 격차가 더욱 벌어졌다. 노동 시장 유연화 과정에서 비정규직의 비율이 증가했고, 정규직과 비정규직 사이의 간극은 더욱 깊어졌다. 정부가 사용하는 보수적 기준으로 볼 때 지난 20년 동안 비정규직은 7퍼센트 증가한 것으로 나타난다(표 1 참조). 하지만 김유선이 사용하는 다른 기준으로 보면 실질적인 비정규직이 더 잘 포괄되는데, 2016년 그 비중은 전체 노동자 중 43.6퍼센트인 것으로 잡힌다(김유선 2016).[6] 그리고 이런 불안정한 일자리는 여성, 청년, 노인층에 집중되

불평등 정도가 과소 측정되는 경향이 있다.
6) 정부 공식 통계와 김유선과 같은 민간 연구자들은 비정규직의 범위를 다르게 측정하고 있다. 정부 통계는 기간제, 시간제, 비전형 근로자 정도를 비정규직으로 포함하는 반면, 김유선의 연구는 여기에 장기 임시직과 계절 근로자까지 포함한다.

어 있다. 정규직 대 비정규직의 차이는 고용 안정성 면에서만 나타나는 것이 아니라, 임금 및 사회 보장과 기본 노동권 보장에서도 큰 격차를 보인다. 비정규직 노동자는 정규직에 비해 48.7퍼센트의 임금을 받을 뿐 아니라 퇴직금, 보너스, 초과 근로 수당, 유급 휴가, 국민 연금, 건강 보험, 실업 보험, 심지어 노동조합 조직률에서도 큰 차별을 겪는다(김유선 2016).

한국 노동 시장에서 또 다른 불안정 집단은 수많은 자영업자들이다. 560만에 달하는 자영업자들은 전체 노동 인구의 21퍼센트에 달하며 이는 OECD의 평균인 16퍼센트에 비해 매우 높다(통계청 2016). 또한 자영업자 대부분이 부가가치 창출이 낮은 경제 활동에 포진하고 있어 영세 자영업자의 반 이상이 3년 이내 파산하고, 자영업자 하위 20퍼센트는 연간 소득이 1천만 원 이하이며 1억 원에 가까운 가계 부채를 지고 있는 것으로 알려져 있다(통계청 2016).

부의 양극화와 동시에 한국 사회에서 계층 이동은 점점 불가능해지고 있다. 1956-1965년 사이에 태어난 한국인 (현재 50-60대) 중 69퍼센트가 본인의 부모보다 높은 계층으로 이동이 가능했던 반면, 1987-1994년에 태어난 세대에서는 (현재 20-30대) 58퍼센트만이 이런 계층 이동이 가능하다(황선재·계봉오 2016). 또한 기성세대에서는 31.1퍼센트였던 계층 하락 또는 계층 무이동이 젊은 세대에서는 42.3퍼센트로 나타난다(황선재·계봉오 2016). 더 나아가 한국인이 경험하는 사회경제적 불평등은 소득 격차에 국한되는 것이 아니라는 점에서 학자들은 "다중 격차"라는 개념을 사용하기도 한다. 다중 격차란 부, 주거지, 교육, 건강, 사회적 자본 그리고 계층 이동이라는 다중적 격차가 서로 맞물려 고착화한 현실을 뜻한다(H. Koo 2007, 전병유·신진욱 2016).

경제 불평등과 고용 불안정을 완화하기 위해 지난 20년 동안 복지정책은 확대되었고 복지 재정도 늘어났다. 중도 좌파 정부로 알려진 김대중, 노무현 정부하에서 한편으로는 신자유주의화가 진행되고 다른 한편으로는 사회보장 정책이 확대된 것은 아이러니하다고 볼 수 있다. 하지만 정부의 이런 정책적 개입에도 불구하고 한국의 복지 제도는 불평등 완화에 의미 있는 결과를 만들기에 충분하지 못하다. 한국의 복지 지출은 국민총생산의 10퍼센트 정도 되는데, 이는 OECD 국가들의 평균인 22퍼센트에 한참 모자라는 비중이다(OECD 2014). 한국의 복지 제도는 최소주의적 또는 개발주의적 제도라고 볼 수 있는데, 이는 수혜자의 납부에 의존하고 고용에 근거한 혜택이라는 원칙에 기초하기 때문이다. 이런 점에서 한국 사회에서 복지는 여전히 대기업 고용 또는 가족의 의무 안에서 누릴 수 있는 혜택이 되어 버린다(양재진 2008). 다시 말해 사회 복지 재정이 낮고 수혜가 제한적이기 때문에 복지정책을 통한 불평등 완화 효과가 작을 수밖에 없는 것이다.

여기서 한국의 불평등 정도를 간단히 살펴본 바와 같이, 여러 객관적인 지표들이 악화된 것이 한국인들이 직면한 현실이었다. 하지만 이런 구조적인 현실의 문제가 어떻게 사회 담론으로 그리고 정치 의제로 "번역"되는가는 시민사회와 정치 엘리트의 역할에 달려 있다.

불평등의 정치 담론화

2000년대에 들어 한국의 시민사회와 2000년에 결성된 민주노동당과 같은 진보 정치 세력은 불평등을 사회 담론화하는 데 중요한 역할을 했다. 시민단체들, 진보적 지식인, 노동 운동 단체들은 경제 불평등의 심각성을 알리고 복지정책 확대를 요구하는 다양한 집합 행동을 해 왔다(Ch. Lee 2016). 비정규직과 양극화라는 표현으로 불평등의 현실을 고발하기 시작했고, 복지와 경제 민주화는 한국 민주주의의 "민주화"를 위해 필수 불가결한 내용으로 제시되었다(최장집 2002). 불평등을 표현하는 이런 단어들은 학술 토론, 시민 단체 활동 그리고 노동자들의 투쟁에서 빈번하게 등장했고, 이런 불평등의 정치적 담론화는 2010년 지방 선거를 기점으로 기존 정당들까지 불평등과 복지를 중심으로 선거 경쟁을 하도록 압력을 가했다.

먼저 나선 것은 시민사회였다. 외환 위기 이후 한국 사회에서 심각해지는 실업, 고용 불안, 소득 격차에 대한 대응책으로 시민사회는 사회 복지의 확대를 요구해 왔다. 한국 시민사회의 대표적인 포괄 단체인 참여연대는 원래 정치 개혁과 부정부패 척결 그리고 시민의 권리 향상을 위해 1994년에 만들어진 단체이다. 그러나 악화되는 경제 문제에 직접 개입하기 시작했고, 다양한 학술 활동 및 "복지 동향"이라는 정책 월간지를 1999년부터 발행하는 등 사회복지에 대한 정책 대안을 제시하고 쟁점화하는 활동을 벌여 왔다(참여연대 2014). 참여연대가 제안하는 복지정책은 김대중 정부하에서 의미 있게 받아들여졌는데, 이는 기초적인 복지 수혜를 국민 전체로 확산시킨 건강보험법과 국민연금법 개정 그리고 경제 최빈곤층에 사회 안전망을 제공하는 1999년 국민기초생활안정법의 도입에 잘 나타난다(Wong 2004; Ch. Lee 2016).

민주노동조합총연맹 (민주노총)으로 대표되는 노동 운동 측에서도 비정규직의 확산이 노동 시장 불평등을 드러내는 심각한 문제라고 인식하고, 2005년에 "비정규직 조직화를 위한 전략 위원회"라는 대책위를 설립했다(김종진 2012).[7] 이 시기에 일어난 노동자들의 투쟁을 보더라도 대량 해고, 공장 폐쇄, 불법 파견 노동 등이 횡행하는 노동 현장에서 노동자들이 실감하는 고용 불안정과 차별이 얼마나 심각한 문제인지를 알 수 있다. 기륭 전자 비정규직 해고, KTX 비정규직 여승무원 해고, 한진 중공업 대량 해고, 쌍용 자동차 대량 해고, 현대 자동차 비정규직의 불법 고용 연장 등은 한국 노동 시장에 만연한 고용 불안정의 심각성과 이에 대한 노동자들의 저항을 보여 주는 사례들이다(Y. Lee 2015). 노동 운동 단체들과 시민사회는 비정규직 보호를 위한 정책 대안을 끊임없이 정부에 요구했고, 그 결과 2007년 4월 비정규직 고용 기간을 2년으로 제한하는 비정규직보호법이 도입되었다.[8]

시민사회가 사회 복지를 의제화하고 고용 불안을 직접 경험하는 노동자들이 비정규직 차별에 저항하고 투쟁하면서 기존 정당들의 정쟁의 축도 변화하게 되었다. 주지하다시피 한국의 선거는 지역주의 균열이 기본이었고 진보 정치는 오랫동안 억압되어 왔다. 이런 한국 정당정치의 지형에 큰 변화를 일으킨 것은 앞서 언급한 2000년에 조직된 민주노동당의 등장이었다. 기존 정당과 달리 민주노동당은 민주노총과 전국농민회총연맹와 같은 기층 조직에 기초하여 조직된 정당이었다.[9] 2004년 총선에서 민주노동당이 10개의 의석을 얻어 국회에 입성함으로써 한국의 입법부는 처음으로 노동자들의 권리와 사회 복지를 주장하는 친노동 정당을 갖게 되었다. 또한 이는 진보적인 의제가 선거 경쟁에서 논의될 수 있고, 정당들이 지역 경쟁이 아닌 정책 경쟁을 할 수 있다는 가능성을 보여 주는 계기가 되었다. 민주노동당은 처음부터 노동자들의

---

7) 민주노총은 20억의 기금을 따로 마련해서 수백 명에 달하는 활동가들을 훈련시켜 비정규직 조직화 사업을 벌였다.

8) 비정규직보호법은 기간제 및 단시간 근로자 보호 등을 위한 법률과 파견 근로자 보호 등에 관한 법률을 포괄하는 법이다.

9) 민주노동당은 2011년 통합진보당이라고 개명했으나, 2014년 헌법재판소가 정당 해산 명령을 내리면서 해산되었다. 현재 진보정당은 2012년 통합진보당에서 분당해서 나온 정의당이 국회에서 5석을 가진 것으로 명맥을 유지하고 있다.

권리, 사회 복지의 확대, 재벌 구조의 개혁을 요구했다(전진영 2007). 물론 민주
노동당은 국회에서 소수 정당이었기 때문에 자신이 발의하는 법안을 통과시킬
수 없는 상황이었지만, 비정규직보호법, 영유아보육법, 기업, 상속, 부동산에 대
한 세금 강화 그리고 보유세와 같은 진보적 법안을 제안했다(전진영 2007).

    민주노동당이 국회 안에서 진보 정치를 주창하고 밖에서는 시민사회가
경제 양극화의 심각성을 제기하면서 한국 정치의 중요 의제는 변화하기 시작
했고, 기존 정당들 또한 사회 복지에 대한 정책적 대안을 고민하지 않을 수
없게 되었다. 중도적 입장을 취해 왔던 민주통합당(현재 더불어민주당)은 경제
양극화에 대한 국민들의 요구에 부합하기 위해 왼쪽으로 방향을 틀게 되었다.
민주통합당은 2010년 10월 전당대회에서 "보편적 사회 복지"를 정강 정책에
포함시켰으며, 2011년 7월에는 "경제 민주화 특별 위원회"를, 2012년 1월에
는 "재벌 개혁 위원회"를, 2013년 5월에는 "을지로 위원회"를 신설하는 등 경
제 불평등에 대응하는 모습을 보였다(강병익 2013). 민주통합당이 이렇게 사회
복지를 중심으로 정책 대응을 해 나가자, 보수정당인 새누리당(현재 자유한국
당) 조차도 복지 혜택의 점진적 확대를 의미하는 "선택적 사회 복지"를 받아
들일 수밖에 없는 정치 지형이 되었다. 2010년 지방 선거에서 "복지"가 핵심
적 정책으로 논의되면서, 정당 간 선거 경쟁이 지역주의에서 사회 복지 의제
로 변화하고 있다는 것을 보여 준 첫 선거가 되었다(정한울 2011). 이 지방 선
거에서 후보자들은 무상 급식, 무상 보육, 반값 등록금, 노인 복지에 대해 토
론하고 경쟁했다. 그 결과 중도-진보 연합이 압승을 거두었는데 이는 사회
복지 확대에 대한 국민의 요구를 반증하는 결과라고 볼 수 있다.

    2012년 4월 총선과 같은 해 12월 대선에서도 "경제 민주화"와 같은 주제
가 선거 경제의 핵심 축이었다. 경제 민주화는 국가가 "경제의 민주화를 위하
여 경제에 관한 규제와 조정을 할 수 있다"라는 대한민국 헌법 119조 1항에
근거하여, 정부가 시장의 문제에 정책적으로 개입해야 할 의무를 강조하는 개
념이다.10) 시민 단체들과 진보 정치 세력은 경제 분배의 중요성을 강조하는
헌법 조항을 차용하여 한국의 민주주의는 평등한 경제 위에 기초해야 한다는

___
10) 헌법 119조 2항은 1987년 헌법 개정 과정에서 새롭게 삽입된 사항이다. "국가는 균형있는 국민경제의 성장
   및 안정과 적정한 소득의 분배를 유지하고, 시장의 지배와 경제력의 남용을 방지하며, 경제주체간의 조화를
   통한 경제의 민주화를 위하여 경제에 관한 규제와 조정을 할 수 있다"라고 적시하고 있다.

점을 강조했다. 이는 공정한 경제 만들기가 민주 정부의 핵심적 과제로 본다는 점에서 불평등 문제를 접근하는 고유한 프레이밍이라고 볼 수 있다. 사회복지에 대한 정치 담론이 확대되면서, 보수적인 새누리당의 대통령 후보 박근혜도 2012년 선거 캠페인에서 경제 민주화를 들고 나오게 되었다. 그리고 박근혜 후보의 이런 전략은 경제 문제를 심각하게 경험하는 빈곤한 노년 유권자의 지지를 일으키는 데 중요한 역할을 한 것으로 보인다.[11] 따라서 민주노동당이 가장 먼저 제안한 복지정책 담론은 중도 정당인 민주당으로 그리고 보수정당인 새누리당으로까지 확장된 것이다.[12]

한국 사회에서 불평등과 부의 집중에 대한 접근법은 재벌과 같은 대기업 그리고 기업과 정치권의 부정부패한 사슬이라는 국내적 구조를 그 원인이라고 진단한다는 면에서 특이하다(정준호·전병유 2017).[13] 이에 따른 해결책으로 사회 복지의 확대와 재벌 구조 개혁을 통해 부의 집중을 완화해야 한다고 주장한다. 그리고 2000년대 들어 자주 인용된 경제 민주화라는 담론에서 잘 나타나듯, 경제 문제를 민주주의의 심화 과정으로 접근한 것이다.

사회 운동 이론에서 프레이밍 과정은 한 사회의 정치적, 문화적 조건에 기초하고 규정된다고 본다(Snow 2004). 따라서 한국에서 불평등이 정치적으로 표현되는 방식도 한국의 경제발전 경험에 기초하고 있다고 볼 수 있다. 고속 성장 시기에 형성되고 성장하기 시작한 한국의 재벌은 최근 신자유주의화 이후 더욱 많은 경제적 그리고 정치적 권력을 갖게 되었다. 2000년도 국민총생산의 52.2퍼센트를 차지했던 50대 대기업의 자산 규모는 2012년 84.4퍼센트로 증가했다(위평량 2014). 대기업의 과도한 시장 독식이 경제 양극화와 불공정의 원인이라고 인식되고 있으며 그들의 부의 축적 과정 또한 불법적인 과정이라고 비판받는다. 재벌의 정치권 로비와 정경유착의 심각성은 2007년 삼성의 법률 자문을 맡았던 김용철 변호사의 내부 고발로 사실임이 드러났다. 김용철 변호사는 삼성의 비자금 비축 방법과 그 비자금이 어떤 방식으로 검

---

11) 한국 사회에서 빈곤은 노년층에 집중되어 있다. 한국 노인 인구의 49.3퍼센트가 빈곤층인 것으로 나타나는데, 이는 65세 이상 인구의 빈곤율이 평균 12.6퍼센트인 OECD 국가들 중 가장 높은 비율이다(OECD 2016).

12) 계급 투표에 대한 최근 연구 결과를 보면, 비록 지역이나 연령 효과가 여전히 강하긴 하지만 계급 투표 현상이 2000년대 이후에 나타나고 있다(전병유·신진욱 2014; Lee and You 2019년 출판 예정).

13) 시민 단체와 진보 지식인들은 신자유주의 정책의 최대 수혜자는 재벌 기업들이고 이런 구조가 소득과 자산의 양극화를 심화시킨다고 판단한다.

찰을 비롯한 정치권에 전달되었는지를 고발했다.

신자유주의 정책을 도입한 김대중, 노무현 정부하에서 경제 양극화가 심각해지기 시작한 것은 사실이지만, 2008년 보수정부가 집권하면서 기업의 편익은 더욱 확실하게 보장되었고 부의 집중은 강화되었다. 현대 건설 사장을 역임했던 이명박이 대통령으로 집권하면서(2008-2012), 노골적인 친기업 정책을 추구했고 재벌에 대한 여러 규제를 완화했다. 상호 출자 총액 완화, 출자 총액 제한 폐지, 금산 분리 규제 완화(종합 편선 채널 허가), 기업의 법인세 인하 같은 것이 대표적 예라 하겠다(이혁우 2012). 박근혜 정부(2013-2017) 또한 경제 민주화에 대한 공약을 배신하고 기업에 대한 규제 완화와 양적 완화와 같은 정책을 펼쳤다.

재벌과 정치권의 부정한 유착 관계는 박근혜-최순실 사건에서 여실히 드러났다. 삼성은 승마 선수인 최순실의 딸에게 말을 사 주기 위해 10억여 원을 썼을 뿐 아니라, 최순실이 만드는 미르 재단과 K스포츠 재단에 800억 원에 가까운 자금을 다른 기업들과 함께 기부했다. 이런 기부에 대한 대가로 재벌 기업들은 불법 행위에 대한 면죄부 또는 삼성의 이재용 승계와 같은 문제를 해결하려고 했다.[14] 국민들이 가장 분노한 이유는 소문으로만 의심했던 정경유착과 대통령과 재벌의 부정한 결탁이 사실로 드러났기 때문이다. 이런 현실에 대한 비판으로 한국 경제가 소수 재벌 기업의 특권만을 보장하는 구조에서 벗어나 경제 집중을 완화하고 시장 경쟁의 공정성을 확보하는 것이 한국의 불평등 문제를 해결하는 핵심적 방법이라고 제안되었다.

경제 양극화와 불공정에 대해 문제 제기하는 사회적 담론은 보수정부하에서 더욱 확산되었다. 이는 이 시기 동안 정경유착이 심화되고, 정치-경제 기득권층이 자신들의 이익만을 추구하면서 공정한 과정을 파괴하고 불평등한 사회 구조를 고착화시켰다고 판단했기 때문이다. 최근에 회자되고 있는 헬조선, 갑질, 흙수저, 금수저와 같은 유행어들은 한국 국민들이 느끼는 고착화된 불평등과 불공정한 사회 구조에 대한 절망을 드러낸다. 한국 사회의 구조적인 불평등을 드러내는 여러 사건이 공론화되는 2010년대 들어 이 유행어들은 인터넷 온라인 커뮤니티에서부터 사용되기 시작했다.[15]

---

14) 국민일보, 2016년 11월 06일.

먼저 '헬조선'은 지옥을 뜻하는 hell과 조선 왕조를 결합한 신조어인데, 봉건 왕조 시대 때 벗어날 수 없었던 계급 사회가 현재 한국에서도 나타나고 있다는 것을 비유하는 표현이라고 할 수 있다. 2010년 이래 온라인상에서 회자되다가 2015년 SNS에서 폭발적으로 사용되었다.[16] '갑질'은 경제 활동에서 갑과 을 관계에서 우위에 있는 갑이 자신의 지위를 남용하여 을에게 부당한 요구, 억압적 행동을 하는 것을 뜻한다. 갑질이란 단어는 2013년 남양유업이 대리점에게 물건 강매를 한다는 것이 알려지면서 유행하기 시작했고, 2014년 일어난 대한항공 조현아의 '땅콩 회항'으로 대유행어가 되었다.[17] 이 사례들은 갑과 을이라는 경제 권력 관계에서 갑에 있는 사람들이 보여 주는 폭압적이고 부당한 행동의 극치를 보여 준다. 이런 갑질 문제를 해결하기 위해 민주당은 2013년 을지로 위원회를 설치하고, 을들의 신고를 받아 을의 입장에서 정책적 개입을 하기 시작했다.

수저 계급 이론은 "은수저를 입에 물고 태어나다"라는 영어 표현의 한국식 변용으로 계층 이동이 불가능한 한국 사회에 대한 절망감을 드러내는 표현이다. 부모의 재산과 지위에 따라 금수저를 물고 태어난 자식과 흙수저를 물고 태어난 자식 사이에는 결코 건널 수 없는 격차가 존재한다는 것이다. 이 단어는 2015년 SNS에서 가장 많이 검색된 단어였고, "세계적 문제인 빈부 격차의 문제가 한국 사회에서 어떻게 접근되는지를 보여 주며, 상속되는 부와 이런 문제를 해결하지 못하는 정치권에 대한 절망감을 나타낸다(H. Kim 2017, 840)."

그리고 이런 수저 이론은 현실에 대한 간접적 풍자 정도가 아니라, 현실에서 벌어지는 문제라는 것을 최순실의 딸 정유라의 이화여대 부정 입학 사건이 적나라하게 보여 줬다. 최순실은 박근혜 대통령과의 관계를 악용하여 이화여대 대학 본부와 교수들을 협박했고, 이에 따라 대학 측은 입학 규정을 어기면서까지 정유라를 부정 입학시켰다. 이 사건이 보도되기 시작하면서 정유라처럼 금수저를 물고 태어난 자들이 누릴 수 있는 특권이 어느 정도인지 드

---

15) 이런 신조어들은 '디씨인사이드'와 같은 온라인 커뮤니티에서 먼저 사용되다가, 오프라인 매체에서 광범위하게 사용되는 양상을 보인다.

16) 〈빅데이터 돋보기〉 청년의 상실감이 만들어 낸 유행어 '헬조선'," 연합뉴스, 2015년 9월 18일. https://www.yna.co.kr/view/AKR20150916129800033.

17) 대한항공은 한국 재벌 기업 중 하나인 한진의 그룹 회사이다.

러났고, 이화여대에 들어가기 위해 수년 동안 열심히 공부해 본인의 실력으로 합격을 얻어 낸 수많은 학생들의 분노를 자아냈다. 이화여대 학생들과 교수, 동문들은 2016년 9월부터 학내 시위를 시작했고 부정 입학 사건에 대한 진상 규명을 요구했다. 이런 점에서 이화여대의 투쟁은 2016년 10월 말에 시작된 촛불 시위의 도화선이었다고 볼 수 있다.

여기서는 2016-2017년 촛불 집회 이전, 한국 사회에서 사회경제적 불평등이 어떤 방식으로 사회적 담론으로 그리고 선거 경쟁의 주제로 의제화되었는지 그 과정을 살펴보았다. 시민 단체들과 진보 정치 세력은 불평등의 문제를 국내 정치의 심각한 실패라는 관점으로 접근했고, 보수정부하에서 재벌과 정치권력의 유착이 심화되면서 민주주의가 후퇴한 결과라도 판단했다. 빈부 격차에 대한 담론 형성과 동시에, 이명박-박근혜 정부하에서 사회적 불평등, 불공정, 부정부패가 악화되었다는 인식이 확산되었다. 따라서 박근혜-최순실 국정농단의 실체가 드러나면서 촛불 집회가 시작되고 토요일마다 개최되는 과정에서 불평등이라는 주제는 박근혜 정부의 실패를 드러내는 대표적 문제이자, 이후 민주 정부가 해결해야 할 핵심적 과제로 논의되었다.

촛불 운동 과정에서 불평등의 의제화

2016년 촛불 집회는 분명 박근혜 대통령의 무능과 직권남용, 최순실의 국정농단에 대한 분노로 촉발되었다. 유례없는 정경유착 부패 사건에 대한 탐사 보도가 진행되고 검찰의 수사가 개시되면서 촛불 집회는 매주 토요일에 열렸고, 광화문 광장은 한국 사회에 대한 심도 깊은 비판과 개혁 의제를 논의하는 공론의 장이 되었다. 시민사회의 조직적 동원이 아닌, 시민들 개인과 가족 중심으로 자발적으로 참여하여 만들어진 촛불 집회인 것은 분명하지만, 토요 집회는 조직되지 않은 일시적 시민저항이 아니었다. 한국의 2,300개가 넘는 민간단체들은 신속하게 "박근혜 퇴진 비상 국민 행동"(이하 퇴진 행동)을 구성하고, 전국적 대규모 집회를 위한 네트워크를 만들어 대응했다.[18] 퇴진 행동은 시민들의 의견을 받아 매주 토요 집회의 주제를 정했고, 대규모 집회를

---

18) 박근혜 퇴진 비상 국민 행동 웹사이트 참고. http://www.bisang2016.net.

위한 무대와 음향 시설 설치, 발언자와 문화 공연 섭외, 집회에 필요한 비용 모금 등 집회 진행과 조직에 필요한 전반적인 계획과 준비를 책임졌다. 이런 대규모 시위를 준비하고 6개월에 걸쳐 전국 대도시에서 동시에 진행할 수 있는 시민사회의 능력은 지난 수십 년 동안 민주주의를 위해 싸워 온 한국 시민 단체들의 사회 운동 역량에 기초한 것이다.[19]

촛불 집회가 매주 토요일 개최되면서 광화문 광장은 수백만 명의 시민들이 모여 민주주의에 대해 발언하고 토론하는 민주주의 학교가 되었다. 다양한 계층과 연령대의 시민들이 참여했고, 대한민국 헌법에 대해 토론했으며, 각자 바라는 민주주의의 모습에 대해 발언하고 표현했다. 따라서 촛불 집회에서 외쳐진 정치적 요구는 박근혜 퇴진과 공모자들에 대한 법적 처벌뿐 아니라 한국 정치 지형의 근본적인 변화를 요구하는 내용으로 확대되었다. 11월 19일 제4차 토요 집회를 시작으로 퇴진 행동은 통일된 주제와 구호를 제시했고 촛불 집회를 전국적 차원으로 확장하고 조정해 나갔다(이지호 외 2017).

시민들은 촛불 집회 과정에서 "적폐"라는 표현을 써서 한국 사회의 뿌리 깊은 문제들을 지적하기 시작했다. 이에 퇴진 행동은 12월 17일 제8차 토요 집회부터 적폐를 각종 플래카드와 포스터 등에 사용하기 시작했다(퇴진 행동 2017). 퇴진 행동이 정리한 바에 따르면, 한국 사회에서 적폐란 "재벌 특혜와 노동법 개악, 복지 공약 불이행과 같은 불평등 문제; 세월호로 드러난 공공 안전에 대한 국가의 실패; 국정 교과서 강행과 문화계 블랙리스트, 언론 통제와 같은 독재 시대 정책의 부활; 사드 한국 배치와 한일 일본군 '위안부' 야합과 같은 굴욕 외교"를 그 내용으로 한다.[20] 이렇게 열거된 적폐들은 이명박ー박근혜 정부하에서 일어난 문제들이었고, 정부의 무능과 책임 방기, 민주주의 후퇴를 드러내는 문제들이었다.

표 2는 2016년 10월 29일부터 2017년 3월 11일까지 일어난 촛불 집회를 참여 규모와 퇴진 행동이 명명한 집회 명칭으로 정리한 것이다. 이를 보면 촛

---

19) 비교적 관점에서 한국 시민 단체의 특징은 전국적 단위로 조직되어 있고, 상당한 수의 활동가와 전문가들로 운영된다는 것이다. 따라서 정치 의제를 만들고 집회를 준비하고 동원하는 능력을 갖추고 있다. 1987년 민주화가 된 이후에도 정치 개혁이나 사회노동권을 요구하는 전국적 사회 운동이 주기적으로 일어났고, 이런 수십 년에 걸친 운동 경험이 한국 시민 단체의 인프라와 전문성을 발전시켜 왔다고 볼 수 있다(Y. Lee 2014).

20) 박근혜 퇴진 비상 국민 행동 웹사이트 참고. http://www.bisang2016.net.

불 집회가 회를 거듭하면서 참여 규모가 커졌을 뿐 아니라, 집회의 주제와 요구 사항도 박근혜 퇴진에서 적폐 청산, 재벌 총수 구속, 헬조선에서 새로운 나라를 만들자는 내용으로 확장되었다는 것을 알 수 있다.

표 2 2016-2017년 촛불 집회: 참여 인원과 주별 명칭

날짜	참여 인원	주별 명칭
2016년 10월 29일	2만	모이자, 분노하자, 내려와라 박근혜
2016년 11월 5일	20만	모이자, 분노하자, 내려와라 박근혜
2016년 11월 12일	100만	모이자, 분노하자, 내려와라 박근혜
2016년 11월 19일	60만	박근혜 즉각 퇴진
2016년 11월 26일	150만	박근혜 즉각 퇴진
2016년 12월 3일	170만	박근혜 즉각 퇴진
2016년 12월 10일	80만	안 나오면 쳐들어간다, 박근혜 정권 끝장내는 날 *12월 9일 국회 대통령 탄핵안 가결
2016년 12월 17일	65만	끝까지 간다, 박근혜 즉각 퇴진, 공범 처벌, **적폐 청산의 날**
2016년 12월 24일	60만	끝까지 간다, 박근혜 즉각 퇴진, 조기 탄핵, **적폐 청산**
2016년 12월 31일	100만	박근혜 즉각 퇴진, 조기 탄핵, **적폐 청산**, 송박영신
2017년 1월 7일	60만	세월호 1000일, 박근혜 즉각 퇴진, 황교안 사퇴, **적폐 청산**
2017년 1월 14일	130만	박근혜 즉각 퇴진, 조기 탄핵, 공작정치 주범 및 **재벌 총수 구속**
2017년 1월 21일	320만	내려와 박근혜, **바꾸자 헬조선, 설맞이 촛불**
2017년 2월 4일	40만	박근혜 2월 탄핵, 황교안 사퇴, 공범 세력 구속, **촛불개혁 실현**
2017년 2월 11일	70만	천만 촛불 명령이다, 2월 탄핵, 특검 연장, 박근혜 황교안 즉각 퇴진, 신속 탄핵
2017년 2월 18일	85만	탄핵 지연 어림없다, 박근혜 황교안 즉각 퇴진, 특검 연장, 공범자 구속
2017년 2월 25일	108만	박근혜 탄핵-구속, 특검 연장, 박근혜 4년 이제는 끝내자
2017년 3월 1일	30만	박근혜 구속 만세, 탄핵 인용 만세
2017년 3월 4일	105만	박근혜 없는 3월, 그래야 봄이다
2017년 3월 11일	72만	촛불과 함께 한 모든 날이 좋았다

자료: 한겨레 신문과 조선일보, 퇴진 행동 웹사이트의 내용을 바탕으로 저자가 정리하였다.
참고: 참여 인원은 서울 광화문 광장에 모인 인원만 포함한다. 불평등과 관련된 주제는 굵은 글씨로 강조했다.

광화문 광장에는 집회 참여자들이 자신의 요구를 표현하기 위해 만든 다양한 부스와 창작물들이 등장했다. 시위 현장에는 박근혜 대통령과 최순실의 실정과 부패를 풍자하는 구호와 창작물 그리고 세월호를 추모하고 진상 규명을 요구하는 내용이 가장 많긴 했지만, 정경유착, 재벌의 문제, 노동 문제 또한 집회의 중요한 주제로 표현되었다.[21] 아래 삽입한 두 장의 사진은 2016년 12월 촛불 집회 때 찍은 사진인데, 박근혜와 재벌(삼성, 현대, 기아)의 정경유착 그리고 재벌의 노동 탄압을 재현한 조형물들을 보여 준다. 첫 번째 사진은 박근혜 대통령과 삼성과 현대와 같은 재벌이 부패한 권력의 핵심이라는 것을 보여 준다. 두 번째 사진은 노동 탄압에 개입한 기업 총수에 대한 법적 처벌을 요구하는 플래카드인데, 재벌 기업(현대 자동차)이 자사는 물론 하청 기업(유성 기업)의 노동조합을 탄압하고 파괴하는 일에 공모한 것을 고발하는 내용이다. 촛불 집회가 벌어지는 수개월 동안 광화문 광장은 시민들이 경험하는 한국 사회의 문제점들을 직접적으로 표현하는 자리였고, 적폐 청산 이후 자신들이 만들고 싶은 한국 사회에 대한 다양한 상상력을 이야기하는 공간을 제공했다.

그리고 청산해야 할 적폐 중 하나는 분명 소수 재벌 기업에 집중된 경제 구조와 그로 인한 경제 불평등과 불공정을 없애는 것이었다.

사진 1   2017년 1월 광화문
광장(사진: 한주희)

사진 2   2016년 12월 광화문 광장(사진: 저자)

---

21) 저자가 2016년 12월 3일, 10일, 17일의 3회에 거쳐 촛불 집회에 참여 관찰한 내용이다.

사회경제적 불평등의 해소가 박근혜 퇴진 이후 한국 민주주의가 해결해
야 할 중요한 과제라는 점은 집회에서 널리 사용된 적폐라는 표현을 통해 드
러났을 뿐만 아니라, 집회 기간 중 이루어진 여론조사 결과에서도 잘 나타난
다. 내일 신문과 코리아 리서치가 2017년 1월에 실시한 여론조사는 불평등에
대한 다섯 가지 문항을 포함하고 있다. 표 3에 정리한 것처럼, 한국인들은 부
의 분배가 불공정하다고 생각하고(64.2%), 실력에 따른 계층 상승 가능성에
비관적이다(57.7%). 또한 빈부 격차는 매우 심각한 문제이고(94.2%), 빈부 격차
가 사회 갈등의 핵심적 원인이라고 생각한다(40.1%의 응답자가 1순위로 지목).
국정농단 사건에서 가장 중요한 문제가 무엇이냐는 질문에 응답자들은 박근
혜의 국정농단이 첫 번째, 그다음으로 정경유착을 지목했다.

2016년 12월 내일신문과 현대정치연구소가 진행한 여론조사는 촛불 집
회 참여자 사이에 중요한 계층적 차이는 발견되지 않는다고 보고한다. 하지만
빈부 격차가 심각하다고 생각하는 응답자가 집회에 더 적극적으로 참여했다
는 사실을 알 수 있다. 표 4에서 비교한 것처럼 부의 분배가 불공정하다고,
빈부 격차가 심각한 문제라고, 계층 상승이 불가능하다고 생각하는 사람일수
록 그 반대의 생각을 가진 사람들에 비해 더 많이 촛불 집회에 참석한 것으로
나타난다.

표 3　불평등에 대한 의견

질문		
우리 사회의 부의 분배가 공정하다고 생각하십니까?	네 14.5%	아니오 64.2%
"누구든 노력하면 계층 상승을 할 수 있다"에 동의하십니까?	네 41.8%	아니오 57.7%
우리 사회의 빈부 격차에 대해 어떻게 생각하십니까?	심각하다 94.2%	심각하지 않다 5.2%
우리 사회에서 가장 심각한 갈등은 무엇이라고 생각하십니까?	빈부 격차 40.1%	이념 대립 33.2%
이번 박근혜 사태에서 가장 중요한 문제는 무엇입니까?	국정농단 42.5%	정경유착 30.4%
촛불 집회에 참여한 적이 있습니까?	네 23.9%	아니오 76%

자료: 내일 신문과 코리아 리서치, "2017년 신년 여론조사"(응답자 수: 1200).
참고: "모르겠다"와 무응답이 있기 때문에 표에 나온 비율의 합이 100퍼센트가 되지 않는다.

표 4 불평등에 대한 인식과 촛불 집회 참여

	동의한다/참여한 적 있다	동의하지 않는다/참여한 적 없다
부의 분배가 불공정하다	1011(85.5%)/259(25.6%)	174(14.5%)/28(16.1%)
빈부 격차가 심각하다	1130(94.8%)/280(24.8%)	62(5.2%)/7(11.3%)
계층 이동이 불가능하다	692(58%)/190(27.6)	501(42%)/95(19%)

자료: 이지호 외 『탄핵 광장의 안과 밖』, 표 3-13(158쪽)을 저자가 재구성하였다.

2017년 초 대통령 탄핵 인용이 결정되기 전에 이루어진 한 조사에서는 일반인과 전문가들로 나누어 박근혜 이후 가장 중요한 개혁 의제가 무엇인지에 대해 질문했다. 표 5에 일반인들과 전문가들이 중요하다고 꼽은 개혁 의제 5가지를 비교 정리해 보았는데, 두 그룹 모두 불평등 해결의 중요성을 꼽았다. 일반인 응답에서 불평등 해소와 재벌 개혁은 세 번째와 네 번째로 중요한 의제로 확인되었고, 전문가 응답에서는 첫 번째와 두 번째로 중요한 의제로 꼽혔다.

표 5 더 나은 민주주의를 위해 가장 필요한 것은?

순위	일반	전문가
1	검찰의 정치적 중립과 공정성 회복(19.9%)	빈부 격차 완화(30.4%)
2	시민의 직접 민주주의(13.7%)	재벌 개혁(17.4%)
3	빈부 격차 완화(13.6%)	시민의 직접 민주주의(13.1%)
4	재벌 개혁(11%)	대통령 권한 축소(13.1%)
5	언론의 자유(10.9%)	검찰의 정치적 중립과 공정성 회복(6.5%)

자료: 한겨레 신문 2017년 2월 13일(응답자 수: 일반인 1,000명, 전문가 23명).

광화문 광장에 수백만의 시민들이 모여 박근혜 탄핵을 외친 직접적인 원인은 박근혜－최순실의 권력 남용과 국정농단임이 틀림없다. 하지만 시민들이 6개월 가까이 촛불 시위를 지속할 수 있었다는 것은 그 기저에 한국 사회 전반에 대한 심각한 불만과 비판이 있었기 때문이다. 한국 사회는 힘 있고 돈 있는 자들만 잘살고, 정치권은 그들의 이해관계만을 대변할 뿐 일반 국민이 느끼는 양극화와 불공정함에 대해 대응하지 못하고 있다는 절망과 분노가 "이게 나라냐"라는 구호로 표현된 것이다. 광화문에서 시민들은 박근혜 이후 한국 민주주의에서 경제 민주화가 핵심적인 내용이 되어야 한다고 외쳤다. 그리고 촛불 운동에서 경제 양극화가 이렇게 핵심 의제로 될 수 있었던 것은 시민사회가 이전부터 불평등 문제의 심각성을 주도적으로 문제 제기해 왔기 때문이다.

결론

이 논문은 박근혜 탄핵 촛불 시위에서 불평등이 어떤 방식으로 의제화되었는지를 검토하면서 정치 의제를 만드는 행위자들과 사회 문제를 프레이밍하는 접근 방식의 중요성을 강조해 보고자 했다. 지난 20여 년 동안 한국 사회에서 경제 양극화는 악화되었고, 시민사회와 진보 정치 세력은 이런 객관적 불평등 현실을 사회적 담론과 정치 의제로 부상시키기 위해 노력했다. 2016년 촉발된 촛불 집회가 장기화되는 과정에서 광화문 광장에 모인 시민들은 박근혜 이후 한국 민주주의에 대한 다양한 상상력을 논의했고, 여기서 불평등의 해소는 중요한 개혁 의제로 확인되었다. 집회 현장에서 시민들은 박근혜를 탄핵하고 국정농단 공범자들을 처벌하라는 요구에 그친 것이 아니라, 한국 사회가 가진 정치, 경제의 구조적 문제에 대한 심도 깊은 비판을 논의했다. 시민들은 공정, 평등, 정의와 같은 가치가 회복되어야 한다는 점을 요구하면서, 특히 재벌에 집중된 과도한 정치─경제 권력과 정경유착이 한국 불평등의 원인이라고 지목했고 한국 민주주의의 민주화를 위해 경제 민주화가 핵심이라는 점을 강조했다.

촛불 집회 이전 그리고 집회가 전개되는 과정에서 불평등 문제가 정치 의제화되는 과정을 보면, 신자유주의가 가져온 물질적 불평등 자체가 일부 서구 민주주의에서 나타나는 것처럼 권위주의적 지도자, 인종주의적 민족주의로 귀결되는 것만은 아니라는 것을 확인할 수 있다. 공공의 이해를 대변하고 사회 담론을 만들어 내는 주체가 누구냐에 따라, 그리고 불평등이 어떻게 프레이밍 되느냐에 따라 물질적 양극화에 대한 사회적 인식이 달라질 수 있고, 이는 민주주의의 내용을 확장하는 방향으로 발전할 수도 있다. 한국의 사례는 시민사회와 진보 정치 세력이 경제 민주화라는 개념을 통해 불평등 해소와 공정성 강화를 민주 정치의 불가결한 내용으로 만들었다는 점에서 민주 정치에 대한 새로운 가능성을 제시한다.

이 논문을 쓰고 있는 시점, 직권 남용과 불법 비리 등의 혐의로 박근혜 전 대통령에게는 24년이, 이명박 전 대통령에게 15년이 구형되어 있는 상태 다. 2017년 5월 대통령 임무를 시작한 문재인 대통령은 새로운 정부의 국정 과제를 발표했는데 여기서 강조한 5대 과제는 다음과 같다: (1) 국민이 주인 인 정부, (2) 더불어 잘사는 경제, (3) 내 삶을 책임지는 국가, (4) 고르게 발 전하는 지역, (5) 평화와 번영의 한반도(국정자문위원회 2017). 5대 국정 과제 중 세 가지가 불평등 문제와 연관되어 있다는 것은 새 정부가 촛불 시위에서 제기된 개혁 과제를 나름 충실하게 반영하고 있다는 것을 알 수 있다. 이런 점에서 문재인 정부는 재벌의 독점적 구조를 해소하고 공정한 경쟁질서를 확 립하며, 일자리 만들기 특히 젊은 세대를 위한 고용을 창출하고, 정규직과 비 정규직 사이의 격차를 줄여서 노동 시장 내부의 이중성을 완화하며, 사회 복 지 확대를 위해 부의 재분배를 추구한다고 볼 수 있다.

그러나 문재인 정부 집권 이후 2년 가까운 시간이 흐른 지금, 눈에 띄는 변화는 남북관계 진전일 뿐, 경제적 분야는 아닌 것으로 보인다. 장기화된 심 각한 노동 사안에 대한 몇 가지 전격적 해결을 제외하고는[22] 일자리 만들기, 양극화 완화, 공정한 시장 경쟁 조성이라는 면에서는 아직 뚜렷한 성과를 내 지 못하고 있다. 예를 들어, 최저임금법 같은 경우는 유급 주휴일을 제외함으 로써, 근로 시간 단축은 탄력 근로제를 확대함으로써 그 정책적 내용과 효과 가 미미해졌으며, 온갖 정치적 정쟁과 정책적 혼란만 야기시켰다. 한국 사회 에서처럼 불평등이 정치 의제화된 현실에서 문재인 정부가 이 문제에 적절하 게 대응하지 못한다면 이는 민주 정부의 결함으로 이해될 것이다. 이런 정책 적 실패는 경제 민주주의를 요구하는 또 다른 촛불 시위를 야기할지도 모를 일이다.

---

22) 2017년 인천 공항 비정규직 직원의 단계별 정규직화, 2006년부터 투쟁해 온 코레일 비정규 여승무원 노동 자들에 대한 복직 결정, 사회경제위원회를 통한 쌍용 자동차 해고 노동자 재고용 합의 등이 대표적이라고 할 수 있다.

참고 문헌

강병익. 2013. "경제 민주화 관련 논의의 쟁점." 『의정연구』 19 (3): 167－175.

국정자문위원회. 2017년. "문재인 정부 국정 운영 5개년 계획." http://korea.kr/arch ive/expDocView.do?docId＝37595에서 다운로드.

김안나. 2006. "한국 사회 여성 빈곤과 빈곤 대책." 『보건사회연구』 26 (1): 37－68.

김유선. 2016. "비정규직 규모와 실태." 한국노동사회연구소 이슈 페이퍼 4. www.k lsi.org에서 다운로드.

김종진. 2012. "민노총 2기 전략 조직화 사업." 87년 노동자 대투쟁 25주년 기념 심 포지엄 자료.

양재진. 2008. "한국 복지정책 60년." 『한국 행정 학보』 42 (2): 327－349.

이지호·이현우·서복경. 2017. 『탄핵 광장의 안과 밖』. 서울: 책담.

이혁우. 2012. "이명박 정부의 규제 개혁 평가." 『규제 연구』 21 (2): 3－38.

위평량. 2014. "재벌 및 대기업으로 경제력 집중과 동태적 변화 분석: 1987－2012." 경제 개혁 연구소 경제 개혁 리포트. http://www.erri.or.kr 에서 다운로드.

전병유·신진욱. 2016. 『다중격차』. 서울: 페이퍼로드.

전병유·신진욱. 2014. "저소득층일수록 보수 정당을 지지하는가?" 『동향과 전망』 91: 9－51.

전진영. 2007. "민노당의 제17대 국회 원내 입법 활동 분석" 『신아세아』 14 (2): 184－207.

정준호·전병유. 2017. "한국에서의 불평등의 추이와 원인," 한국 사회의 불평등 구 조와 정책 대응 워크샵 발표 자료. 국회 입법 조사처.

정한울. 2011. "주민투표 이후 복지정국과 계급정치의 부상." EAI 여론브리핑 102.

참여연대. 2014. "참여 연대 20주년 활동 보고서." https://issuu.com/pspd/docs/201 40915_20th_report/2?ff&e＝2952507/9273368에서 다운로드.

최장집. 2002. 『민주화 이후 민주주의』. 서울: 후마니타스.

통계청. 2016. 경제 활동 인구 조사 부가 조사.

_____. 2016. 가계 동향 조사.

퇴진 행동. 2017. "퇴진 행동 보고 및 평가." www.bisang2016.net 에서 다운로드.

황선재·계봉오. 2016. "한국의 세대간 사회 이동: 출생 코호트 및 성별 비교." 『한국 인구학』 39 (3): 1−28.

Bermeo, Nancy. 2016. "On democratic backsliding" *Journal of Democracy* 27(1): 5−19.

Crouch, Colin. 2004. *Post−Democracy*. Cambridge: Polity Press.

Dahl, Robert Alan. 1971. *Polyarchy: Participation and Opposition*. New Haven: Yale University Press.

Emirbayer, Mustafa and Ann Mische. 1998. "What is agency?" *American Journal of Sociology* 103(4): 962−1023.

Foa, Roberto Stefan and Yascha Mounk. 2017. "The Signs of deconsolidation" *Journal of Democracy* 28(1): 5−15.

Gilens, Martin and Benjamin I. Page. 2014. "Testing theories of American politics: Elites, interest group, and average citizens" *Perspectives on Politics* 12(3): 564−581.

Gurr, Ted Robert. 1970. *Why Men Rebel*. Princeton: Princeton University Press.

Hacker, Jacob and Paul Pierson. 2010. *Winner−Take−All Politics*. New York: Simon and Schuster.

Harvey, David. 2005. *A Brief History of Neoliberalism*. Oxford: Oxford University Press.

Kim, Hyejin. 2017. "Spoon theory and the fall of a populist princess in Seoul" *Journal of Asian Studies* 76(4): 839−849.

Kim, Nak−nyeon and Jongil Kim. 2015. "Top incomes in Korea, 1933−2010: Evidence from Income Tax Statistics" *Hitotsubashi Journal of Economics* 56(1): 1−19.

Koo, Hagen. 2007. "The changing faces of inequality in South Korea in the age of globalization" *Korean Studies* 31: 1−18.

Lee, Cheol—Sung. 2016. *When Solidarity Works: Labor—Civic Networks and the Politics of Welfare States in Developing Countries.* Cambridge: Cambridge University Press.

Lee, Yoonkyung. 2015. "Sky protest: New forms of labor resistance in neoliberal Korea" *Journal of Contemporary Asia* 45(3): 443—464.

_____. 2014. "Political parties and social movements: Patterns of democratic representation in Korea and Taiwan" *Asian Survey* 54(3): 419—444.

_____ and Jongsung You. Forthcoming. "Is class voting emergent in Korea?" *Journal of East Asian Studies.*

Levitsky, Steven and Kenneth Roberts. 2011. "Latin America's 'left turn'" in Steven Levitsky and Kenneth Roberts (eds) *The Resurgence of the Latin American Left.* Cambridge: Cambridge University Press: 1—28.

McAdam, Doug. 1982. *Political Processes and the Development of Black Insurgency, 1930—1970.* Chicago: University of Chicago Press.

OECD (Organization for Economic Cooperation and Development) Statistics: http://stats.oecd.org.

Rauch, Jonathan. March 2017. "Containing Trump" *The Atlantic:* https://www.theatlantic.com/magazine/archive/2017/03/containing—trump/513854/.

Pontusson, Jonas and David Rueda. 2010. "The Politics of inequality: Voter mobilization and left parties in advanced industrial states" *Comparative Political Studies* 43(6): 675—705.

Schattschneider, Elmer. 1975. *The Semi—Sovereign People: A Realist's View of Democracy in America.* Belmont: Wadsworth Publishing.

Simmons, Erica. 2014. "Grievances do matter in mobilization" *Theory and Society* 43: 513—546.

Sarah A. Soule, and Hanspeter Kriesi (eds) *The Blackwell Companion to Social Movements* edited by Oxford: Blackwell Publishing: 380—412.

Verba, Sidney, Kay Lehman Schlozman, and Henry Brady. 1995. *Voice and Equality: Civic Voluntarism in American Politics.* Cambridge: Harvard University Press.

Weyland, Kurt, Raúl L. Madrid, and Wendy Hunter. 2010. *Leftist Governments in Latin America: Successes and Shortcomings*. Cambridge: Cambridge University Press.

Wong, Joseph. 2004. *Healthy Democracies: Welfare Politics in Taiwan and South Korea*. Ithaca: Cornell University Press.

제5장
2016-17 촛불 항쟁을 둘러싼 쟁점에 대한 분석

강우진(경북대학교)

들어가며

한국 민주주의는 비교적 관점에서 볼 때 제3의 물결을 통한 민주화를 이룬 민주화 국가군 중에서 큰 역진이나 단절 없이 안정적으로 발전해 온 소수의 사례 중의 하나이다.[1] 또한 안정적인 제도화의 성취와 함께 내적인 역동성을 함께 보여 주고 있는 예외적인 사례에 속한다고 할 수 있다. 1960년 4.19 혁명과 1987년 유월 항쟁이 대표하듯이 한국의 민주화는 저항과 운동에 의해서 추동되었다. 민주화 이후에도 시민들의 정치적인 저항은 촛불 집회의 형태로 표출되어 정치적 변곡점을 만들어 냈다. 2002년에는 미군 장갑차에 의해서 피살된 두 여중생을 추모하기 위한 효순·미순 촛불이 있었다. 효순·미순 촛불은 정치 개혁에 대한 열망을 불러일으켰고 2002년 대선에서 노무현 후보가 당선되는 데 기여했다. 2004년에는 노무현 대통령 탄핵 반대를 위한 전국적인 촛불이 있었다. 촛불은 전국적으로 확산되었고 전국적인 탄핵 반대 열풍은 제17대 국회의원 선거에서 소수 집권당이었던 열린우리당이 과반의석을 확보하는 배경이 되었다. 2008년에는 이명박 정부의 등장과 함께 미국산

---

[1] 2017년 Economist의 민주주의 지수에 따르면 한국은 조사 대상 국가 중에서 총점 8점으로 20위를 차지했다. 한국은 완전한 민주주의(full democracy) 경계 바로 아래 위치하여 여전히 결함 있는 민주주의(flawed democracy)로 분류되었다. 하지만 한국은 미국(21위)보다도 한 단계 높은 순위를 기록했으며 제3의 물결을 통한 민주화국가군 중에서 우루과이(8.12점, 18위)와 스페인(8.08점, 19위)와 비슷한 순위를 기록했다 (www.eiu.com).

쇠고기 반대 촛불 집회가 확산되었다. 미국산 쇠고기 반대 촛불은 이명박 정부 초기 정치지형에 큰 영향을 미쳤다.

2016년 10월에 박근혜·최순실 게이트가 발발하였고 분노한 시민들이 광장에 모였다. 2016년 10월 29일 제1차 촛불이 시작되었고 이듬해 3월까지 총 23차례에 걸쳐서 자그마한 촛불이 모여서 1,700여만 개가 되었고 시민들의 결집된 힘은 좌고우면하는 정치권을 압박하여 불가능해 보이던 현직 대통령 탄핵을 이끌어 냈다. 이후 치러진 제19대 대통령 선거에서 시민들은 정치권의 연합 없이 정권 교체를 이루어 냈다. 이로써 한국의 시민들은 1960년 학생들이 중심이 되어서 민간독재를 퇴진시킨 후에 57년 만에 시민혁명을 통해서 부패한 권력을 교체하였다.

2016-17 촛불에 대해서는 이미 많은 선행 연구가 존재한다. 하지만 여전히 촛불의 다양한 차원을 둘러싼 논쟁이 진행 중이다. 이 글은 기존의 선행 연구에서 제시된 쟁점들을 정리하여 분석하는 것을 목적으로 한다. 촛불을 둘러싼 이미 많은 해석이 존재하기 때문에 글쓴이의 새로운 해석을 더하는 것보다는 쟁점들의 경험적인 근거에 대한 분석을 진행한다. 이를 위해서 2016-17 촛불 참여자를 대상으로 한 여론조사를 기본으로 필요한 경우 다른 여론조사를 활용한다. 이러한 분석을 통해서 2016-17 촛불의 다양한 차원에 대한 객관적인 분석을 시도할 수 있을 것이다.

촛불 항쟁의 전개과정[2]

촛불 항쟁은 2016년 10월 24일 JTBC가 국정농단과 헌정 유린 사태의 공동 주역이었던 최순실 소유의 태블릿 PC에 대한 보도로부터 갑자기 시작되었다고 할 수 없다. 촛불 항쟁의 전야는 집권 새누리당에 대한 광범한 민심 이반이 확인되었던 제20대 국회의원 선거였다. 많은 여론조사와 전문가들의 예측과는 달리 2016년 4월 13일에 치러진 제20대 국회의원 선거 결과 집권 여당인 새누리당이 과반에 훨씬 못 미치는 122석을 얻어서 123석을 얻은 더불어민주당(더민주)에 제1당의 자리를 내주었다. 더민주는 민주화와 함께 치러졌던 1988년의 제

---

2) 이 장은 강우진(2017)에 의존하고 있다.

13대 국회의원 선거 이후 정치적 기반이었던 호남에서 참패했음에도 불구하고 제1당의 자리에 올랐다. 또한, 더민주에서 분화되어 제20대 국회의원 선거 직전 창당하였던 국민의 당은 총 38석을 얻어서 당초 목표였던 교섭단체 구성을 훨씬 뛰어넘는 승리를 얻었다. 민주화 이후 총 8번의 국회의원 선거에서 야권이 제1당과 함께 과반수 의석을 차지한 선거는 제20대 국회의원 선거가 최초다.[3]

다수의 전문가와 여론조사 결과는 당시 집권당인 새누리당의 최소한 과반수 이상의 승리를 예측했었다. 선거구간 인구편차에 대한 헌법재판소의 헌법불합치 판정(2014년 10월 30일, 2014헌마53)으로 인해서 제20대 국회의원 선거를 앞두고 선거구 획정과 함께 선거구제 개편에 대한 치열한 논의가 있었다. 하지만 선거관리위원회가 제안하였고 진보정당이 강력히 요구하였던 권역별비례대표제의 도입은 새누리당의 반대로 결국 무산되었다. 전체 의석(300석)의 압도적인 비율(84.4%)인 253석이 단순 다수대표제로 선출되는 상황에서 야권의 분열은 집권 새누리당의 승리 가능성을 크게 높였다. 제20대 국회의원 선거가 야권이 분열된 채 치러졌음에도 불구하고 집권 새누리당이 패배하고 야권이 압승을 거둔 중요한 요인은 유권자들의 분할투표 경향이었다.[4] 집권 새누리당의 공천파동에 실망한 보수 유권자들 중 다수가 정당 투표에서 국민의당을 지지하였다. 또한 수도권 진보적인 유권자들은 지역구 투표에서 새누리당의 대안으로서 경쟁력 있는 더민주에게 표를 몰아주었다.

제20대 총선 결과는 두 가지 점에서 매우 중요한 의미를 가진다. 첫째, 제20대 총선 결과는 집권여당에 유리한 선거구도에도 불구하고 박근혜 정부의 국정난맥상에 대한 유권자의 심판이었다.[5] 둘째, 사실상 다수제의 성격을 가진 한국 선거제도의 제약 속에서도 유권자들은 전례 없는 규모의 전략 투표를 행사함으로써 선거제도의 제약에 도전하였다.

---

3) 민주화 이후 최초로 여소야대가 이루어졌던 제13대 국회의원 선거에서 여당이었던 민주 정의당이 제1당의 자리를 유지하였다. 또한 집권여당이었던 새천년 민주당이 과반수를 획득하지 못했던 제16대 총선에서는 야권이었던 한나라당(133석)과 한나라당에서 분열되어 나온 민국당(2석)의 의석을 합해도 과반수에 크게 미달하였다.

4) 한국의 선거제도는 혼합선거제도이지만 300석의 의석 중에서 253석이 단순 다수대표제를 통해서 지역구에서 선출되고 단지 47석만이 정당 투표로 선출된다.

5) 제20대 총선에서 많은 사람들의 예측대로 새누리당이 압승을 했더라면 박근혜 대통령에 대한 탄핵은 발의조차 되지 않았을 가능성이 크다.

제도 정치의 병목현상과 광장의 분노

1,700여만 명의 시민들이 광장에서 외쳐졌던 수많은 구호 중에서 촛불 항쟁의 정신이 상징적으로 가장 잘 나타난 구호는 "나는 내가 대표한다"였다. 이는 민주주의 제도의 병목현상을 직접 돌파하고자 하는 촛불 시민들의 열망과 의지가 잘 나타난 구호였다.[6)]

촛불 항쟁 과정에서 나타난 제도의 정치와 광장의 정치의 충돌을 이해하기 위해서는 항쟁의 전개 과정을 복기해 보는 것이 필요하다. 촛불 항쟁의 시발이 되었던 JTBC 보도 이후 박근혜 대통령은 보도 다음날 녹화로 진행된 1분 45초짜리 대국민 사과를 발표하였다. 박근혜 대통령은 비선실세 최순실과의 사적인 인연은 인정하였지만 최순실의 국정 개입은 비서실이 완비될 때까지 연설문에 대한 사적인 자문에 국한되었다고 주장하였다. 이 사건의 발발로 인해서 이원종 비서실장과 청와대 수석비서관 전원이 사표를 제출하였고 비서실장과 이른바 문고리 3인방(정호성·안봉근·이재만 비서관)의 사표가 수리되었다(2016년 10월 30일). 사태의 발발 직후 인터넷 등에서는 탄핵·하야와 같은 단어가 실시간 검색어를 도배하였다(서울신문 2016/10/25). 또한 2016년 10월 3주차 박 대통령에 대한 국정수행 지지도는 28.5%를 기록하여 집권 후 최초로 30% 이하로 하락하였다(리얼미터 10월 셋째 주 여론조사).

하지만 정치권의 반응은 시민들의 요구와는 달랐다. 일부 야당의원들이 하야와 탄핵을 거론하기는 하였지만 정치권과 언론의 대체적인 반응은 대통령 비서진 총사퇴와 거국 내각총리 임명 그리고 특검 도입을 통한 철저한 수사에 집중되었다(허핑턴포스트 코리아 2016/10/26). 대표적으로 유력 대통령 후보인 문재인 전 민주당 대표는 대통령 2선 후퇴와 거국 중립내각을 해법으로 제시하였다(문재인 페이스북 포스팅 2016/10/26). 검찰은 10월 27일 '최순실 의혹' 특별 수사본부를 설치하였다.

이와 대조적으로, 시민사회의 반응은 매우 신속했다. 대학가에는 박근혜 퇴진과 수사를 촉구하는 시국 선언이 지속되었다. 10월 29일에는 민중 총궐

---

6) '장수풍뎅이 연구회'라는 흥미로운 깃발을 들고 촛불 집회에 참여한 참가자는 "'소속 집단을 나타내는 깃발을 들고 집회에 참여하는 방식이 낡았다고 느꼈다. (어떤 의미도 갖지 않는) 부유하는 기표로 모임의 정체성을 표현하고 싶었다. 이름엔 아무 뜻이 없다'라고 밝혔다"(한겨레신문 2016/12/12).

기투쟁본부가 주도하여 2만 명이 모인 제1차 촛불 집회가 개최되었다. 제1차 촛불 집회에서 초등학생과 고등학생을 포함한 참석자들이 박근혜 대통령의 탄핵에 대한 요구를 봇물처럼 토해 냈다. 검찰은 10월 31일에 최순실을 피의자로 소환하였고 긴급체포하였다. 박근혜 대통령에 대한 지지율은 1988년 이후 역대 최저치인 5%까지 추락하였다(한국갤럽 11월 첫 주 정례조사).

박근혜 대통령은 11월 2일 국회와 합의 없이 일방적으로 참여정부 정책실장 출신인 김병준 교수를 총리로 지명하였다. 이어서 11월 4일에는 제2차 대국민 담화를 발표하였다. 박근혜 대통령은 이 담화에서 최순실 게이트에 대해서 사과하였다. 또한 대통령은 필요하다면 검찰조사에 성실히 임하고 특별검사까지 수용하겠다는 입장을 밝혔다. 하지만 사태의 본질과 관련하여 자신은 국가 경제와 국민의 삶에 도움이 될 것이라는 바람에서 추진한 일이었는데 특정 개인이 이권을 챙기고 위법 행위를 저질렀다고 주장함으로써 비선실세 최순실에게 모든 책임을 전가하였다.

11월 5일 박근혜 정권 퇴진 행동 본부(퇴진 행동)가 주최하는 백남기농민 영결식과 함께 열린 '모이자! 분노하자! 내려와라! 박근혜 제2차 범국민대회'가 개최되었고 서울의 20여만 명을 포함하여 전국적으로 30여만 명이 집회에 참여하였다. 이 집회에서는 '박근혜가 몸통이다. 사과 말고 내려와라'라는 구호가 광장을 뒤덮었다.

이 시기까지도 정치권의 해법은 시민들의 요구와 거리가 있었다. 집권 새누리당을 제외한 정치권에서 퇴진의 목소리가 일부 나오기도 했지만 정치권은 사태의 해법으로 일방적인 총리지명 철회와 대통령의 2선 후퇴에 집중하였다. 국민들의 대통령 퇴진 여론과 압박이 거세지자 집권 새누리당 내부의 분열이 시작되었다. 새누리당 내 비주류를 대표하는 김무성 의원이 비박계를 중심으로 개최한 비상시국회의에서 헌법적 탄핵의 길을 처음으로 거론하였다(한겨레신문 2016/11/13). 반면에 야 3당(민주당, 국민의당, 정의당)은 국정 혼란을 최소화하기 위해서 즉각적인 퇴진보다는 질서 있는 퇴진을 추진하기로 뜻을 모았다. 이때까지만 해도 탄핵은 박근혜 대통령의 질서 있는 퇴진을 추진하기 위한 압박 수단으로서만 거론되었다.

11월 17일에는 박근혜·최순실 게이트 특검이 국회를 통과하였고 국정조사가 시작되었다. 11월 19일 개최된 범국민행동의 날 제4차 국민대회에는 수능을 끝낸 청소년이 대거 참여하였다. 서울에서만 60만 명이 참여하였고 전국적으로 90만 명이 촛불을 밝혔다. 박근혜·최순실 게이트로 인해서 87년 유월 항쟁 이후 최대의 인파가 전국의 광장을 메웠다. 시민들은 박근혜 대통령의 하야와 세월호 참사 원인 규명을 촉구했다.[7] 검찰 특별수사본부는 11월 20일 수사 중간 발표를 통해서 박근혜 대통령을 최순실과 국정농단 및 권력 남용의 공모 관계에 있는 피의자로 적시하였다. 야권의 대통령 후보 8인은 11월 20일 국회에서 비상시국정치회의를 열고 박근혜 대통령에 대한 탄핵을 국회에 요청하였다(경향신문 2016/11/20). 또한 11월 21일에는 야 3당 모두가 탄핵을 당론으로 채택하고 탄핵 단일 대오를 구축하였다. 새누리당에서도 김용태 의원과 남경필 경기도 지사가 새누리당을 탈당하였다. 이 시점에서 새누리당 내에서 탄핵에 참석하는 의원들이 40여 명에 달했다.[8] 박근혜 퇴진 5차 범국민행동의 날(11월 26일)은 서울의 150만 명을 포함한 전국에서 190만 명이 참여하여 촛불 집회 사상 최대 참여 인원을 기록하였다. 한편, 전직 국회의장과 정관계 원로 20여 명은 11월 27일 회담을 갖고 거국중립내각 구성과 2017년 4월 대통령 퇴진 일정을 제안하였다(조선일보 2016/11/27).

검찰에 의해서 박근혜·최순실 게이트의 피의자로 적시된 박근혜 대통령은 11월 29일 제3차 담화를 발표하였다. 박근혜 대통령은 제3차 담화에서도 자신은 그동안 한순간도 사익을 추구한 적이 없다고 주장하고 국익을 위해 추진한 사업에서 사익을 추구하지 않았으며 단지 주변 관리 잘못만을 인정하였다. 자신의 거취와 관련하여서는 "여야 정치권이 논의하여 국정의 혼란과 공백을 최소화하고 안정되게 정권을 이양할 수 있는 방안을 만들어 주시면 그 일정과 법 절차에 따라서 대통령직에서 물러나겠다"라고 밝히고 국회에 공을 넘겼다.

퇴진 행동은 제6차 범국민행동의 날(12월 3일)을 앞두고 청와대 앞 100미터 집회와 행진을 경찰이 불허하자 법원에 집행정지 가처분 신청을 청구하였

---

7) 시민 발언대 첫 발언자는 하야버스를 타고 박근혜 대통령의 정치적 고향 대구에서 올라온 고3 여학생이었다. 그녀는 "박근혜 아직 물러나지 않았습니다. 선택할 시간은 충분히 준 거 같은데 말입니다. 당신은 언제까지 귀막고 눈감고 그 자리에 있을 예정입니까? 당신이 꼭두각시지, 국민은 꼭두각시가 아닙니다. 박근혜는 퇴진하라! 박근혜는 하야하라!"라고 외쳤다(노동자 연대, 2016/11/19).

8) 새누리당 비상시국회의 오신환 간사에 따르면 11월 24일 현재 탄핵 연판장에 찬성 의사를 밝힌 의원은 40명에 달했다(한국경제 2016/11/24).

다. 서울 행정법원 제6부는 12월 3일 집회 및 행진에 대해 경찰이 내린 금지통고와 조건 통보를 대부분 집행정지시키는 결정을 내렸다(2015아 12523)(로이슈 2016/12/03). 판결문은 "집회의 자유는 집회의 시간, 장소, 방법과 목적을 (시민) 스스로 정할 수 있는 권리다"라고 명시하였다. 시민들의 평화적인 시위와 퇴진 행동의 노력으로 청와대에서 가장 가까운 거리에서 시민들의 집회와 행진이 보장되는 역사적인 결정을 법원이 내린 것이다.

이 결정이 갖는 의미는 상징적이다. 헌법 제21조는 모든 국민의 집회·결사의 자유를 보장하고 있다. 87년 6월 항쟁의 결과 제정된 헌법은 제21조 2항에서 언론·출판에 대한 허가나 검열과 집회·결사에 대한 허가를 금지하였다. 헌법에 따르면 집회는 신고제이지만 그동안 사실상 허가제로 운용되어 왔다. 특히 청와대 앞 집회와 행진은 경찰의 지속적인 금지통고로 인해서 사실상 불가능했다. 헌법상 보장되었지만 누릴 수 없었던 집회와 결사의 자유에 대한 헌법상의 권리를 박근혜·최순실 게이트로 드러난 국정농단과 헌법 유린에 저항한 시민들의 평화적인 시위가 찾아온 것이다.

박근혜 대통령의 3차 담화는 탄핵 대오에 균열을 내기 위한 정치적 노림수였다. 3차 담화 후에 의석 분포상 탄핵의 키를 쥐고 있었던 새누리당의 비박계는 만약에 박근혜 대통령이 2017년 4월 말까지 퇴진하겠다는 일정을 밝히면 탄핵에 참여하지 않겠다고 밝혔다. 이로서 탄핵 전선에 균열이 생겼다. 비박계의 이탈 움직임으로 인해서 야당의 탄핵 대오에도 균열의 조짐이 보였다. 민주당과 정의당은 비박계에 더 이상 끌려다닐 수 없다고 주장하고 야당의 단일 대오로 탄핵안을 발의한 다음에 비박계를 압박하자고 주장하였다. 반면에 국민의당은 비박계의 지지가 확보되지 않은 상태에서 탄핵안을 발의하는 것은 가능하지 않다고 맞섰다.

정치권이 탄핵 결정에 좌고우면하는 사이 제6차 범국민행동의 날(12월 3일) 국민대회가 열렸다. 이 집회에는 서울에서 160만 명이 참가하고 전국적으로는 230만 명이 모여서 역대 최대 시위 인파가 모였다. 박 대통령 3차 담화 이후 퇴진 행동은 집회의 이름을 '박근혜 즉각 퇴진의 날'로 변경하였다. 박근혜 대통령의 3차 담화에 정치권이 흔들렸던 것에 반하여 광장의 민심은 전혀 동요하지 않았다. 6차 집회에서는 대통령 탄핵과 구속을 요구하고 비박계 정치인들을 비판하는 창의적인 다양한 퍼포먼스가 펼쳐졌다. 이 집회를 통해서

'박근혜 즉각 퇴진이 국민의 명령'이라는 분노하는 촛불 민심이 확인되었다. 역대 최대의 촛불의 힘이 탄핵 국면에서 좌고우면하던 비박계에 큰 정치적 압박으로 작용하였다. 분노한 촛불 민심이 새누리당으로 향하자 비박계도 탄핵 동참으로 입장을 정리하였다.

국민들의 탄핵 의지는 광장에서만 표출되지는 않았다. 국민들은 박근혜 대통령의 탄핵과 퇴진을 촉구하는 목소리를 온라인에서도 폭발적으로 표출하였다. 대표적인 사례가 박근혜 닷컴(http://parkgeunhack.com)이다. 이 사이트는 국민이 자신의 지역구 국회의원들에게 박근혜 탄핵을 청원할 수 있도록 만든 사이트다. 제6차 국민대회 다음 날인 12월 4일 오후 11시 50분 기준 62만 7천 건의 청원글이 게시되었으며 사이트가 다운되기도 하였다. 국민들의 청원글은 김무성, 김성태, 나경원, 유승민 의원 등 탄핵에 찬성하다 박근혜 대통령의 3차 담화 이후 미온적으로 바뀐 비박계 의원들에게 집중되었다(한겨레 정치바 2016/12/04; 서울신문 2016/12/03).

2016년 12월 9일 박근혜 대통령에 대한 탄핵안9)이 국회에서 압도적으로 가결되었다. 재적의원 300명 중 299명이 표결에 참여하여 찬성 234표, 반대 56표, 무효 7표, 기권 2표로 통과되었다(78.2% 찬성). 표결 결과를 볼 때 새누리당에서도 128명 의원 중에서 절반에 해당하는 의원들이 탄핵에 찬성한 것으로 추정된다.

이후 헌법재판소는 2017년 3월 10일 박근혜 대통령에 대한 탄핵을 인용하였고 박근혜 대통령은 현직 대통령으로서는 최초로 대통령직에서 파면되었다. 촛불의 힘에 의해서 자연인으로 돌아간 박근혜 전 대통령은 삼성전자 이재용 부회장으로부터 승계 지원 대가로 433억을 받은 뇌물죄 등으로 2017년 3월 31일 구속되었다. 현직 대통령의 탄핵과 구속으로 2017년 5월 9일 제19대 대통령 선거가 치러졌다. 촛불 대선으로 치러진 제19대 대선은 유권자들의 높은 관심 속에서 치러졌다. 최초로 도입된 사전투표에서 26.06%의 유권

---

9) 국회에서 통과된 탄핵안은 박근혜 대통령이 △국민주권주의(헌법 제1조) △대의민주주의(헌법 제67조 제1항) △법치국가원칙, 대통령의 헌법수호 및 헌법준수의무(헌법 제66조 제2항, 제69조) △직업공무원제도(헌법 제7조) △대통령에게 부여된 공무원 임면권(헌법 제78조) △평등원칙(헌법 제11조) △재산권 보장(헌법 제23조 제1항) △국가의 기본적 인권 보장 의무(헌법 제10조) △개인과 기업의 경제상의 자유와 사적자치에 기초한 시장경제질서(헌법 제119조 제1항)을 위배하여 헌법 질서의 본질적인 내용을 훼손하고 침해하였다고 지적하였다.

자가 참여하였고 대선 최종 투표율은 77.2%를 기록했다. 5자구도로 치러진 대선 결과 더불어민주당의 문재인 후보가 41.1%의 득표로 대통령에 당선되었다. '이게 나라냐'라는 분노에서 시작된 촛불 항쟁은 현직 대통령의 탄핵과 구속을 이끌어 냈으며 정권 교체로 이어졌다.

한국 민주주의 역사에서 박근혜 대통령 탄핵과 정권 교체가 갖는 의미는 매우 크다. 촛불 항쟁은 불가능해 보이던 대통령의 탄핵과 정권 교체를 이루어 냄으로써 정치권의 연합 없이 시민들에 의한 정권 교체를 이루어 냈다. 87년 6월 항쟁은 아래로부터의 운동과 저항에 의해서 민주적 전환을 이루어 냈다. 하지만 정초 선거였던 대통령 선거(founding election)에서 민주화운동 세력의 분열로 인해서 정권 교체에 실패하였다. 운동과 저항에 의한 민주화 과정이 역설적이게도 유산된 민주화(Abortive Aventura, Cumings 1989)를 통해서 수동혁명으로 귀결되는 경로로 이어졌다. 1997년 제16대 대통령 선거에서 최초의 평화적 정권 교체가 이루어졌다. 하지만 국민의 정부의 탄생은 IMF 경제 위기와 집권당의 분열 그리고 DJP(김대중·김종필) 지역 연합이라는 예외적인 조건 속에서 가능했다. 이에 반해서 제19대 대선에서는 불가능해 보이던 탄핵을 이끌어 냈던 시민들의 열망과 지지가 정치권의 이합집산 없이 정권 교체를 이룩했다.[10] 촛불 항쟁과 탄핵 정권 교체로 이어진 2016-17년의 촛불 항쟁은 주권재민의 원칙(대한민국 헌법 제1조의 대한민국은 민주공화국이고 권력은 국민으로부터 나온다)을 정치적으로 실현하였다. 다시 말하면, 한국 민주주의 사상 최초로 시민들이 피 한 방울 흘리지 않고 정치권력을 교체한 명예혁명을 이루어 낸 것이다.

촛불 항쟁을 둘러싼 쟁점들

2016-17 촛불 항쟁의 발생 원인

2016-17 촛불 항쟁은 왜 발생했는가? 촛불이 발생하기 전 박근혜 대통령은 이전 대통령과는 달리 콘크리트 지지율을 유지하고 있었다.[11] 그렇다면

---

10) 대선직후 YTN과 리얼미터가 실시한 여론조사에 따르면 문재인 후보를 선택한 이유 중에서 첫 번째 이유는 정권 교체였다(29.8%)(http://www.ytn.co.kr/_ln/0101_201705120503083115).

11) "역대 대통령 지지율," 조선일보 2016/11/03 http://news.chosun.com/site/data/html_dir/2016/11/0

박근혜 대통령의 하야와 탄핵을 주장했던 촛불이 왜 갑자기 발생했나? 두루 알
듯이 사건사적으로 볼 때 촛불 항쟁은 2016년 10월 말 한 언론사의 보도에 의
해서 그동안 간헐적으로 제기되었던 비선실세의 존재가 확인되었고 박근혜·최
순실 게이트가 드러나면서 시작되었다.

　촛불의 발생 원인을 둘러싼 시각에는 크게 보아 세 가지 시각이 존재한
다. 먼저, 공적으로 위임된 권력을 사유화한 대통령과 이를 방치한 집권여당에
대한 분노가 폭발했다는 시각이 존재한다(김동춘 2017). 전례를 찾아볼 수 없는
국정농단의 실체가 드러났음에도 불구하고 이를 해결하지 못한 제도 정치권의
무능력으로 인해서 시민들이 직접 행동에 나설 수밖에 없었다는 시각이다(김
상준 2017). 두 번째 시각은 주로 정치권과 일부 학계를 중심으로 박근혜·최순
실 게이트의 원인을 승자독식의 제왕적 대통령제에서 찾는다(한국일보 2017/01/02;
강원택, 한겨레 2017/03/16; 조선일보 2017/04/01). 대통령에게 과도한 권한이 집중되
어 있기 때문에 비선실세의 전횡을 제어할 통제기제가 작동하지 않았다는 것이
다. 민주화 이후 역대 대통령의 임기 말에 나타났던 반복적인 권력형 비리와 스
캔들이 이를 상징한다. 세 번째는, 촛불의 발발을 박근혜·최순실 게이트로 드러
난 국정농단 사건에 대한 시민들의 저항이라는 사건사적으로만 해석할 수 없다
는 시각이다. 이 시각에 따르면 2016-17 촛불 항쟁은 IMF 경제 위기 이후 제도
화된 신자유주의 체제하에서 누적된 모순과 이에 대한 불만이 박근혜·최순실 게
이트를 통해서 폭발한 것이다(손호철 2017; 최장집, 동아일보 2017/2/13).

　이러한 세 가지 시각은 박근혜·최순실 게이트의 서로 다른 다양한 측면
에 주목하고 있기 때문에 반드시 서로 배제적인 시각이라고 볼 수 없다. 여기
서 2016-17년 촛불 항쟁의 발발 원인을 분석하는 것과 박근혜·최순실 게이
트의 발생 원인을 분석하는 것은 서로 다른 차원의 논의다. 전자는 후자에 대
한 시민들의 저항을 의미한다. 여기서 살펴보고자 하는 것은 전자이다. 두 번
째 시각은 게이트의 발발 원인에 초점을 맞추고 있다.

　앞서 간단히 살펴본 바와 같이 박근혜·최순실 게이트에 대한 정치권의
대응은 2선 후퇴와 책임총리, 거국내각, 자진사퇴, 즉각퇴진 등 매우 다양한
모습으로 나타났다. 이에 반해서 광장의 목소리는 비교적 일관되게 나타났다.

2/2016110201177.html.

게이트가 드러나자 온라인을 중심으로 박근혜 퇴진과 탄핵 논의가 봇물처럼 터져 나왔으며 시민들의 촛불 집회에서는 다양한 목소리가 공존했지만 박근혜 대통령 퇴진·탄핵의 요구에는 흔들림이 없었다.

박근혜·최순실 게이트에 대한 시민들의 강력한 저항을 이해하기 위해서는 시민들의 저항이 다층적인 성격을 가졌다는 사실에 주목해야 한다. 이를 좀 더 잘 분석하기 위해서 역사를 사건·국면·구조의 다층적인 시간의 메타포를 이용하여 분석한 브로델의 분석을 빌려 오는 것이 유용하다. 잘 알려져 있듯이 제2세대 아날학파의 대표적 학자인 브로델(Braudel 1949)은 파도에 해당하는 사건사만을 분석하는 이전의 역사 방법론과는 달리 역사적 시간의 세 가지 차원을 구분하였다.[12] 박근혜·최순실 게이트에 대한 시민들의 저항을 거시적인 시각에서 해석할 때 중기지속에 해당하는 콩종크튀르(conjuncture)와 단기지속에 해당하는 사건사(événements)가 중층적으로 결합하여 발생한 것으로 해석하는 것이 더 설득력이 있다.[13] 이때 사건사는 박근혜·최순실 게이트로 인해서 드러난 공적으로 위임된 권력의 사유화에 대한 시민들의 분노와 저항을 나타낸다. 반면에 콩종크튀르 수준에서는 시민들의 저항은 한국 민주주의 제도화 과정에서 오히려 심화된 경제적 불평등과 사회적 양극화, 나아가 한국 민주주의의 공정성에 대한 시민들의 누적적 불만의 폭발을 상징한다. 박근혜·최순실 게이트 발생 전에 한국 사회에서 유행했던 n포 세대와 헬조선 그리고 수저담론이 이를 상징적으로 잘 나타냈다.

두 차원을 촉발 요인과 확산 요인으로 구분해 본다면 사건사적인 차원은 촉발 요인으로 국면적인 요인을 확산 요인으로 볼 수 있다. 이 사건이 한국 사회의 공정성에 대한 시민들의 누적적인 불만을 폭발시키지 않았다면 시민들의 분노가 1,700여만 개의 촛불로 빠른 시간에 확산될 수 없었을 것이다. 이 사건의 본질은 대통령이 공적으로 위임된 권력을 자신의 비선실세의 이익

---

12) 브로델의 시간대는 초장기지속, 장기지속, 중기지속, 단기지속 네 가지로 구분할 수 있다. 하지만 역사적인 분석에서 의미를 갖는 시간대는 장기, 중기, 단기지속의 세 가지 시간이다. 장기지속은 구조의 시간으로서 지리적 성격을 갖는 장기지속과는 달리 중기지속(conjunctures)은 파도를 일으키는 바람에 해당한다. 장기지속의 시간대 속에서 일정하게 순환을 하는 시간대라고 할 수 있다. 단기지속은 사건사에 해당한다.

13) 이 시각을 활용하여 촛불혁명을 분석한 손호철(2017, 신동아 2017/4)은 브로델의 시간을 표층, 중층, 심층의 3중 구조로 변용하여 표층은 61년 체제(산업화), 중층은 87년 체제(민주화), 심층은 97년 체제(신자유주의 체제)와 맞닿아 있다고 주장했다.

을 위해서 사적으로 남용한 사건이었다. 이 과정에서 한국의 재벌 체제를 대
표하는 기업으로서 지배 권력의 상징인 삼성그룹의 핵심 기업인 삼성전자 이
재용 부회장의 경영권 승계 문제를 매개로 대통령·비선실세·삼성전자(이재
용 부회장) 간의 삼각 커넥션이 작용하였다. 대통령·비선실세·삼성전자의
삼각 커넥션은 그동안 한국 사회를 지배해 온 한국의 정경유착 부패 고리를
극명하게 잘 드러냈다.

시민들의 초기 분노가 대규모 촛불로 번질 때 중심 역할을 한 인물이 비
선실세 최순실의 딸 정유라였다. 한 언론이 표현한 대로 정유라의 이화여대
입학 비리 사건은 촛불 항쟁의 부비트랩 역할을 했다(한겨레 21 제1144호,
2017/01/05). 정유라 입학 비리 사건은 한국 사회에서 휘발성이 가장 큰 교육
공정성의 문제를 제기했다. 더구나 이 과정에서 공개된 정유라의 "능력 없으
면 너희 부모를 원망해. 돈도 실력이야"라는 페이스북 게시글은 시민들의 공
분을 폭발시켰다.

그렇다면 여론조사를 통해서 확인해 볼 때 촛불 항쟁의 원인이 무엇이었
나? 박근혜·최순실 게이트의 중층적 성격을 정확히 분석할 수 있는 본격적인
여론조사는 현재 존재하지 않지만 현재 접근 가능한 조사를 활용하여 살펴보
자. 먼저, 사건사 차원에서 볼 때 촛불의 일차적인 원인은 권력의 사유화를 통
해서 국정을 농단한 대통령에 대한 분노였다. 촛불 집회의 발생 원인에 대한
조사 결과를 살펴보면 참석자의 대다수(77.2%)가 박근혜 대통령이라고 답변하
여 최순실 일가(13.9%)나 문고리 3인방 등 청와대 비서진(3.7%)을 선택한 비율
을 압도했다(이현출·장우영 2017). 실제로 참가자를 대상으로 한 또 다른 조사
에 따르면 박근혜·최순실 게이트에 대한 시민들의 분노는 임계점을 넘었다.
응답자의 대부분이 박근혜·최순실 게이트에 대한 분노의 강도가 매우 강하다
고 답했다(82.2%). 다소 강함(13.1%)을 선택한 응답자를 합하면 거의 모든 응답
자가 강한 분노를 표시했다. 또 다른 조사(서강대 현대정치연구소 2016a)에서도
비슷한 결과가 나타났다. 분노에 대한 11점 척도 조사(0: 작다-10: 크다)에서
촛불 집회 참가자들은 평균 9.32(표준편차 1.32)의 분노를 표출하였다. 이 수준
은 같은 조사에서 세월호 사건을 대상으로 한 분노보다 높았다(평균 8.99).

하지만 국정농단의 주역으로 전락한 대통령에 대한 분노만이 촛불 집회
의 원인은 아니었다. 촛불 항쟁이 한창 진행 중이던 2016년 연말에 실시된 또

다른 조사(서강대 현대정치연구소 2016b)에 따르면 촛불 참여자들이 인식하고 있는 국정농단 사태의 가장 큰 원인은 대통령의 비정상적인 통지(45.21%)였다. 하지만 3분의 1에 달하는 응답자가 재벌관료검찰의 비리 유착 관계(32.07%)가 그 원인이라고 답했다. 브로델의 분석에서 나타난 중기지속 콩종크튀르(conjucture)가 한국 민주주의에서 심화된 경제적 불평등과 사회적 양극화 나아가 공정성에 대한 누적된 불만을 나타낸다면 이러한 사회경제적 인식은 촛불 집회의 참여에 영향을 미쳤는가? 서강대 현대정치연구소(2016b)의 또 다른 여론조사에 따르면 사회경제적 인식에 따라서 촛불 집회 참여에 차이가 존재했다. 빈부 격차가 심각하다고 대답한 응답자는 그렇지 않다고 대답한 응답자보다 촛불 집회 참여율이 13.5%p 높았다. 부의 공정한 분배에 대해서 부정적인 대답을 한 응답자는 9.5%p 더 많이 참여했다. 노력에 비해서 받는 대우가 낮다고 생각하는 응답자가 그렇지 않은 응답자보다 촛불 집회에 6.9%p 더 많이 참여했다. 또한 한국 사회의 계층 이동성에 대해서 부정적인 인식을 가지고 있는 응답자일수록 그렇지 않은 사람보다 촛불 집회에 8.6%p만큼 더 참여했다.

촛불 항쟁의 주체는 누구인가: 다중인가 시민인가?

촛불 항쟁을 주도한 시민들은 어떠한 특징을 가진 사람들이었나? 하나의 시각에 따르면 촛불의 참여자들은 하나의 주체로 환원할 수 없는 다중(multitude)이었다(김성일 2017; 임혁백 2018; 천정환 2017). 이 시각에 따르면 민주화 이후 미선·효순 촛불, 월드컵 붉은 악마, 노사모, 노무현 탄핵 반대 촛불 등의 계기를 통해서 발전해 온 한국의 다중은 2008년 미국산 쇠고기 반대 촛불에서 본격적으로 등장했다. 이들은 다양한 사회·경제·정치적 배경을 가진 이질적인 집단으로서 네트워크로 느슨하게 연결되어 있는 집단이다. 개별성을 유지하면서도 특정한 정치적 사안에 동의하여 결합하는 편의적 집단성을 특징으로 한다.

다중이론을 본격적으로 제기한 조정환(2009, 133)은 촛불은 어떠한 선동적인 계기 없이 스스로 동원된 자발적이고 자율적인 대중들로 구성되었다고 주장하면서 "이들은 피켓에 고유한 자신의 목소리를 담고자 하며 자신의 행동 하나하나에 자신의 개성과 특이성을 담고자 한다는 점에서 특이한 사람들의 공동체인 다중이다"라고 주장한다. 이러한 시각에서 2016－17 촛불 항쟁의 주체에 대해서도 김성일(2017)[14]은 "쇠고기 촛불이 발전한 다중의 확장판이다"라고 주장했다. 이러한 시각에 따르면 2016년 촛불 항쟁의 주체는 "장삼이사와 잡색 민중"이지만 이들은 대중이나 민중이 아닌 "포스트모던 시대의 다중이다"(천정환 2017, 445).

반면에 다른 시각(박성진 2017; 박찬표 2017; 홍윤기 2017)에 따르면 2016－17 촛불 항쟁의 주체는 시민이다. 대표적으로 박찬표(2017, 180－181)의 분석에 따르면 2016－17년 촛불 항쟁은 공적으로 위임된 국가권력을 사유화함으로써 "신의(信義) 계약을 위반한 국가권력에 시민들이 저항권을 행사한 것이다." 송호근(2017)도 이와 비슷한 맥락에서 2016－17 촛불과 함께 시민의 시간이 도래했으며 (진정한) 시민정치, 시민 민주주의가 시작된 것이라고 평가한다. 2008년 광우병 촛불을 둘러싸고 이미 다중(multitude)을 둘러싼 논쟁이 진행된 바 있다(박영균 2008; 조정환 2009). 2016－17년 탄핵 촛불을 둘러싼 논쟁은 이전의 논쟁이 진화된 것이다.

네그리와 하트는 자본주의 체제의 변화와 함께 비물질적인 노동(immaterial labor)이 헤게모니적인 지위를 가지게 되었다고 주장한다. 군주정, 귀족정, 민주정의 세 가지 통치 형태를 포괄하는 혼합정체(mixed constitution)로서 제국의 시대에 저항의 근거를 확보하기 위해서는 국민국가 단위로 구성된 주권의 담지자로서 인민을 뛰어넘어야 한다. 제국의 시대에 인민은 다중으로 다시 재구성되어야 한다. 따라서 다중은 인민과도 노동 계급(프롤레타리아)과도 구분되는 범주이다. 다중은 새로운 형태의 사회적 생산을 하는 다양한 주체를 포괄하는 열린 개념이다. 인민은 다양하고 이질적인 차이를 하나의 정체성으로 묶어 내는 반면에 다중은 통일되지 않은 특이성들의 집합(set of singularities)으로 구성되어 있다. 다중은 다양성과 내적인 차이를 넘어 공통으로 행동할 수 있다. 네그리와 하트에 따르면 다중은 하나가 명령하고 나머지는 복종하는 정치체(political body)가 아니라 스스로 지배하는 살아 있는 살(a living flesh)이다(Negri & Hardt 2004, 99－100).

---

14) 쇠고기 촛불에서 다중은 민중이나 계급과 같은 "전통적인 저항 주체로부터 벗어난 새로움에 대한 열광의 산물이었다면 촛불은 그런 다중이 신자유주의 광풍 속에서 산전수전 겪으며 능멸과 혐오의 시대를 견디다 광장에 다시 모인 정동적 주체"이다(2017, 159).

그렇다면 촛불의 참여자들은 다중인가 아니면 시민인가? 2016−17 촛불 항쟁과 관련하여 참여자가 다중인지 시민인지는 촛불의 성격을 규정하는 데 중요한 논쟁 지점이다. 다중적 시각은 촛불 항쟁 참여자들의 자발성과 시위 형태의 창의성에 주목하고 촛불을 통한 다중의 출현 가능성을 강조했다. 하지만 2008년 광우병 촛불을 통해서 구성된 또는 구성될 것으로 예상되었던 다중은 왜 갑자기 2016−17년 탄핵 촛불에서 다시 나타났는가? 촛불 항쟁에 대한 다중적 시각의 해석은 누가 왜 함께 저항했는가에 대한 기본적인 질문에 정확히 답하지 않는다. 여론조사를 중심으로 다중적 시각의 경험적 근거를 분석해 보자.

먼저, 촛불 참석자를 대상으로 한 여론조사 자료에 따르면(이현출·장우영 2017; 서강대 현대정치연구소 2016a) 촛불 시위 참석자의 사회경제적 배경의 연령, 학력, 소득 수준, 직업과 고용 상태에 있어서 다양성이 확인되었다. 실제로 촛불 집회에는 다양한 배경을 가진 개인과 집단이 참여했다. 하지만 이를 좀 더 자세히 살펴보면 일정한 특징을 발견할 수 있다. 상대적으로 젊은 연령대, 고학력 사무직의 참여 비율이 더 높았다. 연령을 살펴보면 50대 이하의 참가율이 조사에 따라서 66.5%(이현출·장우영 2017)−82.38%(서강대 현대정치연구소 2016)로 나타나 압도적으로 높았다. 대학재학 이상이 65.5%(이현출·장우영 2017)−74.31%(서강대 현대정치연구소 2016)로 나타나 높은 학력 효과가 확인되었다. 학력과 연령의 효과를 함께 고려할 때 학력 효과의 상당 부분은 연령 효과 때문인 것으로 추론할 수 있다.[15]

참여자의 가구 소득을 중심으로 경제적 배경을 살펴보면 상대적으로 안정적인 여건에 있는 시민들의 촛불 참여가 두드러졌다. 서강대 현대정치연구소(2016a) 자료에 따르면 월평균 가구 소득 400만 원 이상 집단이 전체 참여자의 절반이 넘는 57.17%로 나타났다. 이와 비슷하게 이현출·장우영(2017)의 분석에 따르면 월평균 가구 소득으로 볼 때 중간 집단으로 볼 수 있는 401−600만 원 계층(32.4%)과 601−800만 원(12.6%)집단의 참여가 전체 참여자의 과반수에 근접했다.

---

15) 실제로 서강대학교 현대정치연구소 조사(2016a)에 따르면 대학졸업자 이상의 촛불 시위 참가자 중에서 40대 이하가 응답자의 5분의 4가 넘는 83.44%에 달했다.

참여자의 직업적 배경을 살펴보면 서강대 현대정치연구소 자료(2016a)에 따르면 가장 큰 집단은 사무·관리·전문직으로서 전체 참여자의 35.49%였으며 학생이 33.33%로 그 뒤를 이었다. 다른 직업 분류를 사용한 이현출·장우영(2017)연구에서는 정규직·자영업이 39.8%로서 가장 큰 집단으로 확인되었으며 학생·주부(36.8%)가 그다음으로 큰 집단이었다.

촛불 항쟁 참여자들이 다중인지 시민인지를 보다 정확히 살펴보기 위해서는 촛불 항쟁 참여를 통해서 참여자들이 추구하고자 하는 것이 무엇이었는지를 살펴보는 것이 필요하다.

촛불 항쟁의 최종 목표는 무엇이었나: 대의 민주주의(대의제)의 돌파인가 대의제를 통한 해결인가?

작은 촛불이 모여서 거대한 민심의 파도를 만들었던 광장은 다양한 요구들이 자유롭게 분출하였던 해방구였다. 수많은 요구를 단지 대의제를 중심으로 한 사태의 해결 방안을 둘러싼 논쟁으로 축소하는 것은 어쩌면 가능하지 않을지 모른다. 하지만 촛불은 박근혜·최순실 게이트로 시작되었고 법적이고 정치적인 책임을 묻기 위해서 지속되었다. 그렇다면 항쟁의 목표를 대의제를 둘러싼 논쟁으로 단순화하는 것도 의미가 있다.

하나의 해석에 따르면 2016-17 촛불은 이미 한계를 드러내고 오작동을 하고 있던 기존의 민주주의 시스템을 적극적으로 돌파하려는 힘을 보여 주었다는 데 그 의미가 있다(김상준 2017). 반대로 또 다른 시각에 따르면 2016-17 촛불 항쟁의 전 과정에서 사태의 해결은 제도주의적 경로를 통해서 이루어져야 한다는 '헌정주의적 정상'이 강력히 작동하였고 이러한 흐름을 통해서 광장의 에너지가 정권 교체로 치환되는 효과를 낳았다(서영표 2017, 72).

여론조사 자료를 통해서 확인할 수 있는 촛불 시민들의 목표는 무엇이었나? 참여자를 대상으로 한 한 여론조사에 따르면 촛불 집회 참여의 목표는 압도적으로 촛불 집회의 원인으로 지목된 박근혜 대통령의 퇴진이었다. 구체적으로 대통령의 즉각적인 하야를 주장한 응답자가 75.7%로 나타났고 탄핵해야 한다는 응답자(16.6%)가 뒤를 이었다(이현출·장우영 2017). 참여 목표는 참여의 이유와 밀접히 연결되어 있었다. 촛불 집회 참석은 뚜렷한 목표를 가진 정치적 항의였다. 촛불 집회에 참여한 가장 큰 이유에 대한 질문에 대한 또 다른 여론조사(서강대 2016a)에 따르면 응답자의 과반수가 훨씬 넘는 58.89%가 대통령의 퇴진이나 탄핵을 관철시키기 위해서 참여하였다고 대답했다. 이 수치는 단지 박근혜 대통령에 대한 분노를 표현하기 위해서 참여했다는 응답자(30.95%)를 훨씬 웃돌았다. 이에 따라서 정치 상황에 큰 변화가 없다면 거의 모든 참석자가 박근혜·최순실 게이트 관련 촛불 집회에 다시 참여할 의향이 있다고 답했다(반드시 참석하겠다: 55.88%, 여건이 허락하는 한 참석하겠다: 43.05%).

촛불 항쟁의 목표가 대의제 한계를 돌파하기 위한 것이었는지를 확인할 수 있는 조사는 존재하지 않는다. 하지만 촛불 항쟁 와중에서 제기되었던 시민의회 논란을 통해서 대의제에 대한 촛불 시민들의 선호를 간접적으로 확인할 수 있다. 촛불 항쟁이 정점으로 치닫고 있던 2016년 12월 6일 사회 활동가와 학자, 직장인, 주부, 농민을 포함한 공동 제안자 1141명은 '온라인시민의회 사이트'를 개설하고 시민의회를 공식 제안했다(조선일보 2015/12/12). 이들의 제안은 촛불의 운명을 좌고우면하는 제도 정치권에만 맡길 수 없기 때문에 촛불 시민의 뜻이 보다 더 반영되는 온라인 시민의회[16]를 만들고 온라인 투표를 통해서 시민대표단을 선출한 후 이들을 통해서 정치권에 압력을 행사하자는 취지였다. 온라인 시민의회는 사실상 또 다른 대의제를 의미했다. 온라인 시민의회가 제안되자 "누가 어떤 자격으로 시민을 대표하느냐"라는 비판이 제기되었다. 구체적으로 살펴보면 시민의회를 위한 온라인 토론방에서 시민들은 "완장질 하지 마라", "촛불이 이룩한 성과에 밥숟가락 얹지 마라"라며 강력히 반발했다. 또한 "민의를 전달하는 방법은 이번 사건을 통해 충분히 배웠다. 굳이 한 다리 건너 민의를 전달한다는 시민의회라는 기구가 왜 필요한가"라고 비판하였고 "이번 촛불 집회는 시민들의 자발적인 참여로 이어졌는데 어떤 자격으로 시민대표를 자처하느냐"라고 반문하였다(한겨레 2017/12/11).

시민의회 논란을 통해서 확인할 수 있는 사실은 촛불 시민들의 목표가 제도 정치권의 대체가 아니라 제도적 경로를 통한 사태의 해결이었다는 사실이다.

---

16) 김종철은 숙의 민주주의에 기반을 둔 구체적인 제안을 하였다. "시민의회는 전국의 평범한 시민들 중 (제비뽑기에 의해) 무작위로 뽑힌 대표자들이 자유로운 토론과 숙의가 가능한 규모의 회의체를 구성하여 거기서 전문가들의 조력을 받아서 국가나 지방의 주요 현안을 의논 결정하여 국회와 정부로 하여금 이 결정을 수용하게 만드는 전형적인 '숙의 민주주의'적 제도이다(김종철 2017, 11).

비폭력 저항의 역할: 촛불의 성공 요인인가 한계인가?

2016-17년 촛불 항쟁은 민주화 이후 나타났던 세 번의 이전 촛불과 비교해 볼 때 두 가지 두드러진 차이점이 나타난다. 먼저, 2016-17 촛불은 23차례 지속되면서 연인원 1,700여만 명이 참여하였다. 2016-17 촛불 항쟁은 집회 규모와 참여 인원에 있어서 압도적이었다. 또한, 파도가 된 광장의 촛불의 힘은 불가능해 보이던 현직 대통령 탄핵을 이끌어 냈다. 이후 제19대 대통령 선거를 통해서 촛불 민심은 정권 교체를 달성하였다.

어떠한 힘이 이러한 불가능을 가능하게 만들었는가? 촛불 집회의 성공 요인으로서 촛불이 비폭력 평화 집회였다는 사실이 많이 거론되었다. 다수의 언론(한겨레 2017/12/28; 프레시안 2016/12/02)들이 정치학자 에리카 체노베스(Erica Chenoweth)와 마리아 스테판(Maria Stephan)의 연구(2008)[17]를 국민의 3.5%가 지속적으로 참여하는 비폭력 시민저항운동은 항상 성공한다는 3.5% 법칙으로 소개하였다. 이러한 시각의 언론들은 촛불 집회를 "사상 첫 대통령 탄핵 이끈 광장 촛불…평화집회 선례"(연합뉴스 2017/03/10)로서 찬사를 보내고 "1987년부터 꺼지지 않고…'평화의 상징'된 촛불"(조선닷컴 2016/12/06)이라고 그 의미를 평가했다. 또한 백낙청(2017)은 평화 시위는 "현실적인 성공을 위해서 '집단지성'이 선택한 탁월한 전략이었다"라고 평가하였다.

이와는 반대로 또 다른 시각은 비폭력 평화 시위 담론은 여전히 내면에서 규율되고 있는 법치주의 한계를 나타냈다고 비판적으로 평가한다. 비폭력 평화 시위에 긴박된 2016-17년 촛불은 과거의 다양한 형태의 시위와 저항을 탈정당화하고 불균등한 권력구조에서 지속적으로 생산되는 (불가피한) 폭력에 대한 인식을 제한하는 효과를 가졌다(노형일·양은경 2017).

2016-17 촛불 항쟁은 박근혜 대통령의 탄핵을 가져왔다는 점에서 탄핵 촛불이라고 부를 수 있을지 모른다. 하지만 촛불은 2015-16년에 5차에 걸쳐 진행되었던 민중 총궐기(2015년의 1차·2차·3차, 2016년의 4차·5차)에 기반을 두었다. 민중 총궐기가 진행되는 동안 집회 방식과 공권력의 물리적 진압을 두

---

17) 그들은 1900년 이후의 폭력 및 비폭력 투쟁 사례를 데이터베이스화하고 통계적으로 비교 분석했다. 그들의 분석 결과에 따르면 1900년부터 2006년까지 세계적으로 비폭력 투쟁의 성공 가능성은 폭력적 투쟁의 두 배에 달했다.

고 폭력 시위·폭력 진압 논란이 지속되었다. 제1차 민중 총궐기에서 백남기 농민이 경찰이 직사한 살수차에 쓰러지는 사고가 발생했다. 집회를 주도했던 민주노총의 한상균 위원장은 검거를 피해서 조계사로 피신하였다. 이후 2015년 12월 5일 제2차 민중 총궐기를 앞두고 치열한 평화 시위 논란이 벌어졌고 당시 제1당인 새정치민주연합 야당이 개입하여 평화 시위를 유도하였다. 2016-17 촛불 항쟁의 비폭력 전략은 2015년 민중 총궐기에서 발생했던 공권력과의 충돌에 대한 비난을 의식한 수세적이고 방어적인 전략이었다. 촛불 참여 시민이 급격하게 늘게 되고 비폭력 전략이 대중의 호응을 얻어 도덕적 정당성을 확보하게 되자 비폭력 전략이 촛불 집회의 본질로 변질되었다. 지방의 촛불 집회(2016년 11월 19일 창원)에서 한 여학생이 했던 발언은 우리 안의 폴리스라인을 날카롭게 짚어 내고 있다.

> "100만 촛불 이후 언론에서는 모범적이고 성숙하며 시민의식이 돋보인 시위였다는 찬사를 쏟아 냈습니다. 그렇다면 이전까지의 3.1 운동, 4.19 혁명, 5.18 민주화운동은 불량하고 미성숙하며 저열한 시민의식이 빛을 발한 시위였습니까? 지금의 그 기준으로 보면 그 운동들 역시 폭력 집회였습니다. 아닙니까? 3.1 운동 때 매국노 이완용은 '폭력 시위는 법과 원칙을 어긴 것이니 엄중 조치해야 한다'라며 '(시위를) 할 거면 합법적이고 평화적으로 하라'라고 하였습니다. 그들은 자신이 통제 가능한 시위를 원했던 것입니다. 이를 반증하듯 민중 총궐기 이후 박근혜 대통령은 더 뻔뻔한 자세로 하야를 하지 않겠다는 의사를 밝혔습니다. 이게 팩트입니다. 결국 이게 사실입니다. 저는 '무조건 폭력 시위를 해야 한다'라고 주장하는 게 절대 아닙니다. 다만 필요할 경우에는 폭력을 사용함으로써 헌법에 보장돼 있는 저항권을 백번 활용해 국가권력에 불복종을 이끌어 내야 함을 말하는 것입니다. 그렇기에 우리는 결벽증적으로 비폭력 프레임에 갇힐 필요가 절대 없습니다. 일부 언론과 경찰, 박근혜가 원하는 '여기까지만 놀아라'를 극복해야 저희는 승리를 할 수 있습니다"(허핑턴포스트코리아 2016/11/21).

비폭력 저항운동 전략에 대한 논쟁은 2016-17 촛불 항쟁에서만 두드러진 것이 아니었다. 미국의 또로(Thoreau)의 사상에서 기원했다고 알려진 비폭력 저항이론은 간디와 마틴 루터 킹 목사에 의해서 시민불복종(civil disobedience)의 전략으로 구체화되었다. 또한, 미국에서 시작되어 크게 확산되었던 월가를 점령하라(occupy wall street) 운동을 둘러싼 치열한 비폭력 논쟁이 있었으며 이 운동 또한 비폭력 시민불복종 운동의 사례로 분류된다(Harcourt 2012).

2016-17 촛불 항쟁의 주요 전략이었던 비폭력 평화 집회 전략에 대한 촛불 시민들의 인식은 어떠했나? 비폭력 전술이 많은 시민을 촛불 참여자로 견인했는가? 이 문제에 대한 실마리를 촛불 참여자들을 대상으로 한 여론조사(서강대학교 2016a)를 통해서 찾아볼 수 있다. 촛불 집회가 경찰과 충돌할 우려가 있더라도 참석했을지 여부를 물어본 문항에 대해서 촛불 참여자의 58.56%는 그래도 참여했을 거라고 답했다. 참여를 고민했을 거라고 대답한 응답자는 37.40%였다. 참여하지 않았을 것이라고 답한 응답자는 4.05%에 그쳤다. 앞서 살펴본 대로 박근혜·최순실 게이트에 대한 분노가 극에 달한 촛불 참여자들의 경우 참석 여부에 대한 의지를 다소 강하게 표현했을 가능성을 감안해야 한다. 경찰과 물리적인 충돌이 발생하고 집회가 폭력 집회 논란에 휩싸였을 경우 촛불 집회는 상당히 위축되었을 가능성이 크다.

촛불의 성격 규정: 항쟁인가 혁명인가?

위의 논의를 종합할 때 2016-17 촛불을 어떻게 규정할 수 있나? 2016-17 촛불은 집회인가? 시위인가? 운동인가? 항쟁인가? 아니면 혁명인가?

하나의 시각에 따르면 2016-17 촛불은 이전의 촛불 시위와는 구별되는 시민혁명으로 규정하기에 부족함이 없다(손호철 2017; 백낙청 2017). 손호철(2017)은 촛불 초기에 광화문 항쟁이라고 보았던 자신의 평가를 수정하여 '11월 시민혁명' 내지는 '11월 촛불 혁명'으로 규정한다. 그는 시민들이 박근혜 퇴진을 넘어서 헬조선 탈피와 같은 보다 근본적인 변화를 요구했다는 점에서 단순한 항쟁보다는 시민혁명이라고 부르는 것이 더 적합하다고 주장한다. 또한 백낙청은 2016-17 촛불은 미완의 혁명으로 끝날 가능성은 여전히 존재하지만 기존의 혁명 개념과는 다른 유형의 시민혁명이라고 규정했다(2017, 18-21). 1987년 민주화를 통해서 이룩한 헌정 질서로 인해서 박근혜·최순실 게이트에 대한 국민들의 분노가 폭발했을 권위주의 정권 시기 가능했던 무자비한 진압이 가능하지 않았다. 또한 스마트폰으로 대표되는 SNS의 대대적인 확산이 이러한 시민혁명을 가능하게 했다는 것이다. 한나 아렌트의 시민 불복종과 혁명에 개념을 통해서 2016−17 촛불 집회를 재해석한 김선욱(2018)은 촛불이 철저히 합법적인 노선을 걸었다는 점에서 시민 불복종에 잘 부합하지 않으며 개헌과 체제 변화를 즉각적으로 요구하지 않았다는 점에서 혁명의 개념의 개념으로 잘 설명되지 않는다고 인정한다. 하지만 아렌트의 개념이 근거했던 미국 사례와 21세기 한국 사례의 차이점을 고려해야 한다. 김선욱(2018)은 과정으로서 혁명관(the concept of the revolution as a process)을 주장하고 한국의 정치적 근대화는 장기간에 걸친 지속적인 혁명의 과정에서 촛불 집회를 통해서 질적인 비약을 경험했으며 촛불 혁명은 혁명 과정의 완결 지점이라고 주장한다.

이에 반하여 권영숙(2018)은 촛불 시위를 혁명으로 성급하게 규정하고 다양한 성격을 가진 참여자들을 촛불 시민으로 호명하려는 시도를 비판하고 사회 운동론의 시각에서 촛불 시위를 재해석하였다. 그녀는 박근혜 퇴진 운동과 촛불 시위를 구분하고 박근혜 퇴진 운동은 '이슈 캠페인'과 '항의 사이클' 두 가지 성격을 가진 동원의 한 형태로 규정하였다. 그녀에 따르면 2016년 촛불 시위는 민주주의 회복 운동이며 87년 헌정 질서의 회복 운동이었다. 따라서 87년 체제는 촛불 시위를 통해서 (오히려) 공고화되었다고 주장하였다. 결국 촛불 시위는 한국 민주화의 구조적 적폐를 정권의 적폐로 한정했다는 면에서 혁명이라기보다는 혁명을 예방하는 반혁명에 가까웠다.

촛불 항쟁을 조직화했던 박근혜 정권 퇴진 비상 행동(퇴진 행동)은 2016−17 촛불을 박근혜 퇴진을 위한 촛불 운동(최영준·최일봉 2017) 또는 촛불 항쟁(퇴진 행동 기록기념위원회 2018)으로 평가했다.

2016−17 촛불 항쟁에 참여했던 다수의 시민들은 제도적인 경로를 통해서 부패한 권력을 교체하는 것을 목적으로 했다는 것은 분명하다. 하지만 촛불의 민심은 권력의 교체 자체에 머무르지 않았다. 2016−17 촛불 항쟁을 어떻게 성격 규정하느냐는 다양한 단계와 차원을 가지고 있는 촛불 항쟁의 어느 차원과 단계에 주목하느냐에 따라서 달라질 수 있다. 촛불의 발발에 초점을 맞출 경우 부패한 권력에 저항한 항쟁의 성격이 크다. 하지만 4차−6차 촛불 집회를 통해서 최대 인파가 집결하였고 좌고우면하던 국회를 압박하여 탄핵을 이루어 내고 제19대 대통령 선거에서 정권 교체에 성공하면서 촛불은

정치혁명으로 발전했다고 평가할 수 있다. 김선욱(2018)이 지적한 바와 같이 촛불의 성격 규정은 한국 사회의 정치사회적 맥락을 통해서 이루어져야 한다.

한국 민주주의 역사에서 2016-17 촛불 항쟁이 가지는 의미는 아무리 강조해도 지나치지 않다. 2016-17 촛불은 최소한 다음 두 가지 측면에서 한국 민주주의 분기점이 될 것이다. 첫째, 국민주권의 정치적 실현이다. 한국인들은 1960년 4.19 학생 혁명을 통해서 민간독재를 붕괴시켰으며 1987년 유월 항쟁을 통해서 민주화를 이끌어 냈다. 하지만 4.19 혁명은 혁명의 주체와 정권의 주체 간의 불일치로 인해서, 6월 항쟁은 민주화 세력의 분열로 인해서 유산된 시도(abortive aventura)가 되었다. 하지만 2016-17 촛불은 현직 대통령 탄핵을 이끌어 냈으며 제19대 대통령 선거에서 정치권의 연합 없이 오롯이 시민들의 힘으로 정권 교체를 이루어 냈다. 촛불을 대표하는 구호였던 헌법 제1조 제1항 '대한민국은 민주공화국이다'와 제2항에서 명시한 주권재민('대한민국의 주권은 국민에게 있고, 모든 권력은 국민으로부터 나온다')의 원칙을 정치적으로 구현한 것이다. 촛불 이후 한국 민주주의의 키워드는 국민주권이 되었다.

둘째, 2016-17 촛불은 한국 민주주의에서 파수꾼 민주주의(monitory democracy) 시대를 열었다(Kean 2009; Kang 2019). 한국 민주주의는 선거 경쟁의 제도화라는 최소정의적 시각에서 볼 때 매우 성공적인 제도화를 이룬 사례이다. 하지만 최순실·박근혜 게이트와 이후 국정농단 수사 과정에서 드러난 것처럼 한국의 강권적 국가기구의 탈정치화와 수평적 책임적의 제도화는 크게 지체되었다. 자유롭고 경쟁적인 선거가 민주적 위임을 실현하는 데 실패하였을 때 시민과 시민 단체와 같은 감시 기구가 적극적으로 개입하는 선례를 만들었다. 2016-17 촛불 이후 어떠한 정권도 파수꾼들의 감시로부터 자유로울 수 없게 되었다.

이 두 가지 차원은 향후 한국 민주주의에서 중요한 정치적 긴박이 될 것이다. 오롯이 시민들의 힘에 의해서 정권이 교체된 후 한국 민주주의 과제는 민주주의 실질적 내용을 채우는 것이 될 것이다. 이제 진정한 '어떤 민주주의냐'의 시대가 열린 것이다. 이러한 면에서 2016-17 촛불은 한국 민주주의 새로운 단계를 열어젖힌 정치혁명이라고 부르는 데 부족함이 없다.

나가며

이 글은 민주화 30년을 맞는 시점에서 한국 민주주의 변곡점을 만들어 낸 2016-17 촛불 항쟁을 둘러싼 다양한 쟁점을 분석하는 것을 목적으로 하였다. 전례를 찾아보기 힘든 사건이었던 2016-17 촛불을 둘러싸고 여전히 다양한 층위에서 논쟁이 진행 중이다. 이 글에서는 촛불 항쟁의 성격을 이해하는 데 중요한 다섯 가지 쟁점의 경험적인 근거를 찾기 위해 시도하였다. 다섯 가지 쟁점은 촛불의 발생 원인, 촛불의 주체, 촛불의 최종적인 목표, 비폭력 전술의 역할, 촛불은 항쟁인가 혁명인가이다.

촛불 항쟁의 원인을 제대로 분석하기 위해서는 촛불의 발생 원인과 확산 원인을 구분하는 것이 유용하다고 제안하였다. 특히, 다층적인 성격을 가진 촛불을 정확이 이해하기 위해서는 브로델로 대표되는 아날학파의 사건사와 국면을 구분하는 것이 필요하다. 사건사적 차원에서는 공적으로 위임된 공권력의 사유화에 대한 시민들의 분노의 폭발이 있었다. 이는 발생 원인이라고 할 수 있다. 하지만 촛불 항쟁이 전국적인 규모로 급속히 확산된 현상을 이해하기 위해서는 기저에 있었던 한국 민주주의의 공정성에 대한 시민들의 누적된 불만을 이해할 필요가 있다.

항쟁의 주체에 대한 논의는 촛불을 들었던 시민들이 추구했던 궁극적 목적과 함께 분석해 볼 때 잘 드러난다. 다수의 선행 연구(이현출·장우영 2017; 이현우 외 2016)가 확인한 바와 같이 다수의 참여자는 비교적 안정적인 지위를 가진 집단이었다. 가구 소득 기준으로 중간 이상(400만 원 이상) 집단이 다수였다. 또한 사무·관리·전문직과 학생이 절반을 점했다(서강대학교 2016). 또한 접근 가능한 여론조사 자료를 통해서 확인할 수 있는 사실은 다수의 참여자가 원했던 것은 대의 민주주의의 돌파라기보다는 대의 민주주의를 통한 해결이었다. 이러한 면에서 볼 때 촛불의 주체를 새롭게 구성된 다중으로 보는 것은 아직 시기상조라고 할 수 있다.

비폭력 전술의 역할은 촛불의 이중성을 잘 드러낸다. 비폭력 전술은 촛불의 정치적 성공을 가져온 현실적인 전략이었다. 하지만 비폭력 전술에 대한 집착은 헌정주의적 정상화에 집착했던 촛불의 한계를 상징하기도 한다.

촛불은 혁명인가 항쟁인가? 글쓴이는 한국 민주주의의 발전의 궤적의 시각에서 볼 때 촛불은 한국 민주주의 새로운 단계를 열어젖힌 정치혁명으로 부를 수 있다고 주장했다. 헌법 제1조를 정치적으로 실현한 사건이었으며 한국 민주주의 결손 지점이었던 수평적 책임성의 미비를 보완하기 위한 파수꾼 민주주의(monitory democracy)를 출현시킨 사건이었다. 2016 – 17년 촛불 혁명과 함께 1987년 유월 항쟁을 통해서 시작되었던 민주화는 새로운 단계로 진입한 것이다.

참고문헌

강우진. 2017. "87년 체제와 촛불시민혁명: 한국 민주주의의 전환."『정치비평』6월호: 47-86.

권영숙. 2018. "촛불의 운동정치와 87년 체제의 '이중 전환.'"『경제와 사회』통권 117호: 62-103.

김동춘. 2017. "촛불시위, 대통령 탄핵과 한국 정치의 새 국면."『황해문화』통권 제 94호: 202-220.

김상준. 2017. "2016-2017년 촛불혁명의 역사적 위상과 목표-'독재의 순환고리 끊기'와 '한반도 양국체제 정립.'"『사회와 이론』통권 제31집 제2호: 63-90.

김선욱. 2018. "한나 아렌트의 혁명 개념과 2016-2017년 촛불 집회."『사회와 철학』 제36호: 259-284.

김성일. 2017. "광장정치의 동학-6월항쟁에서 박근혜 탄핵 촛불 집회까지."『문화 과학』통권 제89호: 146-168.

김종철. 2017. "촛불시위와 '시민권력.'"『녹색평론』제152호.

노형일·양은경. 2017. "비폭력 저항 주체의 형성."『한국방송학회보』 제31권 3호: 5-41.

박성진. 2017. "촛불의 시민성: 시민사회를 넘어서는 시민."『시민과세계』통권 제 30호: 1-25.

박영균. 2008. "촛불의 정치경제학적 배경과 정치학적 미래."『진보평론』제37호: 41-61.

박찬표. 2017.『양손잡이 민주주의-한 손에는 촛불, 다른 손에는 정치를 들다』. 후 마니타스.

백낙청. 2017. "'촛불'의 새세상 만들기와 남북관계."『창작과비평』제45권 제1호: 17-34.

서영표. 2017. "변화를 향한 열망, 하지만 여전히 규율되고 있는 의식."『마르크스주의 연구』 제14권 1호: 65－90.

손호철. 2017. 『촛불혁명과 2017년 체제』. 서울: 서강대학교 출판부.

송호근. 2017. 『촛불의 시간 － 군주·국가의 시간에서 시민의 시간으로』. 북극성.

이현출·장우영. 2017. "촛불 집회와 좋은 거버넌스 : 대의정치 개혁 과제를 중심으로."
『의정논총』 제12권 2호: 89－116.

조정환. 2009. 『미네르바의 촛불』. 갈무리.

천정환. 2017. "누가 촛불을 들고 어떻게 싸웠나－2016/17년 촛불 항쟁의 문화정치와
비폭력·평화의 문제."『역사비평』 통권 제118호: 436－465.

노동자 연대. 2016/11/19.

동아일보. 2017/02.13. (최장집)

로이슈. 2016/12/03.

서울신문. 2016/12/03

한겨레신문. 2016/11/13, 2016/12/13, 2017/03/16, 2017/12/11, 2017/12/28.

한겨레 21. 제1144호, 2017/01/05.

한국경제. 2016/11/24.

한국일보. 2017/01/02.

허핑턴코리아. 2016/11/21.

조선일보. 2016/11/27, 2016/12/12, 2017/04/01.

Kang WooJin. 2019, "An Analysis of the Determinants of Unaffiliated Citizens'
Protests: The Korean Candlelight Protests of 2016-17." *Korea Journal Spring*
(forthcoming).

Negri Antonio and Michael Hardt. 2004. *Multitude: War and Democracy in the
Age of Empire*, Penguin Books.

제6장

부패 스캔들과 한국 유권자의 선택

강우창(호주국립대학교)
정한울(한국리서치)

서론

19대 대통령 선거는 대한민국 헌정사 최초의 대통령 탄핵 직후 치러졌다. 두 여야 후보 간의 경쟁으로 압축되었던 18대 선거와 달리, 19대 선거에서는 다섯 명의 후보가 5% 이상의 득표를 기록했으며, 그중에서 더불어민주당의 문재인 후보가 유효 투표 중 41.1%를 획득하여 대통령으로 당선되었다. 자유한국당의 홍준표 후보가 24.4%, 국민의당 안철수 후보가 21.4%, 바른정당의 유승민 후보가 6.8% 그리고 정의당의 심상정 후보가 6.2%의 득표율을 기록했다.

1987년 민주화 이후 한국에서는 보수 우위의 정당 체계가 지속되어 왔다. 북한과의 대치 상황으로 인한 안보 위협, 급격한 산업화, 지역주의에 기반을 둔 정당 경쟁 등이 보수정당에게 이른바 "기울어진 운동장"을 제공했다. 그 결과 보수정당 후보들은 1992년부터 2012년 사이에 치러진 다섯 차례의 대통령 선거에서 매번 전체 유권자의 30% 이상으로부터 지지를 받았다. 그러나 19대 선거에서는 전체 유권자 중 약 19%만이 홍준표 후보를 지지해서, 39%가 박근혜 후보를 지지했던 18대 대선과 비교할 때 약 20% 이상이 지지를 철회한 것으로 나타났다. 최순실 스캔들이 터진 이후 박근혜 대통령의 지지율이 줄곧 한 자리 수에 머물러 있던 것을 감안하면, 보수정당 후보의 기록적인 패배는 어느 정도 예견된 것으로 볼 수 있다. 이러한 급격한 변화가 과연 한국에서 정당—유권자의 연계가 재정렬되기 시작했음을 의미하는 것일까? 아니면 대한민국 정치사상 최초로 일어난 대통령 탄핵으로 인한 일시적인 현상에 불과한 것일까?

이러한 질문에 답하기 위해 이 논문은 19대 대통령 선거에서 나타난 변화의 성격을 분석하고자 한다. 유권자들은 정치적 상황에 대한 책임을 묻고자 하거나 또는 정책의 급격한 변화를 원할 때, 기존과는 다른 방식으로 선거에 참여한다. Darmofal and Nardulli(2010)은 이를 개종(conversion), 동원(mobilization), 탈동원(demobilization) 등 세 가지 범주로 나누었다. 이들의 분석틀을 활용하여, 19대 대선 결과를 살펴본 후 이러한 변화를 야기한 원인이 무엇인가를 분석하고자 한다. Lipset and Rokkan(1967) 이후, 학자들은 정당 체계의 형성, 재정렬(realignment) 그리고 탈정렬(dealignment)을 설명하는 데 있어 사회 균열(social cleavage)의 역할을 강조해 왔다. 특히 Dalton et al. (1984)은 재정렬을 전통적인 균열의 영향력이 감소하고, 새로운 균열이 등장하는 것으로 정의했다. 이러한 맥락에서 19대 선거에서 나타난 결과가 한국 사회의 전통적인 균열의 약화로 인한 것인지를 살펴보고자 한다.

경험적 분석을 위해 집합 자료인 선거 결과와 개인 수준 자료인 여론조사 결과를 분석한다. 각각의 접근법이 가진 강점과 한계가 분명한 만큼, 두 가지 자료를 동시에 활용할 때 보다 종합적인 분석이 가능하다. 분석 결과는 19대 대선에서 나타난 가장 큰 변화가 이전 선거에서 주요 정당 후보들을 지지했던 이들이 다른 정당을 지지한 것임을 보여 준다. 다음으로 여론조사에 대한 분석을 통해 한국 사회의 주요 균열인 지역, 세대, 계급 균열과 다른 정책적 선호에 대한 고려들이 유권자들의 선택에 미친 영향을 분석한다. 결론에서는 19대 대선이 한국에서 정당—유권자 간 연계의 근본적인 변화를 알리는 신호탄이 될 수 있을 것인지를 살펴본다.

한국의 균열 구조

사회 균열은 사회적 기반(social basis), 공유된 정체성(collective identity) 그리고 조직화된 표현(organized expression)을 포함한다. 첫째, 균열은 종교, 인종, 직업 또는 사회적 지위와 같은 사회 구조적인 특성을 토대로 한다. 따라서 핵무장, 환경보호 등 정치적 이슈에 대해 다른 선호를 가지고 있다고 해서 이를 균열이라고 볼 수 없다. 둘째, 사회구조적인 특성을 토대로 나누어진 각 집단에 속한 사람들은 서로 공통의 정체성을 인지하고, 이를 토대로 행동할 의지가 있어야 한다. 서로 다른 집단이라 하더라도, 구성원 간의 공통적인 정체성이 없다면, 정치적인 균열로 발전할 수 없다. 셋째, 균열은 투표 참여 또는 정당 활동과 같이 지속적인 조직 활동의 형태로 발현되어야 한다(Bartolini & Mair 2007; Rae & Taylor 1970). 선행 연구에 따르면, 한국 사회에는 지역, 세대 그리고 계급 등 세 가지 균열이 존재한다.

지역 균열

지역 투표는 한국 정치의 가장 큰 특징 중의 하나이다. 지역 균열이 본격적으로 고려되기 시작한 것은 1987년 민주화 이후이지만, 민주 대 반민주의 구도로 치러졌던 민주화 이전의 선거에서도 지역에 따라 선거 결과가 크게 달라지곤 했다. 예를 들어, 5대 대통령 선거에서는 수도권을 비롯한 중부 지역에서는 윤보선에 대한 지지도가 높았던 반면, 전라도와 경상도를 포함하는 남부 지역에서는 박정희에 대한 지지가 높게 나타났다. 반면 6대 선거의 경우, 영남을 비롯한 동부 지역에서는 박정희에 대한 지지가 높게 나타났고, 호남을 비롯한 서부 지역에서는 윤보선에 대한 지지가 높게 나타났다. 1987년 민주화를 계기로 민주 대 반민주 구도가 사라진 후, 지역 투표의 경향은 오히려 더욱 심화되었다(이갑윤 2011). 민주화 직후 치러진 13대 대통령 선거에서, 유권자들이 동향 출신의 후보자들에게 투표하는 경향이 강하게 나타났으며, 그 결과 주요 후보자들의 출신지를 중심으로 표가 집중되었다. 당시만 해도, 지역에 근거한 투표 결정은 비슷한 배경을 가진 후보자들에 대한 호감에서 기인했다(이갑윤 1997). 그러나 이후, 주요 정당들이 선거에서 지역에 근거한 선거 전략을 적극 활용하면서, 지역은 단순히 표의 집중을 넘어서 정치적인 공동체로 변화되었다(Horiuchi & Lee 2007; Kwon 2005; Lee & Brunn 1996; Moon 2005).

지역주의의 기원과 지속에 대해 기존 연구들은 지역민들 사이에 존재하는 편견과 차별 같은 심리적 요인(김만흠 1997), 경제개발 과정에서 심화된 지역 간의 경제 격차 같은 정치경제적 요인(최장집 1998), 선거 경쟁 과정에서 지역을 강조하는 선거 전략(손호철 2003) 등 다양한 설명을 제시해 왔다. 최근 세대 균열이나 이념 균열 등의 영향력이 강화됨에 따라 지역 균열의 영향력이 예전보다 약해졌다는 견해도 있지만, 지역 균열이 여전히 한국에서 유권자들의 선택을 이해하는 데 가장 큰 설명력을 지닌다는 점에는 이견이 없다.

세대 균열

2002년 16대 대선을 계기로, 세대 균열에 대한 논의가 본격화되었다. 당시 20-30대의 젊은 층은 진보 성향의 노무현을 지지했고, 높은 연령대의 유권자들은 보수 성향의 이회창을 지지했다. 사실, 한국이 비교적 짧은 시간에 급격한 사회적, 경제적, 정치적 변화를 겪었음을 감안한다면, 서로 다른 연령대의 유권자들이 상이한 정치적 견해를 갖는 것이 놀라운 일은 아니다. 그럼에도 불구하고 2002년의 세대 간 차이가 관심을 불러 모았던 것은 이러한 차이가 이념적 균열과 중첩되었기 때문이었다. 지역 균열은 흔히 이념이나 정책에 기초한 정치적 경쟁을 억눌러서 사회 통합이나 민주주의 발전을 저해하는 부정적인 결과를 야기하는 것으로 여겨져 왔던 반면, 이념적으로 구분되는 세대 간의 차이는 지역주의를 약화시키고, 이념에 근거한 정치 경쟁을 활성화시키는 계기가 될 수 있지 않을까 하는 기대를 불러 일으켰다(강원택 2003).

그러나 세대 균열의 영향력은 선거에 따라 큰 편차를 보였다. 2004년 총선에는 큰 영향을 미쳤지만, 2007년 대선과 2008년 총선에서는 세대 간의 차이가 그다지 두드러지지 않았다(최준영·조진만 2005; Kim et al. 2008). 이는 아마도 이 두 선거에서 많은 젊은 유권자들이 기권했기 때문일 것이라 여겨진다. 이후 2012년 대선에서는 진보 성향인 문재인 후보를 지지하는 젊은 층과 보수 성향인 박근혜 후보를 지지하는 나이 든 유권자 간의 차이가 다시 나타났다.

계층 균열

Lipset and Rokkan(1967)은 중앙과 지방, 교회와 국가, 도시와 농촌, 그리고 자본과 노동의 네 가지 균열을 통해 서구 민주주의 정당 체계가 어떻게 형성되었는지를 설명한다. 탈물질주의의 등장과 함께 그 영향력이 예전에 비해 약해졌지만(Inglehart 1977), 계층은 여전히 서구 민주주의에서 유권자의 정치적 선호에 영향을 미치는 주요한 변인 중의 하나이다(Evans 2000). 그러나 서구 민주주의 국가를 제외하면, 이념은 유권자의 선호를 설명하는 데 비교적 제한적인 영향력을 가지고 있는 것으로 여겨져 왔다. Randall(2001)에 따르면, 이는 비서구 민주주의 국가들은 국가 건설, 산업화 그리고 민주화를 동시에 겪었기 때문이다.

한국도 예외는 아니다. 계층을 나타내기 위해 사용하는 주요 지표들인 소득 수준, 직업 또는 교육 등은 한국 유권자들의 선택을 그다지 설명하지 못하는 것으로 알려져 왔다. 게다가 이들 변수가 설명력을 갖는 경우에도 서구의 유권자들과는 반대로 소득 수준이 낮은 유권자들이나 블루칼라 노동자들이 보수 정당을 지지하는 것으로 나타나곤 했다(강원택 2003). 이는 이념이 경제 문제가 아닌 대북정책이나 국가보안법과 같은 안보의 영역에서 두드러진 영향력을 미친 것이 그 원인일 수 있다(김무경·이갑윤 2005). 그러나 최근에는 재벌 개혁, 복지 지출이나 경제 민주화 같은 이슈에서 소득 수준과 사회 계층에 따른 정치적 선호 차이가 보다 분명하게 나타나고 있는 추세이다(장승진 2013; 조성대 2008).

변화의 양상

유권자들은 정치에 대한 불만을 표출하거나 정책이 바뀌기를 원할 때, 이전과는 다른 선택을 한다. Darmofal and Nardulli(2010)에 따르면 이러한 변화는 개종(conversion), 동원(mobilization), 탈동원(demobilization) 등 세 가지 형태로 나타난다. 개종은 유권자들이 이전에 투표했던 정당과 다른 정당에 투표하는 것을 뜻하고, 동원은 이전에는 투표에 참여하지 않았던 유권자들이 새롭게 투표에 참여하는 것을 의미한다. 마지막으로 탈동원은 이전에 투표에 참여했던 유권자들이 더 이상 투표에 참여하지 않는 것을 뜻한다.

이 글에서는 이러한 세 가지 분석틀을 적용하여 18대 선거 결과와 비교할 때, 19대 선거가 어떻게 달라졌는가를 밝히기 위해 선거 자료와 여론조사 자료를 분석한다. 두 가지 접근 방식 모두 장단점이 있다. 여론조사 자료는 유권자의 선택을 직접 분석할 수 있는 장점이 있는 반면, 투표 참여율이 과대 보고되는 단점이 있다(Burden 2000; Campbell et al. 1960). 이러한 경향은 설문 조사 문항이 과거 선거에서의 투표 참여나 지지 정당을 물을 때 더욱 심해진다. 한편, 선거 자료의 경우 투표율과 득표율을 비교적 정확하게 측정할 수 있는 장점이 있는 반면, 집합 자료를 기반으로 개별 유권자의 선택을 추론할 경우, 생태학적 오류(ecological fallacy)를 범할 수 있다.

선거 자료 분석

그림 1은 1992년부터 2017년까지 치러진 대통령 선거 결과를 보여 준다. 전체 유권자 중에서 기권한 사람의 비율과, 제1보수정당 후보의 득표율, 제1 민주정당 후보의 득표율 그리고 군소 후보자들의 득표율이 어떻게 변화했는 가를 보여 준다.

그림 1   선거 결과 변동: 14대-19대

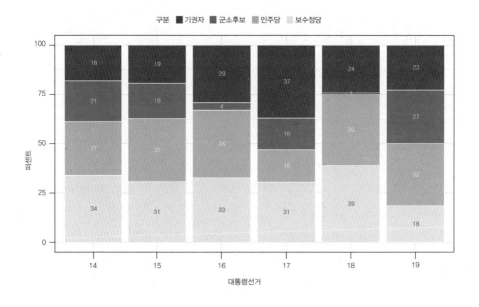

Darmofal and Nardulli(2010)은 이들 네 가지 지표를 분석하여 선거 간의 변화가 어떤 방식으로 일어났는가를 파악할 수 있다고 주장한다. 예를 들어, 19대 선거에서 각 정당의 득표율은 변화했지만, 전반적인 투표율에 변화가 없었다면, 두 선거 간의 변화는 주로 개종을 통해 나타났음을 의미할 것이다. 만약 투표율이 크게 증가하면서 동시에 특정 정당의 득표율 또한 증가했다면, 이는 동원을 통한 변화가 일어났음을 의미하는 것으로 볼 수 있다. 마지막으

로 투표율이 감소와 특정 정당의 득표율이 감소했다면, 이는 탈동원이 일어났음을 뒷받침한다.

　선거 결과가 의미하는 바를 보다 엄밀하게 해석하기 위해서 Darmofal and Nardulli(2010)는 '최소이동가정(simplest movement of simplest assumption)'을 적용할 것을 제안한다. 선거 결과를 통해 나타나는 변화가 '가장 적은 숫자의 유권자를 포함하는 가장 작은 규모의 변화'를 통해서 발생했을 것이라는 가정이다. 예를 들어 두 선거 간에 기권율이 1%p 증가했다고 가정해 보자. 이는 지난번 선거와 비교할 때, 기권한 유권자들이 투표에 참여한 유권자들보다 1%p 많다는 것을 의미할 뿐, 기권한 유권자와 참여한 유권자가 각각 어떻게 변화했는가를 알려 주지는 않는다. 즉 과거 투표자 중 2%가 기권하고, 과거 기권한 사람 중에 1%가 새로이 참여하는 경우나, 과거 투표자 중 3%가 기권하고, 기권자 중 2%가 새로이 참여하는 경우나, 전반적인 기권율에서는 동일한 변화－기권율 1%p 증가－가 나타나게 된다. 최소변화가정은 이와 같이 변화와 탈동원이 동시에 나타날 가능성을 배제한다.

　개종도 같은 논리로 이해할 수 있다. 제1보수정당 후보와 제1민주당 계열 후보의 득표율이 각각 5%p씩 감소한 반면 군소정당 후보의 득표율이 10%p 증가했다고 가정해 보자. 최소변화가정은, 주요 정당 지지자들 간의 개종이나 또는 군소정당 후보자들로부터 주요 정당 후보자로의 개종 가능성을 배제한다. 이 경우 군소정당 후보자들이 10%p 더 많은 득표를 한 것은 이전 선거에서 각 주요 정당을 지지했던 유권자 중 10%가 군소정당 후보자를 지지했다고 해석할 수 있다.

　Darmofal and Nardulli(2010)의 분석틀에 따르면, 15대 대통령 선거 이후 한국의 대통령 선거는 비교적 큰 변화를 겪어 왔음을 알 수 있다. 14대와 15대의 경우 큰 변동이 없지만, 16대 선거의 경우, 15대 선거와 비교할 때, 10% 정도 규모의 탈동원이 일어났으며, 17대 선거에서는 약 8%의 유권자가 추가로 탈동원되었던 것으로 나타났다. 그러나 18대 선거에서는 이러한 추세가 역전되어 13%의 유권자가 동원되었고, 19대 선거에는 1%의 유권자가 추가로 동원되었다. 반면 득표율 변화 추이를 보면, 보수정당의 경우 18대 선거까지 대체로 전체 유권자 중 30% 이상의 득표율을 기록했지만, 19대 선거에서 18%로 급감했다. 반면 민주당 계열 정당의 경우 17대 선거에서 지지 기반이 급격히 축소된 후 18대 선거를 통해 회복되었음을 알 수 있다. 흥미로운 점은 19대 선거에서 문재인 후보가 압도적인 승리를 거두긴 했지만, 18대 선거와 비교할 경우, 전체 득표율은 오히려 4%p 정도 감소했다는 점이다. 18대 선거와 비교할 때, 득표율 변화에서 나타나는 가장 큰 특징은 18대 선거에서 여야 주요 정당 후보를 지지했던 이들 중 적어도 26%가 군소 후보를 지지했다는 점이다.

전국 수준에서 1%가 추가로 투표에 참여했고, 26%가 개종했다는 추정은 실제 발생한 동원 또는 개종에 대한 최소 추정치이며, 그 실제 규모는 이 보다 더 클 가능성이 높다. 이는 이러한 추정치가 다음 네 가지 가정을 토대로 하고 있기 때문이다. 첫째, 18대 선거에서 투표했던 모든 유권자들은 19대 선거에서도 투표했다. 둘째, 새로이 동원된 유권자들은 모두 군소 후보들을 지지했다. 셋째, 18대 선거에서 주요 정당 후보에게 투표했던 유권자들은 19대 선거에서 다른 주요 정당에 투표하지 않았다. 넷째, 18대 선거에서 군소 후보자들에게 투표했던 유권자들은 19대 선거에서도 군소 후보자들에게 투표했다. 이들 네 가지 가정 중 하나라도 위배될 경우 실제 발생한 동원, 탈동원, 개종의 규모는 앞서 추정한 것보다 커진다. 만약, 이전 선거에서 투표에 참여했던 이들 중 기권한 유권자가 있다면, 이는 새로 동원된 유권자들의 수가 1% 보다 크다는 것을 뜻한다. 같은 맥락에서 세 번째 가정이 틀렸다면, 즉 18대 선거에서 박근혜 후보를 지지했지만, 19대 선거에서 문재인 후보를 지지한 유권자들이 존재한다면, 주요 정당 후보에서 군소정당 후보로 개종한 유권자의 비율이 26% 이상임을 의미한다.

실제로 그림 2에서 18대와 19대 선거 간의 변화를 16개 시도 단위에서 살펴본 결과 전국 수준의 변화와 다른 양상을 보인다.[1] 득표율의 경우, 서울, 경기, 인천 등 수도권의 경우 전국 수준과 유사한 양상을 보이는 반면, 주요 정당의 지역 기반인 영호남 지역의 경우 전국 수준의 변화와 다소 차이가 있다. 홍준표 후보의 득표율은 한국당의 지역 기반인 영남 지역에서 전국 수준보다 더 큰 폭으로 하락했다. 문재인 후보의 득표율은 영남 지역에서 18대 선

---

[1] 한편, 기권자의 비율을 살펴보면, 서울의 경우 약 4% 정도의 유권자가 추가로 동원되었으며, 경기도와 인천에서도 약 2%의 동원이 있었던 것으로 나타났다. 반면, 대구·경북의 경우 각각 3%와 2% 규모의 탈동원이 있었다.

거와 유사하거나 다소 증가한 반면, 이전 선거에서 문재인 후보에게 압도적인 지지를 보냈던 호남 지역에서는 15%p(전북)에서 24%p(광주)까지 득표율이 감소한 것으로 나타났다. 이러한 결과를 고려할 때, 18대 선거에서 박근혜 후보를 지지했다가 19대 선거에서 문재인 후보로 개종한 유권자들과, 18대 선거에서 문재인 후보를 지지했다가 19대 선거에서 군소 후보로 개종한 유권자들의 수가 전국 수준의 선거 결과를 토대로 한 추정치보다 더 많음을 알 수 있다. 다음 장의 여론조사 분석 결과도 이러한 추론을 뒷받침한다.

그림 2 시도별 선거 결과 변동: 18대 19대 비교

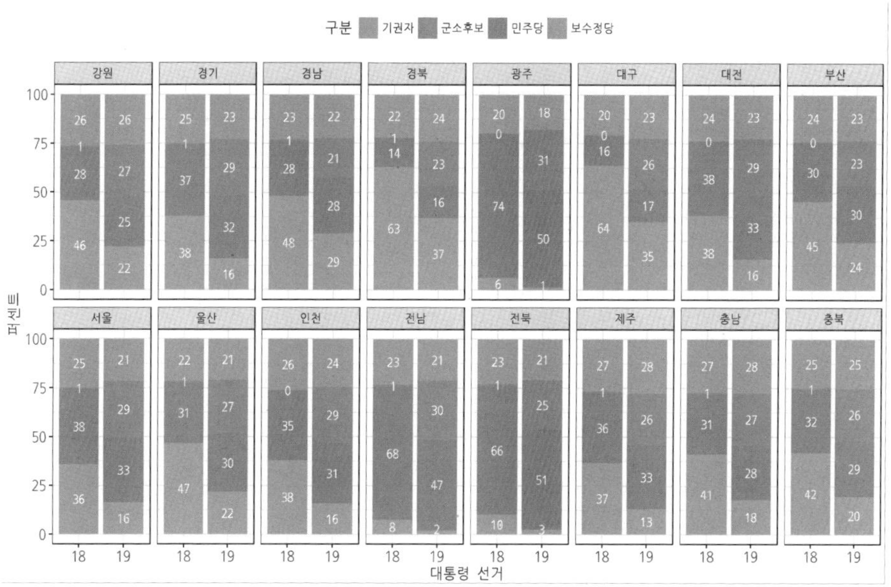

구분 기권자 군소후보 민주당 보수정당

지역	18대 (기권자/군소후보/민주당/보수정당)	19대 (기권자/군소후보/민주당/보수정당)
강원	26 / 1 / 28 / 46	26 / - / 27 / 25 / 22
경기	25 / 1 / 37 / 38	23 / 29 / 32 / 16
경남	23 / 1 / 28 / 48	22 / 21 / 28 / 29
경북	22 / 1 / 14 / 63	24 / 23 / 16 / 37
광주	20 / 0 / 74 / 6	18 / 31 / 50 / 1
대구	20 / 0 / 16 / 64	23 / 26 / 17 / 35
대전	24 / 0 / 38 / 38	23 / 29 / 33 / 16
부산	24 / 0 / 30 / 45	23 / 23 / 30 / 24
서울	25 / 1 / 38 / 36	21 / 29 / 33 / 16
울산	22 / 1 / 31 / 47	21 / 30 / 30 / 22
인천	26 / 0 / 35 / 38	24 / 29 / 31 / 16
전남	23 / 1 / 68 / 8	21 / 30 / 47 / 2
전북	23 / 1 / 66 / 10	21 / 30 / 51 / 3
제주	27 / 36 / 37	28 / 26 / 13
충남	27 / 1 / 31 / 41	28 / 27 / 28 / 18
충북	25 / 1 / 32 / 42	25 / 26 / 29 / 20

(세로축: 퍼센트, 가로축: 대통령 선거 18 / 19)

여론조사 분석

이번 장에서는 유권자 수준의 변화를 이해하기 위해서 동아시아연구원과 한국리서치에서 실시한 <2017 KEPS 대선패널 조사>를 분석한다. 해당 조사는 4월 18–20일에 1,500명을 대상으로 1차 조사를 실시하였으며, 선거 직후인 5월 11일–14일에 실시된 조사에는 그중 1,157명이 참여하였다. 본 절에서는 18대 대통령 선거와 19대 대통령 선거에서 지지한 후보를 묻는 문항에 초점을 맞춘다. 18대 대통령 선거에서 지지한 후보를 묻는 문항은 1차 조사에 포함되었으며, 19대 대통령 선거에서 지지한 후보를 묻는 문항은 2차 조사에 포함되었다. 표 1은 두 문항에 대한 교차분석 결과를 보여 준다.

표 1 18대 선거 선택과 19대 선거 선택의 교차분석

19대＼18대	문재인	홍준표	안철수	유승민	심상정	기타	결측	합계
박근혜	101(24)	154(37)	90(21)	43(10)	16(4)	8(2)	8(2)	420(100)
문재인	419(78)	6(1)	55(10)	15(3)	31(6)	3(1)	5(1)	534(100)
기타	34(54)	2(3)	12(19)	7(11)	5(8)	2(3)	1(2)	63(100)
기권	31(41)	7(9)	20(27)	7(9)	4(5)	0	6(8)	75(100)
선거권 없음	19(58)	0	2(6)	4(12)	8(24)	0	0	33(100)
결측	10(31)	5(16)	6(19)	3(9)	3(9)	1(3)	4(13)	32(100)

　　표 1에 따르면 18대 선거에서 박근혜 대통령을 지지했던 응답자들 가운데 24%가 문재인 후보를 지지했고, 21%는 안철수 후보를, 10%는 유승민 후보를, 그리고 4%는 심상정 후보를 지지했다고 응답했다. 반면 37%만이 홍준표 자유한국당 후보를 지지했다고 응답했다. 한편 이전 선거에서 기권했다고 응답한 이들 중 41%는 문재인 후보를 지지했다고 답했으며, 27%는 안철수 후보에게 투표했다고 응답했다. 이번 선거에서 새롭게 투표권을 얻게 된 이들 가운데서는 58%가 문재인 후보에게 투표했고, 24%는 심상정 후보에게 투표한 것으로 나타났다.

　　이러한 결과는 앞서 선거 결과를 분석하는 데 사용한 최소이동가정이 적절하지 않음을 의미한다. 앞서 언급한 네 가지 가정 중 둘째, 셋째, 넷째 가정이 위배되었음을 알 수 있다. 새로이 동원된 유권자들 중 상당수가 민주당 문재인 후보를 지지했고, 보수정당에서 민주당으로 선택을 바꾼 유권자도 상당수 존재한다. 또한 이전 선거에서 군소정당 후보를 지지했다고 밝힌 응답자들 가운데서도 50% 이상이 문재인 후보를 지지한 것으로 나타났다. 이러한 결과는 18대 선거에서 문재인 후보를 지지했던 이들 중 19대 선거에서 문재인 후보를 지지하지 않은 이들의 비율이 적어도 4%(36%-32%) 이상임을 의미한다.[2]

　　그러나 여론조사 자료를 토대로 개종 또는 동원한 유권자의 정확한 규모를 추정하는 데 한계가 있다. 우선 여론조사 참여자들 가운데 문재인 후보를 지지했다고 하는 이들의 규모가 선거 자료에서 확인되는 것보다 더 크다. 18대 대통령 선거 당시 문재인 후보는 48%를 득표해서, 52%를 득표한 박근혜 후보에게 패배했다. 그러나 이 글에서 사용하고 있는 여론조사에서는, 18대 선거에서 투표했다고 응답한 유권자 중 53%가 문재인 후보에서 투표했다고 응답한 반면 41%만이 박근혜 후보에게 투표했다고 응답했다. 19대 선거에 대한 응답도 유사한 문제를 가지고 있다. 응답자 중 54%는 문재인 후보에게 투표했다고 응답한 반면, 오직 15%만이 홍준표 후보에게 투표했다고 응답했다. 한편 18대 선거에서 기권한 유권자들은 과소 대표되고 있다. 선거에서는 24%가 기권했지만, 여론조사 응답자 중 18대 선거에서 기권했다고 응답한 유권자는 약 7%에 불과하다. 게다가 19대 선거에서 기권한 응답자들이 포함되어 있지 않아 동원 또는 탈동원된 유권자들을 파악하는 것이 불가능하다.

누가 왜 바꿨나?

이상의 분석은 18대 선거와 19대 선거 사이에 나타난 가장 큰 변화가 동원이나 탈동원보다는 개종을 통해 나타났음을 시사한다. 이 장에서는 이러한 변화가 부패 스캔들과 탄핵으로 인한 일시적인 변동인지 또는 한국 사회의 정당-유권자 간의 관계가 근본적으로 변화하고 있음을 나타내는 전조인지를 파악하고자 한다.

이를 위해 18대 선거에서 박근혜 후보와 문재인 후보를 지지했다고 응답한 유권자를 19대 선거에서도 동일한 정당 후보에 투표한 응답자와 그렇지 않은 유권자로 나눈 후, 유권자들의 인구학적 특성, 경제에 대한 평가 및 다양한 정치적 이슈에 대한 선호가 유권자가 지지 정당을 바꾸는 데 어떻게 영향을 미쳤는지를 분석한다.

인구학적 변수로는 성별(0: 여성, 1: 남성), 연령별 집단(1: 19세-29세, 2: 30세-39세, 3: 40세-49세, 4: 50세-59세, 5: 60세 이상), 혼인 상태(0: 기혼 아님, 1: 기혼), 교육

---

2) 한편, 현 자료는 첫 번째 가정의 타당성 여부를 검토하는 데 한계가 있다. 2차 조사에 참여한 1,150명의 응답자들 중에 98%의 유권자가 19대 선거에서 투표에 참여했다고 응답했다. 앞서 언급한 바와 같이 설문조사에서는 투표 참여율이 과대 보고되는 경향이 있는데, 이번 패널 조사 역시 예외는 아닌 셈이다.

수준(1: 중졸 이하, 2: 고졸, 3: 대학 이상), 소득 수준(1: 200만 원 이하, 2: 200만 원−299 만 원, 3: 300만 원−499만 원, 4: 500만 원−699만 원, 5: 700만 원 이상), 고향(수도권, 호 남, 영남, 기타 지역), 주관적 계층 인식(1: 상층, 2: 중산층, 3: 하층)을 통제하였다.

또한 응답자의 정치에 대한 태도를 통제하기 위해 주관적 이념 성향(1: 진보, 2: 중도, 3: 보수), 가정 경제와 국가 경제에 대한 태도(1: 매우 좋아졌다, 2: 좋아진 편이다, 3: 별다른 차이가 없다, 4: 나빠진 편이다, 5: 매우 나빠졌다), 탄핵 찬 성 (0: 탄핵에 반대한다. 1: 탄핵에 찬성한다), 사드 배치 찬성(0: 사드 배치에 반대한 다, 1: 사드 배치에 찬성한다), 대북강경책 지지(0: 남북 간 교류와 협력 강화, 1: 북한 에 대한 강경정책 유지 강화), 국민 통합(0: 적폐 청산이 더 중요, 1: 국민통합이 더 중 요), 성장 중요(0: 복지가 더 중요, 1: 성장이 더 중요) 등을 고려하였다. 표 2는 이 들 변수에 대한 기술 통계를 제시한다.

표 2 기술통계

	평균	표준편차	최소	최대	사례 수
보수정당 유권자 스윙	0.63	0.48	0	1	412
민주당 유권자 스윙	0.21	0.41	0	1	529
보수 유권자: 문재인 선택	0.26	0.44	0	1	388
보수 유권자: 홍준표 선택	0.40	0.49	0	1	388
보수 유권자: 안철수 선택	0.23	0.42	0	1	388
보수 유권자: 유승민 선택	0.11	0.31	0	1	388
호남	0.18	0.38	0	1	1,152
수도권	0.32	0.47	0	1	1,152
영남	0.30	0.46	0	1	1,152
19세 – 29세	0.15	0.36	0	1	1,157
30세 – 39세	0.18	0.39	0	1	1,157
40세 – 49세	0.23	0.42	0	1	1,157
50세 – 59세	0.25	0.43	0	1	1,157
소득 수준	3.17	1.23	1	5	1,137
주관적 계층 인식	2.40	0.66	1	3	1,153
남자	0.54	0.50	0	1	1,157
기혼	0.73	0.45	0	1	1,157

진보 성향	0.37	0.48	0	1	1,133
중도 성향	0.38	0.48	0	1	1,133
가정 경제에 대한 인식	3.20	0.77	1	5	1,157
국가 경제에 대한 인식	4.15	0.81	1	5	1,152
탄핵 찬성	0.87	0.34	0	1	1,129
사드 찬성	0.58	0.49	0	1	1,110
대북강경정책 선호	0.45	0.50	0	1	1,135
적폐 청산보다 사회통합 우선	0.54	0.50	0	1	1,142
복지보다 성장이 중요	0.48	0.50	0	1	1,140

　　표 3은 이들 변수가 19대 선거에서 유권자들의 선택에 미친 영향을 분석한다. 모델 1과 2는 18대 선거에서 박근혜 후보를 지지했던 유권자들에게 초점을 맞추고 있다. 19대 선거에서 홍준표 후보를 지지한 경우 0으로, 그렇지 않은 경우를 1로 코딩했다. 모델 3과 모델 4는 18대 선거에서 문재인 후보를 지지했던 유권자들에게 초점을 맞추고 있으며, 이들이 19대 선거에서도 문재인 후보를 지지한 경우 0으로, 그렇지 않은 경우를 1로 코딩했다. 모델 1과 모델 3은 인구 변수만을 포함하고 있으며 모델 2와 모델 4는 정치 변수들까지 포함하고 있다.

　　모델 1과 모델 2는 지역 균열과 세대 균열이 18대 선거에서 박근혜 후보를 지지했던 이들이 19대 선거에서 자유한국당으로 이탈하는 데 유의미한 영향을 미쳤음을 보여 준다. 지역의 경우, 강원, 제주, 대전 지역 출신 유권자들을 기준으로 한다. 세 지역 중 호남 변수만 통계적으로 유의미한 차이를 갖는 것으로 나타났다. 호남 지역 유권자는 강원, 제주, 대전 지역 출신 유권자들과 비교할 때 약 25%p 정도 더 많이 이탈한 것으로 나타났다. 반면, 수도권과 영남의 경우는 강원, 제주, 대전 지역 출신 유권자들과 유의미한 차이를 보이지 않는 것으로 나타났다. 연령별로는 60대 이상을 기준 집단으로 삼았을 때, 50대 이상을 제외한 모든 연령대에서 30%p 이상 이탈할 확률이 증가하는 것으로 나타났다. 반면 소득 수준을 포함하여, 주관적 계층 의식, 성별, 교육 수준, 혼인 상태 등은 통계적으로 의미 있는 정도의 영향력을 미치지 못하는 것으로 나타났다.

표 3 유권자의 투표 선택(스위칭)에 관한 분석

	보수정당 유권자		민주당 유권자	
	(1)	(2)	(3)	(4)
호남	0.257***	0.147*	0.018	0.001
	(0.088)	(0.082)	(0.057)	(0.056)
수도권	0.011	-0.039	-0.003	-0.039
	(0.064)	(0.058)	(0.056)	(0.054)
영남	-0.100*	-0.051	0.015	-0.036
	(0.058)	(0.053)	(0.058)	(0.057)
20대	0.307**	0.061	-0.196**	-0.122
	(0.123)	(0.114)	(0.093)	(0.096)
30대	0.359***	0.179**	-0.164**	-0.089
	(0.091)	(0.088)	(0.081)	(0.083)
40대	0.320***	0.143**	-0.155**	-0.051
	(0.077)	(0.071)	(0.075)	(0.078)
50대	0.098	0.038	-0.185**	-0.110
	(0.063)	(0.059)	(0.075)	(0.077)
소득 수준	0.040*	0.026	0.019	0.025
	(0.023)	(0.021)	(0.019)	(0.019)
주관적 계층 인식	0.052	0.010	-0.014	-0.018
	(0.039)	(0.036)	(0.031)	(0.031)
남성	-0.047	0.003	0.034	0.025
	(0.046)	(0.043)	(0.037)	(0.037)
기혼	-0.013	-0.036	-0.054	-0.046
	(0.072)	(0.068)	(0.053)	(0.053)
교육 수준	-0.003	0.032	-0.009	0.060
	(0.043)	(0.039)	(0.042)	(0.042)
진보 성향		0.153**		-0.078
		(0.066)		(0.060)
중도 성향		0.057		-0.069
		(0.047)		(0.062)

		-0.001		0.029
가정 경제 인식		(0.030)		(0.027)
국가 경제 인식		0.071**		-0.050*
		(0.028)		(0.029)
탄핵 찬성		0.397***		-0.036
		(0.049)		(0.139)
사드 찬성		-0.047		0.079*
		(0.060)		(0.043)
대북강경		-0.124***		0.124***
		(0.047)		(0.045)
국민 통합		0.018		0.104***
		(0.048)		(0.040)
성장 중요		-0.097**		0.053
		(0.046)		(0.041)
Constant	0.297*	0.009	0.370**	0.217
	(0.176)	(0.213)	(0.151)	(0.233)
사례 수	401	352	517	477
R2	0.153	0.404	0.020	0.107

모델 1과 모델 2의 종속변수는 18대 선거에서 박근혜를 지지한 유권자들이 19대 선거에서 홍준표를 지지한 경우를 0, 그렇지 않은 경우를 1로 코딩하였다. 모델 3과 모델 4는 18대 선거에서는 문재인을 지지한 유권자들이 19대 선거에서는 문재인을 계속 지지한 경우를 0, 그렇지 않은 경우를 1로 코딩하였다. 괄호는 표준 오차이며, 모든 모형은 선형확률(linear probability) 모형으로 추정되었다.
* $p < 0.10$, ** $p < 0.05$, *** $p < 0.01$.

　모델 2는 이념, 경제 상황에 대한 평가 그리고 다섯 가지 정책 이슈에 대한 선호를 포함하고 있다. 모델 1의 결과와 비교할 때, 모델 2에서는 지역이나 세대 균열을 나타내는 변수들의 영향력이 약화되었음을 알 수 있다. 이는 이들 균열이 이념이나 정치 이슈에 대한 선호와 중첩되어 있음을 의미한다. 이념 변수는 보수 성향 유권자를 기준 집단으로 삼고 있다. 자신이 진보라고 응답한 유권자들의 경우, 보수 성향 유권자들에 비해 홍준표 후보가 아닌 다른 후보에게 투표할 가능성이 15%p 정도 증가한 것으로 나타난 반면, 중도라고 응답한 유권자들의 경우 보수 유권자들과 유의미한 차이가 없었다. 가정 경제 상황에 대한 인식은 유의미한 영향을 미치지 못한 반면, 국가 경제에 대해 부정적으로 생각하는 사람일수록 이탈할 확률이 커지는 것으로 나타났다. 다섯 가지 정책 이슈의 경우, 탄핵에 대한 태도가 이탈 확률과 가장 밀접한 관계가 있는 것으로 나타났다. 탄핵을 지지하는 유권자들은 그렇지 않은 유권자들에 비해 이탈할 확률이 40%p 이상 증가한다. 그러나 탄핵 이슈 이외에도 북한에 대해 강경책보다는 교류 협력을 원하거나 성장보다는 분배가 중요하다고 생각하는 경우에도 이탈할 확률이 각각 13%p와 9%p씩 증가하는 것으로 나타났다. 이는 탄핵 이슈뿐 아니라 다른 정책 선호 또한 보수 유권자들의 선택과 연관이 있음을 의미한다. 한편, 사드 배치나 적폐 청산에 대한 선호는 이탈에 영향을 미치지 않는 것으로 나타났다.

모델 3은 사회 균열을 반영하는 변수들과 인구학적 변수들이 18대 선거에서 문재인 후보를 지지했던 유권자들이 이탈에 미친 영향을 분석한다. 박근혜 후보 지지자들의 경우와 달리 지역 균열과 계층 균열은 유의미한 영향을 미치지 못한 것으로 나타났다. 세대 균열의 경우, 기준 집단인 60대 이상 유권자들과 비교할 때, 16%p(40대)에서 20%p(20대)가량 덜 이탈하는 것으로 나타났다. 그 밖에 성별, 혼인 상태, 교육 수준의 영향 또한 유의미하지 않았다. 모델 4는 대북강경정책과 국민 통합을 선호할 경우 그렇지 않은 경우에 비해 각각 12%p와 10%p 정도 이탈할 가능성이 증가함을 알 수 있다. 또한 국가 경제에 대한 인식과 사드 배치에 대한 선호 또한 어느 정도 영향력이 있는 것으로 나타났지만, 통계적으로 흔히 통용되는 수준은 아닌 것으로 나타났다. 흥미로운 점은 모델 3과 비교할 때, 연령 변수들이 더 이상 유의미하지 않다는 것이다. 즉, 모델 3에서 나타난 세대 간 차이는 대북정책과 적폐 청산에 대한 선호 차에서 비롯된 것임을 유추할 수 있다.

표 3은 18대 선거에서 새누리당을 지지했던 유권자들이 민주당을 지지했던 유권자들에 비해 더 근본적인 변화를 겪고 있음을 보여 준다. 문재인 후보를 계속 지지한 유권자들과 다른 정당으로 이탈한 유권자들 간에는 대북정책과 적폐 청산에 대한 태도에서만 차이가 나타난다. 바꾸어 말하면, 이러한 차이만 해소된다면, 이탈 유권자들이 민주당 지지로 선회하는 것이 어렵지 않을 수 있다. 그러나 보수정당을 지지하는 유권자들 간의 분열을 봉합하는 것은 더 어려울 수 있다. 모델 2에서 알 수 있듯이, 보수정당에 잔류한 유권자들과 이탈한 유권자들 간에는 탄핵 등 정치적 이슈에 선호뿐 아니라, 이념 성향, 지

역, 세대 간 차이가 존재하기 때문이다.

　　보수정당 지지 유권자들 간의 차이를 보다 면밀하게 분석하기 위해 표 4
는 18대 선거에서 박근혜 후보를 지지했던 유권자들을 대상으로 다항 로지스
틱 회귀분석을 실시한다.3) 심상정 후보, 기타 또는 모름으로 응답한 이들을
제외하고 문재인 후보, 홍준표 후보, 안철수 후보, 유승민 후보를 지지한 후보
들을 분석에 포함한다.4) 표 4의 계수들은 홍준표 후보 대신 다른 후보를 택하
는 로그 승산비(log odds ratio)를 나타낸다.

표 4   18대 선거에서 박근혜를 지지한 유권자의 투표 선택

	홍준표/문재인	홍준표/안철수	홍준표/유승민
호남	1.475*	1.661**	-0.070
	(0.862)	(0.807)	(1.313)
수도권	-0.153	-0.084	-0.559
	(0.527)	(0.472)	(0.621)
영남	-0.417	-0.381	-0.089
	(0.491)	(0.436)	(0.559)
20대	0.385	-0.355	0.100
	(1.066)	(1.196)	(1.223)
30대	1.130	1.431*	1.696*
	(0.864)	(0.836)	(0.904)
40대	0.657	1.239**	0.157
	(0.636)	(0.610)	(0.802)
50대	-0.612	0.837*	-0.135
	(0.529)	(0.477)	(0.638)
소득 수준	0.217	0.098	0.224
	(0.196)	(0.179)	(0.238)
주관적 계층 인식	0.384	0.016	-0.143
	(0.337)	(0.297)	(0.378)

남성	0.342	0.160	-0.015
	(0.401)	(0.359)	(0.465)
기혼	-0.232	-0.167	-0.577
	(0.654)	(0.638)	(0.751)
교육 수준	0.234	0.278	0.524
	(0.345)	(0.321)	(0.449)
진보 성향	1.919***	0.965	1.740**
	(0.672)	(0.664)	(0.752)
중도 성향	0.864**	0.178	0.565
	(0.424)	(0.371)	(0.486)
가정 경제 인식	-0.032	0.023	-0.200
	(0.269)	(0.249)	(0.322)
국가 경제 인식	0.666**	0.386*	0.236
	(0.271)	(0.231)	(0.304)
탄핵 찬성	2.604***	1.979***	2.762***
	(0.526)	(0.387)	(0.674)
사드 찬성	-0.589	-0.180	-0.716
	(0.596)	(0.592)	(0.681)
대북강경	-1.744***	-0.697*	-0.437
	(0.438)	(0.406)	(0.531)
국민 통합	-0.155	0.214	0.014
	(0.448)	(0.410)	(0.528)
성장 중요	-0.696*	-0.473	-0.640
	(0.417)	(0.377)	(0.482)
Constant	-5.295***	-4.120**	-3.669
	(2.047)	(1.780)	(2.383)
카이자승 값	226.929		
p value	0.000		

종속변수는 18대 선거에서 박근혜를 지지했던 유권자들의 19대 선거에서 지지한 후보이다. 괄호는 표준오차를 나타낸다.* p < 0.10, ** p < 0.05, *** p < 0.01.

분석 결과를 보면, 탄핵을 찬성할 경우, 홍준표 후보에 비해 다른 후보를 지지할 가능성이 크게 증가함을 알 수 있다. 바꾸어 말하면, 탄핵에 대한 지지가 이탈의 원인이 되기는 했지만, 이러한 태도가 반드시 문재인 후보에 대한 지지로 이어진 것은 아님을 알 수 있다. 이는 각 모형에서 서로 다른 변수가 유의미하게 나타나는 것과도 일치한다. 우선 홍준표 후보 대신 문재인 후보를 지지하는 데는 이념 성향, 국가 경제 인식 그리고 대북정책에 대한 선호가 영향을 미쳤다. 보수 유권자들에 비해 중도 또는 진보 유권자들이 국가 경제를 부정적으로 인식할수록, 북한과의 화해 협력을 원할수록 홍준표 후보 대신 문재인 후보를 지지할 가능성이 큰 것으로 나타났다. 반면, 한국 사회의 주요 균열을 반영하는 지역이나 세대 등은 홍준표 후보 대신 문재인 후보를 선택한 유권자들의 결정에는 유의미한 영향을 미치지 못했다.

모형 2는 홍준표 후보 대신 안철수 후보를 지지한 유권자들의 선택을 분석한다. 문재인 후보 지지자의 경우와 달리, 탄핵 지지 여부를 제외한 다른 정책 변수들은 유의미한 영향을 미치지 못하고 있는 반면, 지역 균열이나 세대 균열과 관련된 변수들은 안철수 후보 지지에 영향을 미치고 있는 것으로 나타났다. 대전, 충청, 강원 지역 유권자들과 비교할 때, 호남 지역 유권자들은 홍준표 후보 대신 안철수 후보에게 투표한 것으로 나타났으며, 60대 이상 유권자들보다는 30대와 40대 유권자들이 안철수 후보를 선택할 확률이 높아지는 것으로 나타났다. 유승민 후보를 지지한 이탈자의 경우는 문재인 후보나 안철수 후보를 지지한 이들과 또 달랐다. 진보적인 유권자들의 경우, 유승민 후보를 선택할 확률이 높아졌지만, 이념을 통제한 상태에서 홍준표 후보 지지자들과 유승민 후보 지지자들 간의 정책 선호는 크게 다르지 않았다.

표 4에 따르면 18대 선거에서 박근혜 후보를 지지했다가 19대 선거에서 이탈한 이들이 서로 다른 특성을 가지고 있다. 탄핵에 대한 선호를 제외하면, 경제에 대한 평가 및 정책 이슈에 대한 선호에서 홍준표 후보를 지지한 이들

---

3) 다항 로지스틱 회귀분석(multinomial logit)은 이항 로지스틱 회귀분석(binary logit model)의 일반화된 모형이다(Long 1997). 다항 로지스틱 회귀분석은 종속변수를 구성하는 각 범주를 활용하여 만들 수 있는 모든 조합에 대해 이항 로지스틱 회귀분석을 동시에 추정함으로써, 다당제하에서의 투표 선택을 연구하는 데 적합하다(Whitten and Palmer 1996).

4) 18대 선거에서 박근혜 후보를 지지했다고 답한 유권자 중 3.9%만이 심상정 후보를 지지했다고 답했고, 기타와 모름을 선택한 응답자는 각각 1.9%와 0.7%에 불과하다.

과 안철수 후보나 유승민 후보를 지지한 이들 사이에서 큰 차이를 찾아보기
힘들다. 대통령 선거가 끝난 후 탄핵이 갖는 정치적 영향력에 점점 퇴색되어
갈 것임을 고려한다면, 탄핵 이슈를 둘러싼 과거 보수정당 지지 유권자 간의
분열은 다시 봉합될 가능성이 크다. 이와는 대조적으로, 문재인 후보를 지지
한 이탈자들과 다른 후보를 지지한 유권자들 간에는 보다 현저한 차이가 존
재한다. 과연 문재인 후보를 지지한 이탈자들은 탄핵 정국이 마무리된 이후에
도 여전히 문재인 후보를 지지할 것인가? 아니면 다시 보수정당 지지로 회귀
할 것인가?

　이를 고려하여, 표 5에서는 응답자들을 핵심 민주당 지지자, 스윙 유권
자, 핵심 보수정당 지지자 등 세 집단으로 나누어 이들의 정책 선호를 비교해
보았다. 핵심 민주당 지지자는 두 번의 대통령 선거에서 문재인 후보를 지지
한 유권자들을 뜻하고, 핵심 보수정당 지지자는 18대 선거에서는 박근혜 후
보를 19대 선거에서는 홍준표 후보를 지지한 유권자를 뜻한다. 한편 스윙 유
권자는 두 선거 간에 서로 다른 정당 후보를 선택한 이들을 뜻한다.

표 5 응답자 간 정책 선호 비교

	핵심 민주당 지지자	스윙 유권자	핵심 보수정당 지지자
이념 성향	1.5	1.8	2.6
탄핵 찬성	99%	95%	35%
사드 배치 찬성	32%	67%	94%
대북강경책 선호	21%	35%	80%
국민 통합 선호	33%	60%	79%
복지보다 성장 중요	33%	48%	76%

　이념은 각 집단의 평균 이념값을 나타내고, 정책 선호에 관한 행들은 각
각의 정책을 지지하는 유권자의 비율을 나타낸다. 이념의 경우, 핵심 민주당
지지자의 평균 이념값은 1.5, 스윙 유권자의 평균 이념값은 1.8인 반면, 핵심
보수정당 지지자의 평균 이념값은 2.6이다. 따라서 스윙 유권자의 경우, 전반
적인 이념은 핵심 민주당 지지자에게 더 가까운 것을 알 수 있다. 그러나 구
체적인 정책 선호를 살펴보면, 스윙 유권자는 사안에 따라 민주당 지지자와
유사한 선호를 갖는 경우도 있고, 그 반대의 경우도 있음을 알 수 있다. 탄핵

에 대해서는 핵심 민주당 지지자의 99%, 스윙 유권자의 95%가 탄핵을 지지한 반면, 핵심 보수정당 지지자의 경우 35%만 지지한 것으로 나타났다. 또한 대북정책의 경우도 핵심 민주당 지지자의 21%, 스윙 유권자의 35%만이 남북 간 교류 협력보다는 대북강경책을 선호한 반면, 핵심 보수정당 지지자의 경우는 80%가 강경책을 선호하는 것으로 나타났다. 그러나 사드 문제와 적폐 청산 문제에 대해서 스윙 유권자의 선호는 핵심 보수정당 지지자와 더 가깝다. 사드 배치의 경우, 핵심 민주당 지지자의 32%만 찬성한 반면, 스윙 유권자의 67%, 보수정당 지지자의 94%가 찬성하는 것으로 나타났다. 또한 핵심 민주당 지지자 중 21%만이 적폐 청산보다는 사회 통합을 선호한 반면, 스윙 유권자와 보수정당 지지자의 경우는 사회 통합을 찬성하는 비율이 60%와 79%로 나타났다.

이러한 결과는 탄핵에 대한 선호가 19대 선거에서 스윙 유권자와 핵심 민주당 지지자가 연합을 형성할 수 있었던 주된 요인임을 다시 한 번 확인시켜 준다. 그러나 문재인 후보의 당선과 함께 탄핵 정국이 마무리된 이후에 이러한 연합이 계속 지속될 수 있을 것인지의 여부는 불확실하다. 스윙 유권자는 대북 관계 및 안보 문제에 대해 상충적인 태도를 가지고 있으며, 성장과 분배의 문제에 대해서 중립적인 태도를 취하고 있다. 새 정부에서 대북 문제와 안보 문제가 어떻게 전개되는지 또는 경제 상황이 어떻게 변화하는가에 따라 스윙 유권자와 핵심 민주당 지지자 간의 연합이 지속될 수도 있지만, 반대로 스윙 유권자가 다시 보수정당 지지로 회귀할 가능성도 열려 있는 셈이다.

결론

본 논문은 최순실 스캔들과 탄핵이 19대 대통령 선거에서 유권자들의 선택에 어떤 영향을 미쳤는가를 분석하고 있다. 집합 자료인 선거 결과와 개인 수준의 여론조사를 분석한 결과 18대 대선과 비교할 때 19대 대선의 가장 큰 특징은 이전 선거에서 주요 정당을 지지했던 유권자들이 대거 과거 선택했던 정당으로부터 이탈했다는 점이다. 선거 결과에 대한 분석은 전체 투표 가능 유권자 중 적어도 26%가 18대 선거에서는 박근혜, 문재인을 지지했지만, 19대 선거에서는 기타 후보들을 지지한 것으로 나타났다. 이는 최소한의 추정치이며 집합 자료의 한계로 인해 구체적인 이탈의 규모를 확인하는 데는 한계가 있다. 그러나 시도 수준의 변화 양상이나, 추정에 사용된 가정들이 현실에 부합하지 않는 측면이 있음을 감안할 때, 실제 변화의 규모는 이보다 훨씬 더 클 것으로 보인다.

여론조사 자료를 토대로 과거 보수정당 지지자들의 이탈 요인을 분석한 결과, 이와 같은 변화가 한국 정치에서 유권자 재정렬과 같은 근본적인 변화를 나타낸다고 하기에는 한계가 있다. 지역 균열, 세대 균열 그리고 계층 균열 등은 유권자의 이탈 결정에 직접적인 영향뿐 아니라 정책 선호를 통해 간접적으로도 영향을 미치는 것으로 나타났다. 이러한 경향은 18대 선거에서 박근혜를 지지했던 유권자들에게서 더욱 두드러졌다. 50대 이하의 유권자들이나 호남 지역 유권자들은 각종 정책에 대한 선호를 통제한 이후에도 다른 후보로 이탈할 가능성이 높은 것으로 나타났다. 또한 진보적인 이념 성향, 국가 경제에 대한 회고적 평가, 탄핵에 대한 태도, 대북정책 및 복지정책에 대한 선호 등도 이탈 가능성을 높였다. 기존 민주당 지지자의 경우, 사례 수가 많지 않아 자세한 분석에는 한계가 있지만, 이탈자와 잔류자의 차이가 보수정당 지지자들의 경우와 비교할 때 그다지 크지 않다. 세대 균열만이 제한적인 영향력을 미치는 것으로 나타났는데, 이는 60대 이상 응답자들이 북한에 대한 강경정책을 선호하고, 사회 통합을 강조하는 데서 기인한다. 다른 정책 이슈들의 경우 이탈자와 잔류자 간의 차이를 찾아보기 힘들다.

또한 보수정당 이탈자들 간에도 차이가 존재한다. 박근혜 대통령 탄핵에 대해 찬성한다는 점을 제외하면, 유승민과 안철수를 지지한 이들은 홍준표를 지지한 이들과 여러 가지 면에서 유사하다. 대선이 끝나고, 탄핵 문제가 정치적 영향력을 상실한 이후에는 이들 유권자들이 다시 보수정당에 대한 지지로 회귀할 가능성이 상당함을 보여 주는 대목이다. 문재인을 지지한 후보자들의 경우는 예측이 쉽지 않다. 북한에 대해 강경책보다는 유화책을 선호한다는 점에서 핵심 민주당 지지자들과 유사한 선호를 가지고 있지만, 사드 배치에 찬성하는 점에서 알 수 있듯이 안보 문제에 있어서는 핵심 보수정당 지지자들과도 가깝다고 볼 수 있다. 이러한 상충적인 태도는 상황에 따라, 이들 이탈자들이 문재인의 지지 세력으로 남아 있을 수도 또는 보수정당 지지로 회귀할 수도 있음을 의미한다.

참고문헌

강원택. 2003. 한국의 선거정치: 이념, 지역, 세대와 미디어. 푸른길.

김만흠. 1997. 한국 정치의 재인식: 민주주의, 지역주의, 지방자치. 풀빛.

김무경·이갑윤. 2005. 한국인의 이념정향과 갈등. 사회과학연구. 13권 2호: 6－27.

손호철. 2003. 현대한국정치: 이론과 역사 1945 ~ 2003. 사회평론.

이갑윤. 1997. 한국의 선거와 지역주의. 오름.

이갑윤. 2011. 한국인의 투표 행태. 후마니타스.

장승진. 2013. 2012년 양대 선거에서 나타난 계층 균열의 가능성과 한계. 한국정치
학회보. 4집 4호: 51－70.

조성대. 2008. 균열구조와 정당체계－지역주의, 이념, 그리고 2007년 한국 대통령
선거. 현대정치연구. 1집 1호: 169－198.

최장집. 1998. 한국 민주주의의 조건과 전망. 나남.

최준영 조진만. 2005. "지역균열의 변화 가능성에 대한 경험적 고찰: 제17대 국회의
원 선거에서 나타난 이념과 세대 균열의 효과를 중심으로." 한국정치학회보 39집
3호: 357 －394.

Bartolini, Stefano, and Peter Mair. 2007. *Identity, Competition and Electoral
Availability: The Stabilisation of European Electorates 1885-1985.* ECPR Press.

Burden, Barry C. 2000. "Voter Turnout and the National Election Studies."
Political Analysis 8(4): 389-98.

Campbell, Angus, Philip E Converse, Warren E Miller, and Donald E Stokes.
1960. *The American Voter.* Chicago: University of Chicago Press.

Dalton, Russell J, Scott C Flanagan, and Paul Allen Beck. 1984. *Electoral
Change: Realignment and Dealignment in Advanced Industrial Democracies.*
Princeton: Princeton University Press.

Darmofal, David, and Peter F Nardulli. 2010. "The Dynamics of Critical Realignments: An Analysis Across Time and Space." *Political Behavior* 32(2): 255-83.

Evans, Geoffrey. 2000. "The Continued Significance of Class Voting." *Annual Review of Political Science* 3: 401-17.

Horiuchi, Yusaku, and Seungjoo Lee. 2007. "The Presidency, Regionalism, and Distributive Politics in South Korea." *Comparative Political Studies* 41(6): 861-82.

Kim, HeeMin, Jun Young Choi, and Jinman Cho. 2008. "Changing Cleavage Structure in New Democracies: An Empirical Analysis of Political Cleavages In Korea." *Electoral Studies* 27: 136-50.

Kwon, Hyeok Yong. 2005. "Targeting Public Spending in a New Democracy: Evidence from South Korea." *British Journal of Political Science* 35(2): 321-41.

Lee, Dong Ok, and Stanley D Brunn. 1996. "Politics and Regions in Korea: An Analysis of the Recent Presidential Election." *Political Geography* 15(1): 99-119.

Lipset, Seymour M, and Stein Rokkan. 1967. "Cleavage Structures, Party Systems, and Voter Alignments: An Introduction." New York: Free Press.

Long, Scott J. 1997. *Regression Models for Categorical and Limited Dependent Variables.* London: Sage Publications.

Moon, Woojin. 2005. "Decomposition of Regional Voting in South Korea: Ideological Conflicts and Regional Interests." *Party Politics* 11(5): 579-99.

Rae, Douglas W, and Michael Taylor. 1970. *The Analysis of Political Cleavages.* New Haven: Yale University Press.

Randall, Vicky. 2001. "Party Systems and Voter Alignments in the New Democracies of the Third World." In L. Karvonen and S. Kuhnle, eds. *Party Systems and Voter Alignments Revisited.* London and New York: Routledge.

Whitten, Guy D and Harvey D Palmer. 1996. "Heightening Comparativists' Concern for Model Choice: Voting Behavior in Great Britain and the Netherlands." *American Journal of Political Science* 40(1): 231-260.

제3부
외치

제7장

한국의 아프리카 이니셔티브 출범과 아프리카 양자원조[*]

윤미영(하노버대학교)

문충식(중앙대학교)

서론

1950년대 한국은 일인당 국민소득이 100달러 미만의 극빈국이었다. 오늘날 한국은 세계 11번째 경제 부국으로 성장하였으며, 이에 따라 많은 아프리카 국가들에게 한국은 성공적인 경제발전의 모델이 되고 있다. 이러한 경제발전의 밑거름이 된 여러 요인 중 하나는 1945년부터 1990년 후반까지 한국이 받은 12조 달러 규모의 ODA이다(외교통상부, Ministry of Foreign Affairs and Trade [MOFAT] 2012).[1] 이처럼 ODA 수원국이었던 한국은 1996년에 OECD에 가입하고 2010년 1월에 개발원조위원회(Development Assistance Committee, 이하 DAC)의 회원으로 가입함으로써 ODA 수원국에서 공여국으로 그 지위를 전환하였다.

본 논문은 한국의 아프리카 ODA 분배 정책에 초점을 맞추고 있다. 한국의 대 아프리카 원조의 70퍼센트는 양자원조의 형태를 띠고 있다. 아프리카 국가들은 전 세계 양자원조의 29－39퍼센트를 지원받고 있으며, 한국의 아프리카 ODA는 이보다 낮은 비율을 유지해 왔다(그림 1). 한국은 2006년 3월, 노

* 이 장의 내용은 Yoon, M., and C. Moon. 2014. "Korean Bilateral Official Development Assistance to Africa Under Korea's Initiative for Africa's Development," Journal of East Asian Studies, 14: 2 78-302의 형태로 국제학술지 출판된 논문을 학술지의 허락을 받고 번역을 한 후, 다시 수정한 것임을 밝힌다.
1) 한국은 1999년을 마지막으로 해외 원조를 받지 않았고, 2000년에는 공식적으로 수원국 명단에서 탈퇴하였다.

무현 대통령의 알제리, 이집트, 나이지리아 방문 중 아프리카의 발전을 위한 아프리카 이니셔티브를 선포하였으며, 이니셔티브 선포 이래 한국의 아프리카 원조는 증가세를 보여 왔다. 그러나 표 1에서 볼 수 있듯이, 아프리카 ODA의 주요 공여국에 비하면 아직 그 양이 크게 부족한 것이 사실이다.

그림 1   전체 아프리카 ODA 대비 한국의 아프리카 ODA 비율

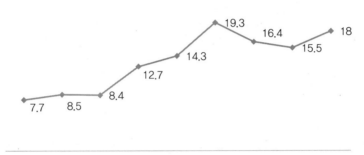

출처: OECD 2013a.

　　아프리카에는 전 세계 48개의 극빈 국가 중 33개가 위치하고 있다. 세계은행(World Bank 2013)에 따르면, 아프리카에는 고소득 국가가 없으며 가나, 가봉, 리비아, 모리셔스, 나미비아, 씨실, 남아프리카공화국 등이 고중소득국으로 분류되고 있을 뿐이다. 따라서 다수의 아프리카국들이 원조를 필요로 함에도 불구하고, 한국의 아프리카 ODA 규모는 수원국에 따라 크게 차이를 보인다. 어떤 국가들은 상대적으로 많은 액수를 배분받는가 하면 원조를 전혀 받지 못하는 국가들도 있다. 이러한 차이의 원인이 무엇인가? 과거 빈곤국가로서의 경험이 있는 신흥 공여국으로서 한국은 인도적 원칙에 따라 ODA를 분배하고 있는가, 아니면 국익 우선 주의에 기초하여 원조를 지원하고 있는가? 본 논문은 한국의 아프리카 양자원조의 분배 요인을 분석함으로써 위의 질문에 대한 해답을 제시하려 한다. 본 논문의 결과는 다음과 같다. 한국 ODA는 저개발국가 그리고 인권 보장 수준이 높은 국가에 보다 분배되는 경향을 보이며 산유국들과 높은 경제성장률을 보이는 국가들에게 주로 집중되고 있음을 확인할 수 있었다. 반면 한국 ODA가 수원국의 민주주의 발전이나 한국에 대한 수출 및 투자 장려의 수단으로 쓰인다는 견해의 증거는 찾지 못하였다. 마지막으로 아프리카 이니셔티브 기간 동안 한국의 아프리카 ODA는 증가하였으며, 특히 그 증가의 폭은 저개발 국가의 경우에 더욱 크다. 이 결과를 바탕으로 실용 시대를 강조했던 이명박 정권의 중요한 분배 요소들을 결론에서 논의한다.

표 1 대 아프리카 ODA: 주요 OECD 공여국과 한국의 비교(단위: 백만 불)

연도	미국	프랑스	독일	일본	한국
2003	6,097.47	5,067.25	2,725.47	918.72	24.23
2004	4,903.19	4,713.62	1,667.14	1,035.08	33.48
2005	5,030.76	5,762.19	3,145.28	1,403.95	41.38
2006	6,374.54	6,200.92	4,044.33	3,533.88	47.11
2007	5,368.54	3,823.02	2,545.13	2,456.52	66.08
2008	7,518.94	3,351.08	2,682.11	1,944.66	113.73
2009	7,940.71	4,185.95	2,116.81	1,682.05	115.23
2010	7,928.30	4,555.10	2,061.09	2,035.02	148.54
2011	9,406.53	4,640.64	2,575.19	1,708.31	178.36

출처: OECD 2013a.

양자원조의 결정 요인에 대한 다수의 선행 연구가 존재하지만(Lumsdaine & Schopf 2007; Chun, Munyi & Lee 2010; Choi 2011; Kim & Oh 2012), 한국의 아프리카 양자원조에 대한 연구는 많지 않다. 이는 한국-아프리카 관계에 대한 학계의 관심이 적고, 한국 ODA의 역사가 길지 않기 때문일 것이다. 아프리카 이니셔티브의 선언이 한국과 아프리카의 관계의 전환점이 되었다는 점에서 그리고 이니셔티브 이후 아프리카가 한국 양자원조의 주요 수원 지역으로 부상했다는 점에서 한국의 대 아프리카 양자원조 연구, 특히 이니셔티브의 영향력을 분석하는 연구는 그 중요성이 매우 크다고 할 수 있다. 또한 본 논문이 한국과 같이 수원국의 경험이 있는 신흥 공여국 ODA의 결정 요인을 분석하고 있다는 점에서, 차후 다른 신흥 공여국들의 ODA 정책 동기를 추정하는 데도 기여할 수 있을 것이다.

한국-아프리카 관계

한국－아프리카 관계는 1960년대에 한국 정부가 신흥 독립한 아프리카 국가들과 외교 관계를 맺음으로써 시작되었다. 그러나 한국 대통령들의 아프리카 순방이 드물었다는 사실에서도 알 수 있듯이, 한국은 냉전 기간 동안 경제협력과 소량의 원조를 통해 북한의 아프리카에서의 세력 확장을 견제하는 데 주력해 왔으며, 특별히 아프리카에 외교적 관심을 두지 않았다. 반면 북한은 아프리카에서의 군사협력 확장과 반서방 선전강화 등의 정책 노선에 따라, 남한보다 외교적으로 우월한 위치를 누리게 된다. 예컨대 아프리카로의 정상 순방 또한 극히 드물었으며, 2006년 노무현 대통령이 아프리카를 방문하기 전까지는 전두환 대통령이 1982년에 가봉, 케냐, 나이지리아, 세네갈을 방문했던 것이 유일했다.

1973년, 한국은 유엔 가입을 위한 아프리카 국가들의 지지를 얻기 위해[2] 그동안 아프리카에서 수행해 왔던 남북한 동시수교 불허 정책을 포기했다(Lee 2011, 144). 1970년대 초반, 아프리카국들은 이미 유엔 총회에서 많은 투표권을 행사했을 뿐만 아니라, 유엔 가입국의 40퍼센트를 차지하는 비동맹운동에서도 커다란 역할을 하고 있었다(MOFAT 2009a, 174). 전두환 대통령의 방문은 한국의 아프리카 외교를 확장시키고 한국의 아프리카에 대한 관심을 다소 증진시키기는 했으나, 몇몇 아프리카국과 수교를 맺은 것 이외에는 큰 변화를 가져오지는 못하였다.

냉전의 종식과 아프리카의 탈공산화 물결은 한국의 대 아프리카 외교정책을 재평가해 볼 수 있는 기회였다. 그러나 한국은 경제 및 안보상의 이유로 여전히 북한, 일본, 중국, 러시아, 미국 등과의 관계를 우선시하고 있었다. 따라서 한국의 아프리카에 대한 관심은 2006년 이니셔티브를 선언하기 전까지 크게 변화가 없었다. 2006년을 기점으로 대 아프리카 외교는 획기적인 변화를 맞이했다(MOFAT 2007, 111). 한국은 2006년을 '아프리카의 해'라고 선언하면서 모든 아프리카국과 수교를 완료하였으며, 18개 아프리카국에 외교 공관을 설치하였다.

---

2) 한국과 북한은 1991년에 UN에 가입하였다.

한국의 아프리카 이니셔티브는 한국의 아프리카 원조를 2005년 수준에서 2008년까지 세 배로 늘리겠다는 공약과 함께, 한국의 경제발전 경험 공유를 위해 아프리카 실습생을 한국에 초청하고 한국의 의료진, 전문가, 자원봉사자들을 아프리카에 보낸다는 계획을 포함한다(MOFAT 2009a). 아프리카 이니셔티브는 UN의 새천년개발목표와 동일하게 인적자원개발, 공공보건시설, 거버넌스, 정보와 통신, 농업에 중점을 두고 있다.

이니셔티브의 선언 이후 2006년 11월부터 한국과 아프리카는 매 3년마다 한국-아프리카 포럼으로 개최하였다. 제2차 한국-아프리카 포럼에서 한국은 2012년까지 한국의 아프리카 원조를 2008년 수준에서 두 배로 늘리고 5,000명의 아프리카 훈련생을 한국에 데려오는 한편, 1,000명의 한국 봉사자들을 아프리카에 보내기로 약속하였다("The 2nd Africa-Korea Forum Held in Seoul" 2009). 한국-아프리카 정상 간의 만남도 증가하였다. 2011년 7월, 이명박 대통령은 남아프리카공화국, 콩고민주공화국, 에티오피아를 방문하였다. 한국은 또한 2006년부터 2년 주기로 한국-아프리카 경제협력회의를 개최하였고, 2008년부터는 매년 한국-아프리카 산업협력포럼을 개최하였다. 이 두 회의 모두 아프리카의 빈곤 감소를 위한 목적으로, 원조와 더불어 무역 및 해외 투자를 위한 경제협력에 주안을 두고 있다. 따라서 이니셔티브 이후의 한국-아프리카 관계는 ODA의 증가 및 무역, 기반 시설, 에너지, 광물자원개발, 농업 분야에 대한 한국의 투자 확대에 중점을 두고 발전해 왔다. 그러나 한국이 ODA를 인도적 원칙에 따라 지원해 왔는지 아니면 무역과 투자를 늘리기 위한 경제적 이익 추구 수단으로 사용해 왔는지에 대한 질문은 여전히 가능하다.

아프리카 이니셔티브의 계기가 무엇인가?

그렇다면 한국이 아프리카 이니셔티브를 채택한 이유는 무엇인가? 그 배경은 크게 세 가지를 생각해 볼 수 있다. 우선 인도적인 목적이다. 외교통상부에 의하면(MOFAT 2009a, 215), 한국은 과거 원조 수원국으로서 아프리카의 빈곤 감소에 기여할 도의적 책임이 있다고 보았다. 둘째로 국제적 위상이다. 이니셔티브는 한국의 경제적 위상에 걸맞은 국제적 위상을 획득하고 '세계 속의 한국'으로 인정받으려는 한국의 비전에서 나온 것이라 볼 수 있다. 국제적 위상을 제고하기 위해서는 국제사회의 요구에 부합해야 한다. 외교백서에 의하면, 한국은 원조를 국가의 위상을 높이는 수단의 하나로 보고 있다.[3] 마지막으로 비유럽국가들(e.g. 중국, 일본, 인도, 터키, 브라질, 러시아 등)의 아프리카에의 영향력 확대에 대한 정책적 대응이라고 볼 수 있다. 경쟁 구도에 있는 중국과 일본의 아프리카 활동을 한국의 입장에서는 간과하고 있을 수만은 없었을 것이며, 특히 중국의 아프리카 내에서의 급격한 영향력 증가는 한국의 아프리카 외교에 경종을 울리는 계기가 되었다고 볼 수 있다.

아프리카는 풍부한 에너지원과 다량의 광물 자원 그리고 시장 잠재력을 가지고 있으며, 이에 따라 자원이 부족한 신흥 경제성장국들이 많은 관심을 보이고 있다. 특히 아프리카 경제성장의 장애 요소라 할 수 있었던 내전이 감소되고 있으며, 평균 4−5%에 육박하는 경제성장률을 보이고 있다. 또한 시장보호정책이 강화되고 있는 서구 국가와 달리, 아프리카 국가들은 무역 확대와 해외 투자 유치에 큰 관심을 보이고 있다(Kapstein 2009, 119). 이코노미스트는 2011년 "Africa Rising"이라는 글을 통해 "지난 10년 중 8년 동안, 아프리카는 동아시아보다 더 높은 경제성장률을 기록했다"라고 보고했다.[4]

양자원조의 변수들

ODA는 아프리카 경제발전에 중요한 역할을 해 왔다(Tuman & Ayoub 2004, 43). ODA의 주요 목적은 저개발국가들의 사회경제적 복리후생을 향상시키는 데 있으나, 많은 공여국들이 자국의 이익을 달성하기 위한 외교 수단으로 사용해 왔다(Kang & Meernik 2004, 151; Maizels & Nissanke 1984, 879; Quinn & Simon 2006, 295). 일반적으로 양자원조가 국제 기구를 통해 분배되는 다자원조보다 공여국의 국익 추구를 위해 사용되는 경향이 있다(Easterly 2006, 49).

양자원조의 배분에 영향을 미치는 변수들은 각 공여국에 따라, 그리고 국제 환경에 따라 변화한다. 전략적, 이념적 목적이 냉전 기간 동안 양자원조의

---

3) 한국은 또한 국제기구에의 분담금 부담, UN 평화유지활동, 문화외교 그리고 인도주의적 활동 등을 통해 국제적 위상을 제고하고 있다. 외교백서(http://www.mofat.go.kr/ENG/policy/whitepaper/index.jsp?menu=m_20_160).

4) "Africa Rising." 2011. Economist 401, 8762: 13.

분배에 많은 영향을 끼쳤다면 냉전 기간 동안 주요 쟁점이 아니었던 비전략적, 비이념적 변수들이 냉전 종식 후에는 주요 변수로 대두되었다(Tjønneland 1998, 187; Eyinla 1999, 409; Kang & Meernik 2004; Lundsgaarde, Breunig, & Prakash 2007, 168). 예컨대, 수원국의 공산국가와의 국경 공유 여부, 소련의 우방 여부, 공산주의 국가 여부, 공산주의 반란 경험 유무 등이 냉전 기간 동안 서방 공여국의 양자원조 분배에 영향을 미쳤다면(Chan 1992, 6), 소련과 공산주의의 붕괴에 따라 이러한 변수들의 중요성은 크게 감소하였다(Eyinla 1999, 409; Szirmai 2005, 587). 냉전 종식 후에는 공여국의 경제적 이익과 잠정적 수원국의 정치경제적 요소가 ODA 배분의 중요 변수로 대두되었다. 공여국의 경제적 이익으로는 무역, 투자, 에너지 수급 등이, 잠정 수원국의 국내적 요소로는 굿거버넌스와 경제발전 등이 ODA 배분에 영향을 미친다.

한국 정부 또한 초기에는 ODA를 이용, 북한보다 우월한 정치적, 외교적 이익을 얻는 데 주력해 왔으나, 냉전 종식 후에는 수원국과의 경제무역 관계를 심화시키고, 수원국 내의 한국 기업의 해외 투자를 촉진하는 등의 경제적 이익을 얻는 수단으로 ODA를 사용하고 있다(Lumsdaine & Schopf 2007, 231). 그 결과 한국은 무역 파트너와 한국 투자 유치국들에게 ODA를 배분하는 경향을 보인다(Lumsdaine & Schopf 2007, 233; Watson 2011, 265; Kim & Oh 2012, 265; Tuman & Ayoub 2004, 49). 한국 ODA의 배분을 결정하는 또 다른 변수는 에너지 자원의 수급이다(Chun, Munyi, & Lee 2010, 797; Lee 2009; Park 2006, 64). 칼리노스키와 조(Kalinowski & Cho 2012, 250)에 따르면, 최근 한국의 아프리카 ODA 증가는 아프리카의 천연자원 특히 원유에 대한 접근성을 높이기 위해서다. 한국은 원유의 80% 이상을 중동에서 수입하고 있으며, 따라서 정치적으로 불안정한 중동에서의 자원 의존도를 줄이기 위해 다른 산유 지역에 관심을 두고 있다(Lee 2009, 344; MOFAT 2009b; Park 2006, 63). 전두환 대통령의 아프리카 방문이 남북한 문제에 대한 아프리카의 지지를 얻고 아프리카에서 한국의 위상을 높이기 위해서였다면, 2006년 노무현 대통령의 아프리카의 산유국 방문은 에너지 확보를 위한 노력으로 볼 수 있다(MOFAT 2006).

최근 경제적으로 부상하고 있는 중국과 인도의 경우에도 새로운 시장의 개척과 에너지원의 확보 그리고 해외 투자 증대라는 목표의 연장선에서 양자원조를 분배하고 있다(Lumumba-Kasongo 2011, 255; Samy 2010, 76; Schoeman

2011, 42; Wood 2008, 1218). 일본, 한국, 중국의 아프리카 원조를 비교한 카발료, 김 그리고 포터(Carvalho, Kim, & Potter 2012)의 연구에 따르면 이 국가들은 자국의 경제적 이익을 위해 ODA를 분배하는 결정하는 경향이 있으나, 아프리카 빈곤 감소의 목적 또한 영향이 있다고 본다. 중국의 경우, 아프리카 원조를 대만을 견제하는 수단으로도 사용하고 있으며 "하나의 중국 정책(one-China policy)"을 실행하는 수원국들에 혜택을 주고 있다(Brautigam 2009, 278).

냉전 종식 이후, 공여국들은 원조의 효율성을 높이는 데 많은 관심을 가졌다. 특히 공여국들은 빈곤국들의 경제 문제의 원인이 정치적인 요인에 있다고 보고 굿거버넌스를 ODA의 전제 조건으로 삼았다(Nanda 2006, 274). 일본 ODA 또한 굿거버넌스를 장려하는 경향을 보여 왔으며(Eyinla 1999, 429), 한국의 아프리카 이니셔티브 역시 굿거버넌스를 수행하는 국가들이 ODA의 우선권을 갖는다고 강조한 바 있다. 굿거버넌스의 의미는 다양할 수 있으나, 공여국들은 주로 민주주의와 인권 보장에 주목한다(Neumayer 2003a, 102; Sengupta 2002, 1434; Tjønneland 1998, 188). 한국 외교백서들도 이러한 가치를 외교정책의 목표로 삼고 있다. 그러나 민주주의와 인권 보장이 ODA 분배에 미치는 영향에 대한 경험적 연구 결과는 일정하지 않으며 연구의 시간적 범위, 변수의 측정 방법 그리고 특정 국가의 사례에 따라 다른 결과를 보인다. 뉴마이어(Neymayer 2003a)는 인권 존중이 양자 및 다자원조의 배분에 있어서 통계적으로 큰 영향을 미치지 못한다는 것을 발견하였으나 투만과 아유프(Tuman & Ayoub 2004) 그리고 투만, 스트랜드, 에머트(Tuman, Strand, & Emmert 2009)는 인권 보장이 일본 ODA의 분배를 결정하는 가장 중요한 요인 중 하나라고 보고하였다. 일부 연구는 인권 보장과 ODA 분배 간에 부정적인 상관관계를 발견하기도 하였다. 데미렐-페그와 모스코위츠(Demirel-Pegg & Moskowitz 2009)에 따르면, 인권 보장이 취약한 국가들이 냉전 종식 이후 미국 ODA를 더 많이 받았다. 이와 유사하게 미어닉, 크루거, 포(Meernik, Krueger, & Poe 1998, 78-79) 또한 미국 ODA가 수원국의 인권 보장과 부정적 상관관계가 있음을 밝혀냈다. 민주주의와 ODA 간의 상관관계와 관련하여 알레시나와 웨더(Alesina & Weder 2002, 1136)와 데미렐-페그와 모스코위츠(Demirel-Pegg & Moskowitz 2009)는 미국이 민주주의 국가에 ODA를 더 많이 제공하는 경향이 있다고 밝혔다. 그러나 미어닉, 크루거, 포(Meernik, Krueger, & Poe 1978)에 따르면, 미국은 냉전 기간 동안에만 민주주의 국가에 ODA를 더 많이 배분하였다. 경제협력개발기구(OECD) ODA의 경우, 강과 미어닉(Kang & Meernik 2004, 164)은 민주주의와 ODA 간 상관관계가 존재하지 않다는 사실을 발견했다.

수원국의 사회경제적 여건이 ODA에 미치는 영향을 살펴본 연구들은 일반적으로 가난한 국가들이 ODA를 많이 받는 경향이 있음을 밝히고 있다(Eyinla 1999, 413; Neumayer 2003a, 523; Tuman & Ayoub 2004, 50; Macdonald & Hoddinott 2004, 308). 공적원조에 영향을 미치는 다른 변수로는 식민지 경험 그리고 공여국과의 근접성이 있다. 그러나 한국의 경우 아프리카 식민통치의 역사가 없고, 국경을 공유하고 있지 않기 때문에 이 변수들은 본 연구와는 무관하다.

연구설계

본 연구는 1)한국의 아프리카 ODA의 결정 요인을 분석하며 2)아프리카 이니셔티브가 한국의 아프리카 ODA 배분에 어떠한 영향을 주었는지를 경험적으로 살펴본다. 한국의 아프리카 ODA 결정 요인을 분석하기 위해서 본 논문은 패널 자료를 사용한다. 패널은 51개 아프리카 국가들을 포함하며, 연구의 시간적 범위는 1991년부터 2011년까지이다. 한국의 아프리카 ODA 역사는 1960년대로 거슬러 올라가지만,[5] 한국이 아프리카에서 실질적인 공여국으로 활동하기 시작했던 것은 1990년대에 이르러서이다. 또한 1991년 국제연합(the United Nations, 이하 UN)의 남북한 동시 가입에 따라, 냉전 기간 동안 북한을 견제하기 위해 실시하였던 한국의 아프리카 ODA 정책은 1991년을 기점으로 그 정당성을 잃게 되었다. 따라서 본 연구는 탈냉전 이후의 한국의 아프리카 ODA는 안보 쟁점이 아닌 다른 요인들에 의해서 결정되었다고 가정하며 1991년을 연구의 시작점으로 선정하였다. 본 연구는 54개의 아프리카 국가 중 소말리아, 에리트레아 그리고 남수단을 제외하였다. 소말리아는 1991년 이후 실질적인 정부 기능이 부재한 상태이며, 에리트레아와 남수단은 1993년과 2011년에 각각 독립하였다.

---

5) 한국은 미국 국제개발처(United States Agency for International Development)의 지원으로 다른 개발도상국에 대한 기술훈련 등을 제공하였다(KOICA 2012).

종속변수

본 논문은 개별 아프리카 국가에 연간 배분되는 일인당 순공여액 지출 (net ODA disbursement)의 규모를 종속변수로 사용한다.[6] 종속변수는 무상과 유상원조를 합친 총액을 2011년도 고정 연도 달러 값(2011 constant US dollars)을 기준으로 계산하였다. 일반적으로 공여국은 인구 규모가 큰 국가에 원조를 더 많이 배분하는 경향이 있다(Moss 2011, 148). 따라서 국가 간 인구의 차이를 고려하기 위해, 본 연구는 국가별 연간 ODA 총액을 인구수로 나누어 일인당 ODA 지출액을 계산하였다.[7] 또한 순공여액의 경우 해당 연도의 유상원조 상환액이 공여액보다 많을 경우, 음의 값을 갖게 된다(예컨대, 가나 1999–2002; 나이지리아 1995–1998, 2001–2005, 2007; 우간다 1999; 케냐 2000–2004; 튀니지 2005–2007). 본 연구에서는 이들의 값을 0으로 변환하였다. 따라서 0의 값을 받은 미공여국가로 인한 중도절단(censored)의 문제를 해결하기 위해, 본 논문은 토빗(tobit) 모델을 주요 추정기법으로 사용한다.[8] 관찰값들의 중도절단이 발생했을 때, 보통의 OLS 회귀분석 기법을 사용한 결과는 편향(biased)될 수 있다. 토빗 모델은 관찰값들이 중도절단이 될 가능성을 고려하며 이러한 편향 가능한 분석 결과를 조정한다. 본 논문에 사용된 표본 크기를 고려했을 때 중도절단된 관찰값의 비율은 상대적으로 적은 편이나(702개 관찰값 중 24개), 토빗 모델을 사용하는 것은 잠재적 편향을 해결할 수 있는 보수적인 접근 방법이 될 수 있다.

독립변수

본 논문은 크게 세 개의 독립변수 그룹을 중심으로 분석을 진행한다: 1)한국의 경제적 이익; 2) 아프리카 국가의 정치적 조건; 3) 아프리카 국가의 사회경제적 조건. 한국의 경제적 이익은 각 국가로의 수출액, 외국인직접투자액(FDI) 그리고 한국의 에너지 자원 필요 정도로 측정하였다.[9] 한국의 수출액과 FDI 변

---

6) ODA 자료는 OECD를 사용하였다(OECD 2013a).

7) 인구 자료는 세계은행(World Bank 2013b)을 참조하였다.

8) 토빗 모델은 기존 ODA 연구에도 자주 사용되었다(e.g. Berthélemy & Tichit 2004; Kim & Oh 2012).

9) 무역 자료는 바비에리와 케스크(Barbieri and Keshk 2012)를 사용했으며, FDI는 OECD를 참조하였다

수는 각 수여국의 인구 규모를 고려해서 일인당 수출액 및 투자액으로 환산하여 구성한다. 한국의 석유 수입액의 대부분은 원유이다(International Energy Agency 2011). 따라서 한국의 자원 필요도 변수는 각 국가의 일일 원유 생산량(단위: 천 배럴)을 활용한다.[10] 본 논문은 수출과 투자의 의존성이 높은 수원국일수록, 한국 ODA의 배분 규모가 커질 것이라고 기대한다. 또한 에너지원 확보가 한국의 사활적 이익 중 하나라는 점에 미루어 볼 때(MOFAT 2006, 187), 한국은 산유국에 더 많은 규모의 원조를 배분할 것이라고 생각된다. 따라서 한국의 경제적 이익 변수와 한국 ODA 규모 사이에는 긍정적인 관계가 존재할 것이라고 예측한다.

잠재적 수원국의 정치적인 상황을 측정하기 위해, 본 논문은 민주주의와 인권 보장의 정도를 주요 지표로 사용한다. 민주주의의 정도는 프리덤 하우스(Freedom House 2012a)의 민주주의 지수를 활용한다. 프리덤 하우스는 자유롭고 공정한 선거, 시민들이 정당 및 다른 정치 집단을 구성할 권리, 의미 있는 야당의 존재, 소수 집단의 의사결정과정에의 참여 보장 등을 기준으로 민주주의의 정도를 수치화한 것으로 각 국가에 1에서 7까지의 점수를 부여하고 있다.[11] 이 점수를 바탕으로 각 나라들은 '자유'(점수: 1.0 – 2.5), '부분적 자유'(점수: 3.0 – 5.0), '부자유'(점수: 5.5 – 7.0)의 세 그룹으로 나눠진다(Freedom House 2013). 이 지표는 점수가 낮을수록 보다 민주주의 국가임을 의미한다. 분석 결과의 해석을 용이하게 하기 위해, 본 논문에서는 민주주의 지표의 점수를 반대로 부여하였다. 따라서 민주주의 변수의 값이 높을수록 민주주의를 의미한다. 인권 보장 정도는 정치적 테러 측도(Political Terror Scale, 이하 PTS)를 사용하여 측정한다. PTS는 살인, 고문, 실종, 정치적 투옥과 같은 국가 주도형 테러의 수준을 측정한 지표로 미국 국무부(the US Department of State)와 국제사면위원회(Amnesty International) 두 기관에서 인권의 침해 수준에 따라 1에서 5까지의 점수를 부여하고 있다. 여기서 5는 가장 높은 수준의 인권 침해를 나타낸다. 본 논문에서는 두 기관 점수의 평균값을 인권 보장의 변수로 사용하

(OECD 2013b).

10) 관련 자료는 미국 에너지 관리청을 참조하였다(U.S. Energy Information Administration 2013).

11) 프리덤하우스의 "체크리스트 질문"을 참조하였다(Freedom House 2012b).

며, 민주주의 변수와 마찬가지로 결과의 해석상 편의를 위해 점수를 반대로 부여하였다. 따라서 인권 보장 변수의 값이 높을수록 해당 국가의 인권 보장 정도가 높음을 의미한다.

수원국의 사회경제적 조건은 최빈국(Least Development Country) 지위 여부[12] 그리고 실질 경제성장률을 바탕으로 측정한다.[13] 한국 정부는 이니셔티브는 "빈곤 지수와 개발 필요성"을 반영한다고 밝히고 있다(MOFAT 2009b, 218). 이는 기존 연구에서 빈곤 수준을 측정하기 위해 흔히 사용되고 있는 일인당소득 이상의 개념이다. 최빈국 지위는 단순 경제 수준이 아닌 다양한 요소를 기준으로 선정되며(인구 소득, 인적 자원, 경제적 취약성 등), 따라서 이는 한국의 ODA 원칙을 분석하기에 적합한 복합적인 사회경제적 복지 지표로 볼 수 있다. 최빈국의 구체적인 선정 조건은 시기에 따라 조금씩 변화하고 있으나 기본 원리는 동일하게 유지되고 있다(United Nations Department of Economic and Social Affairs 2012). 51개의 표본 국가 중, 31개 국가가 현재 최빈국의 지위를 얻고 있다. 최빈국 지위가 한국 ODA 배분에 미치는 영향을 분석하기 위해, 본 논문은 최빈국 지위 더미 변수를 분석에 포함한다; 최빈국에는 1의 값, 아닌 국가에는 0의 값을 부여한다. 최빈국 지위는 ODA 배분에 긍정적인 영향을 줄 것이라고 기대된다. 다음으로 실질 경제성장률은 국가의 경제력과 성장 잠재성을 평가하는 척도이다. 경제성장률과 ODA 배분 규모와 관계는 긍정적, 부정적 모두 가능하다. 공여국은 수원국의 경제성장을 촉진하기 위해 성장률이 낮은 국가에 중점적으로 ODA를 배분하려 할 수도 있으며, 반면 원조의 효과를 극대화하기 위해서 상대적으로 높은 성장률을 보이는 국가에 ODA를 주로 배분하려 할 수도 있다. 경제성장률과 ODA의 상관관계에 관해서는 경험적인 분석 결과를 살펴보도록 하겠다.

마지막으로 한국의 아프리카 이니셔티브의 효과를 알아보기 위해, 본 논문은 이니셔티브 더미 변수를 구성하였다. 이니셔티브가 실시된 2006년 기준으로 2006년과 그 이후는 1의 값을, 그 이전은 0의 값을 부여하였다. 이 변수의 계숫값은 이니셔티브의 선포가 ODA 배분에 미치는 영향력의 차이를 나타

---

12) 최빈국에 대한 자세한 정보는 유엔경제사회국을 참조할 수 있다(United Nations Department of Economic and Social Affairs 2013a).

13) 경제성장률 자료는 세계은행을 사용하였다(World Bank 2013c).

낸다. 본 논문은 전반적인 한국 ODA의 규모가 이니셔티브의 출범 이후 증가할 것으로 예측하며, 따라서 이니셔티브의 변수의 계수가 양의 값을 가지며 통계적으로 유의미할 것으로 기대한다. 이니셔티브의 출범은 독립적으로 ODA 배분 규모에 영향을 줄 수 있을 뿐만 아니라 다른 변수, 특히 최빈국 지위 변수와 상호작용(interaction)을 통해 ODA의 배분에 영향을 줄 수 있다. 구체적으로 이니셔티브는 빈곤 감소와 사회경제적 환경의 개선을 목표로 하고 있다. 따라서 이러한 이니셔티브의 효과는 빈곤 수준이 높고 사회경제적 수준이 가장 낮은 최빈국에게 더 크게 나타날 수 있다. 특히 본 논문은 최빈국 지위가 ODA 배분에 미치는 영향은 이니셔티브 출범과 상관없이 여전히 양의 값을 가지나, 효과의 크기는 이니셔티브가 출범한 이후에 더 커질 것이라고 기대한다. 즉, 최빈국 지위가 한국 ODA의 배분을 결정하는 중요한 요소 중 하나이나, 이니셔티브의 출범은 최빈국 지위에 대한 정책적 고려를 심화시킨다. 따라서 본 논문은 최빈국지위*이니셔티브의 상호작용항을 구성하고 다음의 모형을 이용해서 한계 효과를 측정하고자 한다.

$$한국ODA = \beta_1 최빈국지위 + \beta_2 이니셔티브 + \beta_3 최빈국지위*이니셔티브 + 통제변수$$

본 모형에서, 한국 ODA에 대한 최빈국 지위의 한계효과는 다음과 같이 계산된다.

$$\frac{\triangle 한국ODA}{\triangle 최빈국지위} = \beta_1 + \beta_3 이니셔티브$$

이니셔티브가 0일 때 최빈국 지위의 효과는 β_1으로 계산되며, 이니셔티브가 1일 때 최빈국 지위의 효과는 $\beta_1 + \beta_3$으로 계산된다. 본 논문은 최빈국 지위 변수의 계수와 상호작용항의 계수(β_1과 β_3)가 양의 값을 가질 것으로 기대한다. ODA 배분은 보통 수원국과 공여국의 한 해 전의 사회경제적 조건을 바탕으로 결정된다고 가정하며, 따라서 이니셔티브 변수를 제외한 모든 독립변수에 1년의 시차(t−1)를 적용하였다.

결과

표 2는 토빗 측정 결과를 보고하고 있다. 먼저 모형 1, 2, 3은 각 독립변수의 단독 효과를 가정하고 있는 가법 모형(additive models)이다. 기존 연구에 따르면 민주화 정도와 인권 보장이 상관관계(correlated)에 있다고 한다. 다중공정성(multicollinearity) 문제 여부를 확인하기 위해 모형 2는 민주화 변수를 제외하고 측정하였고, 모형 3은 인권 보장 변수를 제외하고 측정하였다. 두 변수의 상관관계는 심하지 않으며(상관계수: 0.5354), 모형 2, 3의 결과는 두 변수 모두 포함된 모형 1, 4와 비교해서 큰 차이가 없다. 자료를 자세히 살펴보면 아프리카 국가들의 민주주의 정도와 인권 지수는 크게 상관관계가 없음을 알 수 있다. 예컨대, 아프리카에서 가장 민주주의적인 국가 중 하나인 남아프리카 공화국의 인권 점수는 민주주의 지수가 낮은 다른 국가들에 비해서도 낮다. 가나는 르완다에 비해 민주주의 지수가 높지만 두 국가의 인권 지수는 큰 차이가 없다. 이러한 관계에 미루어 볼 때, 민주주의 정도와 인권 보장 간의 양의 상관관계는 크지 않다; 민주주의로의 개혁이 직접적인 인권 보장 효과를 가져오지는 않는다. 모형 4는 최빈국 지위가 한국 ODA에 미치는 한계효과를 측정하기 위한 상호작용항이 포함되어 있다.

가법 모형(모형 1, 2, 3)의 결과는 한국의 경제적 이익 변수 중, 석유 변수만이 통계적으로 유의미함을 보여 준다. 한국은 산유국에 ODA를 더 많이 배분하는 경향이 있다.[14] 그러나 한국이 무역과 투자 증대의 목적으로 아프리카 ODA를 사용한다는 주장은 검증되지 않았다. 한국의 수출과 FDI 변수는 유의미하지 않다. 그 이유는 한국의 수출과 투자가 소수 아프리카 국가에 국한되어 있고, 그 양이 적기 때문일 수도 있다. 아프리카 국가들이 한국의 수출과 투자에 차지하는 비중은 점차 증가하고 있으나, 절대적인 규모에서는 타 국가들에 비해서 가장 적은 편이다(MOFAT 2009c, 27-33). 예를 들면, 2005년에서 2009년 사이 아프리카가 한국 수출과 투자에 차지하는 비중은 각각 3퍼센트와 1.5퍼센트이다(Kang 2011, 1-4).

---

14) 아프리카는 석유자원이 풍부하나, 모로코와 남아프리카공화국을 포함한 38개 국가는 석유를 수입하고 있다. 이들 국가의 석유 생산량은 국내 소비 수준에 훨씬 못 미친다(African Development Bank and the African Union 2009, 1).

앞서 예측하였듯이 최빈국 지위는 한국 ODA의 중요한 결정 요인임을 알 수 있다. 일반적으로 최빈국 국가들은 ODA를 더 많이 배분받을 가능성이 높다. 그러나 한국이 경제성장률이 높은 국가에 더 많은 규모의 ODA를 배분한다는 점은 한국이 ODA의 배분에 있어서 가시적인 성과가 나타날 수 있는 국가들을 고려한다는 점을 나타낸다.

그렇다면 아프리카 이니셔티브는 ODA 배분에 어떤 영향을 미치는가? 가법 모형(모형 1, 2, 3)에서 이니셔티브 변수의 계수는 양의 값을 가지며 통계적으로 유의미하다. 이니셔티브의 출범 이후 한국의 아프리카 ODA는 전반적으로 증가했다. 최빈국지위*이니셔티브의 상호작용항을 포함한 모형 4를 통해서 최빈국 지위가 ODA 배분에 미치는 효과가 이니셔티브 출범 전후에 어떻게 달라지는지를 볼 수 있다. 앞서 예상했듯이 상호작용항의 계수는 양의 값을 가짐을 볼 수 있다. 이는 ODA 배분에 대한 최빈국 지위의 효과가 이니셔티브가 출범한 이후 더욱 커졌음을 의미한다. 이러한 역학관계는 각 변수의 독립 효과를 가정하고 있는 가법 모형(모형 1, 2, 3)에서는 측정할 수 없다. 최빈국 지위의 효과는 이니셔티브 값의 변화에 따라 변동하며, 최빈국 지위에 있는 수원국들은 이니셔티브가 출범한 이후 상대적으로 더 많은 양의 ODA를 제공받고 있다.

표 2 토빗 모형 측정: 한국의 아프리카 양자원조(1991-2011)

독립변수	모형1	모형2	모형3	모형4
한국의 경제적 이익 변수				
일인당 수출(t-1)	88.652	89.513	59.318	94.157
	(157.754)	(157.825)	(162.451)	(154.130)
일인당 FDI(t-1)	-4,408.091	-4,557.536	-4,560.264	-5,839.130
	(10,689.729)	(10,662.963)	(10,714.243)	(10,594.837)
원유 생산(t-1)	.000***	.000***	.000***	.000***
	(.000)	(.000)	(.000)	(.000)
아프리카 국가들의 정치 변수				
민주화 정도(t-1)	.001		.007	-.000
	(.007)		(.007)	(.007)
인권 보장 정도(t-1)	.031***	.032***		.032***
	(.012)	(.011)		(.012)
아프리카 국가들의 경제 변수				
최빈국 지위(t-1)	.091**	.091**	.097**	.068
	(.042)	(.042)	(.043)	(.042)
실질 경제성장률(t-1)	.003**	.003**	.004**	.003**
	(.001)	(.001)	(.001)	(.001)
이니셔티브	.073***	.073***	.065***	.019
	(.017)	(.017)	(.017)	(.026)
최빈국*이니셔티브				.093***
				(.033)
상수	-.133***	-.131***	-.058	-.113**
	(.050)	(.049)	(.041)	(.050)
N	702	702	702	702
중도절단	24	24	24	24
Rho	.33	.33	.37	.32

비고: *p < .1, **p < .05, ***p < .01(양측). 표준오차는 괄호 표기하였다. t는 연도를 의미한다.

그림 2는 모형 4의 상호작용을 그래프로 나타낸 것이다. X축은 이니셔티브의 출범 여부 그리고 Y축은 X값의 변화에 따른 최빈국 지위의 ODA에 대

한 한계효과의 크기를 나타낸다. 두 개의 점은 이니셔티브 출범 전후의 한계효과의 추산값을, 두 점선은 95퍼센트 신뢰구간을 나타낸다. 앞서 설명했듯이 최빈국 지위는 ODA 배분에 긍정적인 효과를 가지며 그 효과의 크기는 이니셔티브 출범 이후 더욱 증가한다. 그러나 그림 2에서 볼 수 있듯이, 이니셔티브 출범 전에는 최빈국 지위의 효과는 통계적으로 유의미하지 않다. 이니셔티브가 0일 때, 95퍼센트의 신뢰구간은 0의 값을 지나치며, 이는 최빈국 지위의 효과가 통계적으로 0과 구분할 수 없음을 의미한다. 즉 최빈국 지위가 ODA 배분에 미치는 영향은 이니셔티브가 출범한 이후에만 유의미하다. 수원국의 사회경제적 수준에 대한 고려가 실질적으로 이니셔티브 출범 이후에 시작되었음을 알 수 있다.

그림 2   이니셔티브와 최빈국지위의 효과

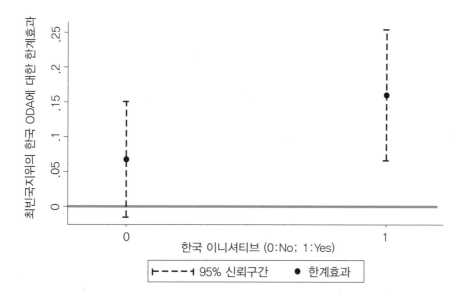

요컨대, 이니셔티브 출범 이후 최빈국 지위가 한국 ODA 배분을 결정하는 데 중요한 역할을 한 것은 분명하다. 한국 ODA가 최빈국 국가와 인권 보장 국가에 상대적으로 많이 배분되었다는 것은, 그것이 이니셔티브가 추구하는 인도주의적인 목적을 어느 정도 달성하고 있음을 의미한다. 그러나 한국 ODA는 석유자원의 확보라는 국가 이익에서 자유롭지 못하다. 경제성장률이

높은 국가에 많은 ODA가 배분되었다는 것은 ODA 정책이 실질적으로 가시적인 성과가 나타날 수 있는 수원국을 향해 편향되어 있음을 암시한다. 즉 한국 ODA는 수원국의 복지 향상과 자국의 이익이라는 두 가지 목적을 동시에 추구하고 있다.

결론

본 논문은 1991년부터 2011년 기간 동안, 한국의 아프리카 ODA 분배의 결정 요소를 연구한 논문으로, 한국의 아프리카 이니셔티브에 초점을 맞추어 그 효과를 분석하였다. 한국의 아프리카 ODA는 수원국의 최빈국 지위, 산유국 여부, 인권 보장 정도, 경제성장률에 영향을 받는 것으로 나타났다. 이는 한국의 ODA 정책이 인도주의적인 접근과 자국 이익을 추구라는 두 가지 동기에 기인하고 있음을 보여 준다. 따라서 신흥 공여국인 한국의 원조에 대한 접근은 기존의 공여국들과 크게 다르지 않다고 볼 수 있다.

과거 수원국의 경험이 있는 신흥 공여국의 부상에 따라, 학자들은 과연 이들 국가의 원조 정책이 전통적 공여국과 어떻게 다를 것인가에 대해 많은 관심을 갖기 시작했다. 아프리카 국가들 또한, 노예무역과 식민주의 등의 과거가 없는 이들 신흥 공여국을 주의 깊게 관찰해 왔다. 한국은 DAC 국가들의 경험으로부터 많은 것을 배웠다. 공여국의 이익이라는 측면에 과도하게 초점을 맞추면 수원국 내에 반감이 생길 수 있다는 점을 고려했을 때, 최빈국 지위를 가진 수원국에 상대적으로 많은 ODA를 배분하고 있는 한국의 정책은 올바른 방향으로 나아가고 있는 듯하다. 그러나 석유수출국과, 경제성장률이 높은 국가에 편향되는 형태의 분배 정책은 "글로벌 코리아"의 실천에는 미흡해 보인다. 특히 본 논문의 결과 분석에는 보고하지 않았으나, 이러한 자국 이익 추구의 경향은 시기적으로 이명박 정권하에서 더욱 두드러진다. 사실, 한국의 대 아프리카 원조 규모는 이명박 정권하에 급격히 상승하였다. 이는 아프리카 이니셔티브에 포함된 원조양의 증가를 실현한 것으로 보인다. 그러나 표 2의 표본을 2007년 이전과 이후로 나누어서 분석을 실시해 보았을 때, 2007년 이후 표본에서는 경제성장률 변수와 산유국 변수가 양의 값을 가지며 통계적으로 유의미한 반면, 2007년 이전의 표본에서는 두 변수는 설명력을 갖지 않음을 확인할 수 있었다. 이 경향은 2008년 이명박 대통령 취임사에서 강조된 한국 경제 선진화를 위한 자원 구축과 실용 정신에 일치한다. 현실주의적인 관점에서 ODA를 공여국의 이익을 위해 사용하는 것이 비난받을 일은 아니다. 그러나 아프리카 이니셔티브의 주요 목적이 아프리카의 빈곤 감소와 산업 육성, 개발에 있었음을 고려해 볼 때 이러한 원칙이 제대로 지켜졌는가 하는 의문이 들 수 있다.

몇몇 논문들이(Noel & Therien 1995; Brech & Potrafke 2013; Sohn & Yoo 2015; Allen & Flynn 2018) 공여국 정부의 정치 이념(political ideology)과 원조 분배 요소에 대해 연구한 바 있다. 이는 공여국 정부의 핵심적 가치(core values)를 형성하는 정치 이념이 공여국이 원조의 목적과 배분을 위해 고려하는 요소들에 영향을 미친다고 보기 때문이다. 이 중 몇 연구들은(Noel & Therien 1995; Brech & Potrafke 2013) 진보 좌파 정부가 자국의 이익을 중시하는 보수 우파 정부보다 원조에 관대하고 최저개발국의 빈곤 감소에 더 민감한 것으로 결론을 내리는 반면, 한국에 초점을 둔 연구들은(Kim & Kim 2012; Sohn & Yoo 2018) 진보적인 노무현 정부의 원조 정책과 보수적인 이명박 정권의 원조 정책에는 차이보다는 일관성이 더 크다고 보고한다. 하지만, 우리가 한국의 아프리카 원조에 초점을 두었을 때, 정치 이념의 차이가 가져오는 원조 분배 요소의 차이는 두드러진다.

아프리카의 많은 국가들이 석유 산출국이거나 천연자원이 풍부한 국가임을 고려해 볼 때, 에너지 및 자원 외교를 강조했던 이명박 정권이 공적 원조를 에너지와 자원 확보를 위한 도구로 활용했을 가능성은 매우 높다. OECD 데이터에 의하면, 이명박 대통령의 집권 기간 동안 앙고라, 가나, 카메룬, 콩고민주공화국, 에티오피아, 케냐, 모잠비크, 세네갈, 이집트, 탄자니아가 다른 아프리카국에 비해 상대적으로 많은 원조를 받았는데, 이 나라들의 공통점은 많은 양의 석유나 자연 광물을 보유하고 있다는 점이다. 에너지, 자연 광물이 많은 나라들에 대한 이명박 정부의 관심은 2011월 7월 이명박 대통령의 아프리카 3개국(남아공, 콩고민주공화국, 에티오피아) 순방에서도 보여진 바 있다. 이명박 대통령은 당시 콩고민주공화국과 에티오피아에서 자원 외교와 원조에 관한 약속을 병행하였다. 이는 공적 원조가 한국의 이익을 추구하는 도구로도 쓰이고 있음을 시사한다. 이명박 대통령 재임 중, 다수의 에너지 및 자원 외

교 사절단과 조사단이 아프리카의 자원 부국들을 방문한 바 있다. 또한 경제
성장률 변수가 양의 값을 가지며 통계적으로 유의미한 것은 이명박 정부의
경제성장 우호(pro-growth) 정책과 일치성을 보인다. GDP 성장률은 나라의
경제 상태와 잠재력을 측정하는 변수로 쓰여지는데 경제성장률이 높을수록
한국의 원조를 많이 받는다는 이 논문의 보고는 이명박 정부가 한국의 공적
원조에 긍정적인 결과를 기대함과 더불어 원조를 한국 상품의 미래 수출 시
장을 조성하는 도구로도 활용했다고 풀이된다.

참고문헌

"Africa Rising." 2011. *Economist* 401, 8762: 13.

African Development Bank and the African Union. 2009. *Oil and Gas in Africa.* New York: Oxford University Press.

Allen, Susan Hannah, and Michael E Elynn. 2018. "Donor Government Ideology and Aid Bypass." *Foreign Policy Analysis* 14(4): 449−468.

Barbieri, Katherine and Omar Keshk. 2012. *Correlates of War Project Trade Data Set Codebook.* Available at http://www.correlatesofwar.org/COW2%20Data/Trade/Trade.html(September 30, 2013).

Berthélemy, Jean−Claude and Ariane Tichit. 2004. "Bilateral Donors' Aid Allocation Decisions—a Three−Dimensional Panel Analysis." *International Review of Economics and Finance* 13(3): 253−274.

Brautigam, Deborah. 2009. *The Dragon's Gift: The Real Story of China in Africa.* New York: Oxford University Press.

Brech, Viktor, and Niklas Potrafke. 2014. "Donor Ideology and Types of Foreign Aid." *Journal of Comparative Economics* 42(1): 61−75.

Carvalho, Pefro Amakasu Raposo, Hyo−sook Kim, and David M. Potter. 2012. "Aid to Africa from Japan, Korea, and China." In *Foreign Aid Competition in Northeast Asia*, ed. Hyo−sook Kim and David M. Potter, 129−157. Sterling, VA: Kumarian Press.

Chan, Steve. 1992. "Humanitarianism, Mercantilism, or Comprehensive Security? Disbursement Patterns of Japanese Foreign Aid." *Asian Affairs* 19(1): 3−17.

Choi, Jin−Wook. 2011. "From a Recipient to a Donor State: Achievements and Challenges of Korea's ODA." *International Review of Public Administration* 15(3): 37−51.

Chun, Hon－Min, Elijah N. Munyi, and Heejin Lee. 2010. "South Korea as an Emerging Donor: Challenges and Changes on Its Entering OECD/DAC." *Journal of International Development* 22(6): 788－802.

Demirel－Pegg, Tijen and James Moskowitz. 2009. "US Aid Allocation: The Nexus of Human Rights, Democracy, and Development." *Journal of Peace Research* 46(2): 181－198.

Easterly, William. 2006. *The White Man's Burden*. New York: Penguin Books.

Eyinla, Bolade M. 1999. "The ODA Charter and Changing Objectives of Japan's Aid Policy in Sub－Saharan Africa." *Journal of Modern African Studies* 37(3): 409－430.

Freedom House. 2012a. "Freedom in the World County Ratings, 1972－2011." Available at http://www.freedomhouse.org/report－types/freedom－world(January 28, 2012).

＿＿＿＿＿＿. 2012b. "Checklist Questions."Available at http://www.freedomhouse.org/report/freedom－world－2012/checklist－questions(February 12, 2012).

＿＿＿＿＿＿. 2013. "Methodology." Available at http://www.freedomhouse.org/report/freedom－world－2006/methodology(February 28, 2013).

International Energy Agency. 2011. "Oil & Gas Security: Emergency Response of IEA Countries." http://www.iea.org/publications/freepublications/publication/Korea_OSS2011.pdf(November 1, 2013).

Kalinowsk, Thomas and Hyekyung Cho. 2012. "Korea's Search for a Global Role between Hard Economic Interests and Soft Power." European Journal of Development Research 24(2): 242－260.

Kang, Gil Seong. 2011. "The Korea－Africa Partnership: Beyond Trade and Investment." AfDB Africa Economic Brief 2(9): 1－8.

Kang, Seonjou, and James Meernik. 2004. "Determinants of Post－Conflict Economic Assistance." *Journal of Peace Research* 41(2): 149－166.

Kapstein, Ethan B. 2009. "Africa's Capitalist Revolution: Preserving Growth in a Time of Crisis." *Foreign Affairs* 88(4): 119－128.

Kim, Eun Mee, and Ji Hyun Kim. 2012. "South Korea's Official Development

Assistance Policy Under Lee Myung−bak: Humanitarian or National Interest?" In *South Korea and the Global Economy in Transition*, ed. Byongwon Bahk and Gi−Wook Shin, 73−98. The Walter H. Shorenstein Asia−Pacific Research Center. Available at https://aparc.fsi.stanford.edu/publications/south_korea_ and_the_global_economy_in_transition(November 29, 2018).

Kim, Eun Mee, and Jinhwan Oh. 2012. "Determinants of Foreign Aid: The Case of South Korea." *Journal of East Asian Studies* 12: 251−273.

KOICA. 2012. "History." Available at http://www.koica.go.kr/english/koica/oda/ history/index.html(December 7, 2012).

Lee, Han Kyu. 2009. "Diplomatic Strategy and Tasks of Maghreb through Korean Policy toward Africa." *Journal of International Area Studies* 13(3): 343−365.

Lee, Hoyoung. 2011. "The Change of Korea's Foreign Policy Toward Africa: Energy and Resource Diplomacy." *Journal of International Politics* 16(2): 137−161.

Lumsdaine, David, and James C. Schopf. 2007. "Changing Values and the Recent Rise in Korean Development Assistance." *Pacific Review* 20(2): 221−255.

Lumumba−Kasongo, Tukumbi. 2011. "China−Africa Relations: A Neo−Imperial ism or a Neo−colonialism? A Reflection." *African and Asian Studies* 10: 234−266.

Lunsgaarde, Erik, Christian Breunig, and Aseem Prakash. 2007. "Trade Versus Aid: Donor Generosity in an Era of Globalization." *Policy Sciences* 40(2): 157−179.

Macdonald, Ryan, and John Hoddinott. 2004. "Determinants of Canadian Bilateral Aid Allocation: Humanitarian, Commercial, or Political?" Canadian Journal of Economics 37(2): 294−312.

Maizels, A., and M. Nissanke. 1984. "Motivations for Aid to Developing Countries." *World Development* 12: 879−900.

Meernik, James, Eric L. Krueger, and Steven C. Poe. 1998. "Testing Models of U.S. Foreign Policy: Foreign Aid during and after the Cold War." *Journal of Politics* 60(1): 63−85.

MOFAT (Ministry of Foreign Affairs and Trade). 2006. *2006 Diplomatic White Paper*. Seoul: MOFAT.

_____. 2007. *2007 Diplomatic White Paper*. Seoul: MOFAT.

_____. 2009a. *Korean Diplomacy Sixty Years: 1948-2008*. Seoul: MOFAT.

_____. 2009b. *Facts of Africa*. Seoul: MOFAT.

_____. 2012. "ODA/Development Cooperation." www.mofat.go.kr/ENG/policy/oda/index.jsp?menu=m_20_110(accessed November 3, 2012).

Nanda, Ved. 2006. "The 'Good Governance' Concept Revisited." *Annals of the American Academy of Political and Social Science* 603: 269-283.

Neumayer, Eric. 2003. "The Determinants of Aid Allocation by Regional Multilateral Development Banks and United Nations Agencies." *International Studies Quarterly* 47(1): 101-122.

Noel, Alain, and Jean-Philippe Therien. 1995. "Domestic to International Justice: The Welfare State and Foreign Aid." *International Organization* 49(3): 523-553.

OECD. 2013a. "Aid (ODA) Disbursements to Countries and Regions." *StatExtracts*. Available at http://stats.oecd.org/Index.aspx?DatasetCode=TABLE2A(September 15, 2013).

_____. 2013b. "FDI Positions by Partner Country." *StatExtracts*. Available at http://stats.oecd.org/Index.aspx?DatasetCode=FDI_FLOW_INDUSTRY(September 15, 2013).

Park, Young-ho. 2006. "Korean Diplomacy Toward Africa and Its Results." *KIEP Global Economic Review* 9(4): 62-70.

Quinn, John, and David Simon. 2006. "*Plus ca change,*····.:The Allocation of French ODA to Africa During and After the Cold War." *International Interactions* 32: 295-318.

Samy, Yiagadeesen. 2010. "China's Aid Policies in Africa: Opportunities and Challenges." *Round Table* 99(406): 75-90.

Schoeman, Maxi. 2011. "Of BRICs and Mortar: The Growing Relations Between Africa and the Global South." *International Spectator* 46(1): 33-51.

"The 2nd Africa−Korea Forum Held in Seoul." 2009. *Diplomacy* 35(1): 34−35.

Sengupta, Arjun. 2002. "Official Development Assistance: The Human Rights Approach." *Economic and Political Weekly* 37(15): 1424−1436.

Sohn, Hyuk−Sang, and Nari Yoo. 2015. "Motivation for Aid Allocation and Political Ideology: A Case Study of South Korea." *Pacific Focus* 30(3): 344−371.

Szirmai, Adam. 2005. *The Dynamics of Socio−Economic Development:* An Introduction. Cambridge, United Kingdom: Cambridge University Press.

Tjønneland, Elling. 1998. "Aid, development and politics in Southern Africa: a critical look at new conditionalities in official development assistance." *Development Southern Africa* 15(2): 185−200.

Tuman, John P., and Ayoub S. Ayoub. 2004. "The Determinants of Japanese Official Development Assistance in Africa: A Pooled Time Series Analysis." *International Interactions* 30: 45−57.

Tuman, John P., Jonathan R. Strand, and Craig F. Emmert. 2009. "The Disbursement Pattern of Japanese Foreign Aid: A Reappraisal." *Journal of East Asian Studies* 9(2): 219−248.

Tuman, John P., Jonathan R. Strand, and Craig F. Emmert. 2009. "The Disbursement Pattern of Japanese Foreign Aid: A Reappraisal." *Journal of East Asian Studies* 9(2): 219−248.

United Nations Department of Economic and Social Affairs. 2012. "LDC Information: The Criteria for Identifying Least Developed Countries." Available at http://www.un.org/en/development/desa/policy/cdp/ldc/ldc_criteria.shtml(October 27, 2012).

_____. 2013a. "List of Least Developed Countries." Available at http://www.un.org/en/development/desa/policy/cdp/ldc/ldc_list.pdf(January 2013, 2013).

U.S. Energy Information Administration. 2013. "International Energy Statistics." Available at http://www.eia.gov/cfapps/ipdbproject/iedindex3.cfm?tid＝5&pid＝54&aid＝4&cid＝r6,&syid＝1990&eyid＝2010&unit＝TBPD(November 1, 2013).

Watson, Iain. 2011. "Global Korea: Foreign Aid and National Interests in an Age of Globalization." *Contemporary Politics* 17(1): 53－69.

Woods, Ngaire. 2008. "Whose Aid? Whose Influence? China, Emerging Donors, and the Silent Revolution in Development Assistance." *International Affairs* 84(6): 1205－1221.

World Bank. 2013a. "Data & Statistics." Available at http://econ.worldbank.org/ (March 1, 2013).

_____. 2013b. "Population, Total." *World Development Indicators*. Available at http:data.worldbank.org/indicator/SP.POP.TOTL(September 8, 2013).

_____. 2013c. "GDP Growth (Annual %)." *World Development Indicators*. Available at http://data.worldbank.org/indicator/NY.GDP.MKTP.KD.ZG(September 11, 2013).

제8장

퍼펙트 스톰:
박근혜-최순실 스캔들과 한미 동맹1)

Terence Roehrig(U.S. Naval War College)
송두리(서울대학교)

서문

2016년 가을부터 박근혜-최순실 스캔들의 폭로, 도널드 트럼프 후보의 미국 대통령 당선, 북한 핵 위협의 심화가 동시에 진행되었다. 세 가지 사건의 동시 발생은 '퍼펙트 스톰(perfect storm)'이 한국을 강타한 것이라 볼 수 있다. 박근혜-최순실 스캔들 이후의 사건 전개는 한국 국내 정치와 외교정책에 엄청난 영향을 미쳤다. 스캔들 이후 박 대통령 탄핵 소추와 직무 정지, 황교안 국무총리의 대통령 권한대행과 2017년 5월 9일 문재인 후보의 대통령 당선에 이르기까지, 한국 정치는 몹시 혼란스러웠다. 불안정한 한국 정부가 국내 정치적 위협 요소를 다루느라 고군분투하는 동안, 퍼펙트 스톰의 나머지 두 사건이 발생하였다. 외교정책 경험이 전무했고 동북아시아의 정치 및 안보 이슈도 잘 모르는 트럼프가 대통령으로 당선된 것이 그중 하나이다. 그는 지속적으로 미국의 동맹국들에게 도발적인 발언을 던졌으며 복잡한 정책 이슈에 대해 트위터의 140자로서 입장을 표명하곤 했다. 그럼에도 불구하고 그가 대통령이 된다면 보다 대통령다운 처신을 하지 않을까 하는 기대도 있었으나, 집권 이후에도 트럼프의 리더십 스타일은 그대로였다. 트럼프의 외교정책이

---

1) 이 장에 나타난 견해는 저자들의 입장이며 미국 정부 또는 미 국방부 해군성의 공식 입장을 대표하지 않는다.

본궤도에 오르기까지 초기 몇 달 동안 많은 것이 불확실했다. 이러한 불확실성이 해소되는 동안 퍼펙스 스톰의 세 번째 요소로서 한미 안보를 위협하는 북한의 핵무기와 탄도미사일 능력이 성장하고 있었다.

한국의 안보 환경은 그 어느 때보다도 높은 불확실성에 직면했지만 복잡한 국내 정세로 인해 특이한 미국 정부의 집권에 즉각 대응하기도 어려운 상황이었다. 여러 사건들이 중첩된 상황에서 박근혜–최순실 정치 스캔들은 한미관계 및 동맹에 어떠한 영향을 주었는가? 2016년 말 이후 일련의 사태 전개는 위기 중의 외교정책 수행에 대해 어떤 교훈들을 제공하는가? 이 장에서 우리는 박근혜–최순실 스캔들로 인한 정치 위기가 한국 정부의 심각한 역량 분산(distraction)을 초래했다고 주장한다. 대통령에게 제기된 혐의에 대처하는 과정에 정부는 에너지를 소비했고 트럼프 행정부 이슈를 다룰 수 없었다. 이는 2016년 가을–2017년 여름까지 대북 문제 해결의 주체에서 한국이 소외되는 결과로 이어졌다.

한국의 정치 위기

박근혜 스캔들의 뿌리는 1970년대이다. 1974년 박정희 대통령 암살 시도에서 박정희 대신 영부인 육영수가 사망한 이후 딸 박근혜가 사실상 퍼스트레이디로 활동했다. 이때 박근혜는 그전까진 거의 알려지지 않았던 기독교 종파인 영세교의 창시자 최태민과 긴밀한 관계를 발전시켰다. 최태민은 박근혜에게 자신의 꿈에 그녀의 어머니가 나타나 딸을 잘 보살펴 달라고 부탁했다고 이야기했고 이를 계기로 둘 사이가 가까워졌다. 최태민은 박근혜가 어머니의 부재를 극복하도록 도왔으며 최태민의 딸 최순실과 박근혜는 절친한 사이가 되었다. 최태민은 점차 한국의 라스푸틴과 같은 인물이 되었다. 최태민은 대통령 가족과의 관계를 이용하여 부당하게 재산을 축적했다는 혐의를 받았으나 그에 관해 제대로 조사가 이루어진 적은 없었다. 박근혜와 최순실의 우정은 2013년 2월 박근혜가 대통령 임기를 시작할 때까지도 계속되었다.

박 대통령 임기 중 대통령 주변에서 부적절한 영향력이 작용하고 있다는 소문이 끊임없이 제기되었으나 이에 관해 본격적으로 스캔들이 터진 것은 2016년 10월이었다. 공식 지위나 보안 승인이 없는 사인(私人)일 뿐이었던 최순실이 청와대에서 정책 지침을 하달하고 대통령 연설을 직접 수정하는 등[2] 박근혜 대통령의 정책결정과정에 깊이 개입한 것으로 드러난 것이다.[3] 방송사 JTBC는 최순실의 사무실 밖 쓰레기통에서 태블릿 PC 하나를 발견했다. 태블릿에는 대통령 연설 수정문 몇 편과 태블릿이 최순실의 소유임을 증명하는 파일들이 들어 있었다(Yi 2016; Choe 2016). 기밀 정보 접근이 허용되지 않았음에도 불구하고 최순실은 다수의 정부 문서를 읽고 있었으며 기밀 정보들을 다른 이들과 논의한 후 박 대통령에게 정책 조언을 전달했다. 박근혜 정부는 북한이 네 번째 핵실험을 강행했던 2016년 2월 개성공단을 폐쇄하는 결정을 내린 바 있는데, 최순실이 이 결정에 개입했을 가능성이 있다. 또한 최순실은 지인들이 정부 직책에 임명되도록 영향력을 행사하기도 했다.

이에 더해 최순실은 여러 기업들을 압박하여 774억 원의 기금을 그가 운영하던 재단에 기부하도록 한 것으로 드러나 기소되었다. 삼성그룹의 이재용 부회장은 최순실 재단에 433억 원의 출연을 약속하였는데, 그 대가로 최순실은 삼성의 두 계열사 합병이 정부 승인을 얻을 수 있도록 지원한 것으로 보인다. 이건희 회장이 일선에서 물러난 후 이 합병으로 인해 이재용 부회장의 회사 경영권이 굳건해질 수 있었다. 최순실은 딸 정유라의 이화여대 입학에도 개입한 것으로 밝혀졌다.

이와 같은 연이은 폭로는 박근혜 지지율의 급락으로 이어졌다. 2016년 10월 25일 박 대통령은 대국민 사과를 했고 비서실장 이원종을 포함하여 수석비서관 여덟 명의 사표를 수리하였다(Choi 2016). 11월 4일 박근혜는 재차 대국민 사과를 하면서 관련 사안에 대한 공식적인 수사를 허가하겠다고 하였다(Shim 2016). 그럼에도 불구하고 대통령 퇴진에 대한 요구는 높아져만 갔으며 박 대통령의 지지율은 5%까지 떨어졌다. 이후 몇 주 동안 전국적으로 수백만 명 규모의 반대 시위가 일어났다. 집회가 대규모였음에도 불구하고 평화로운 시위 분위기가 유지되었고 이는 한국 민주주의가 성숙했음을 보여 주었다.

박 대통령은 처음에 시위대들이 야당에 의해 선동되어 '정치적인 동기'를 가지고 움직인다고 주장했다. 그는 두 번의 대국민 사과를 하면서 스캔들 수

---

2) 그 연설에는 2014년 박근혜가 독일의 드레스덴에서 행한 중요한 대북정책 연설도 포함되어 있었다.
3) "Park's Speech on N. Korea." Korea Herald, March 28, 2014. http://www.koreaherald.com/view.php?ud=20140328001400.

사에 협조를 표명하였지만 검찰 출석은 거부하였다. 세 번째 대국민 사과에서 박근혜는 스캔들에 대한 책임을 인정하고 "국회가 정부의 권력 공백과 혼란을 최소화하는 방식으로 권력 이양 수단을 마련한다면" 기꺼이 직위에서 물러나겠다고 말했다.[4] 그러나 비판자들은 이 조건이 퇴진의 굴욕을 피하기 위한 단순한 지연 전략이라고 주장했다.

박 대통령은 국내뿐 아니라 해외에서도 권력과 신뢰를 잃고 있었다. 역량이 분산되고 정부 불신이 높아지면서 정부가 국내외 긴급 사안들을 다루는 게 쉽지 않게 되었다. 그러나 박 대통령은 즉각적인 사임을 거부했다. 그리고 한국은 탄핵 정국의 장기화로 인해 피해를 입게 되었다. 한 분석가가 언급했던 것처럼, "박근혜가 사임할지 아닐지는 두고 보아야 하지만 다음 1년 반 동안 정치적 마비는 피할 수 없는 것이 명백하였다(Lee 2016)." 박근혜는 스스로 사임하는 대신 국회의 처분에 운명을 맡겼다.

2016년 12월 9일에 국회는 300명의 의원들 중 234명의 찬성으로 박근혜 탄핵안을 가결하였다. 찬성자 중에는 여당 의원도 절반 정도 포함되었다. 탄핵 발의의 주요 사유 네 가지는 다음과 같다. 첫째, 최순실 일당이 정부 사안에 개입하는 것을 허용하였다. 둘째, 기업에게 기부금 납부를 강요하고 특정 회사와의 계약을 압박하였다. 셋째, 최순실이 정부 기밀 문서와 대통령 연설 초안을 검토하도록 허용하였다. 넷째, 세월호 사고 대응에 실패하고 사후 수습을 위한 적극적 조치를 취하지 않았다.[5] 국회의 탄핵 소추로 인해 박근혜 대통령의 직무는 정지되었고 이후 몇 달 동안 박근혜는 청와대 밖으로 나오지 않았다. 탄핵 소추안 가결 이후 헌법에 의해 황교안 국무총리가 대통령직을 대행하였으며 헌법재판소가 탄핵 심판을 맡게 되었다. 한국 정부는 취약한 상태로 한국 이슈에 대해 잘 모르는 트럼프 행정부와 대면하게 되었다.

황교안이 대통령 권한대행을 수행하게 되는 상황은 우려스러운 것이었다. 황교안은 2013년 3월 박근혜 정부의 법무부 장관으로 지명되었던 박 대통령의 확고한 충신이었다. 그는 장관 임기 동안 통합진보당 해산을 성공적으

---

4) "South Korea's President Park 'willing to resign'." BBC. November 29. 2016. https://www.bbc.com/news/world-asia-38140588.

5) "Park Geun-hye impeachment explained." Korea Herald. 2016/12/9 http://www.koreaherald.com/view.php?ud=20161209000123.

로 이끌었으며 이 조치는 표현의 자유를 훼손한다는 비판을 받은 바 있다. 2015년 6월, 황교안은 뇌물수수 혐의로 물러나야 했던 이완구 국무총리의 후임으로 임명되었다. 황교안은 정권의 입장에 충실하게 총리직을 수행했으나 2016년 11월 2일 박근혜는 대통령 퇴진 요구를 진정시키기 위한 시도로서 그를 해임하려고 하였다. 박근혜는 진보적인 인물을 차기 총리로 임명하고자 했으나 국회가 적합한 후임자를 임명하는 데 합의하지 못하면서 황교안은 여전히 총리직에 남아 있었다.

황교안 대통령 대행의 권한에 대해 헌법은 명확하게 규정하지 않고 있었다. 권한대행은 선출된 대통령과 동일한 권력을 행사하게 되는가 아니면 대통령 보궐 선거가 완료될 때까지 단순히 자리를 채울 뿐인가? 북한의 위협이 심화되고 새로운 미국 행정부가 확정된 2016년 12월 초, 한국 국정의 최고책임자는 최근에 해임될 뻔 했고, 행사할 수 있는 권한의 범위가 불명확하며 몇 달 후 물러나야 하는, 심한 레임덕을 겪는 인물이었다. 황교안은 기껏해야 임시로 공백을 메우기 위해 명백히 비효율적인 리더의 역할을 할 수 밖에 없었다.

국회의 탄핵 소추 이후 헌법재판소가 박 대통령이 탄핵 사유로 인정될만한 위법 행위를 저질렀는가에 대한 최종 판단을 하는 절차가 남아 있었다. 헌재의 판결 시한은 180일, 약 6개월이었다. 재판관들은 국가 기능의 정상적인 작동을 위해 신속한 판결을 내려야 했다. 2017년 3월 10일, 헌재 재판관들은 만장일치인 8대 0으로 국회의 탄핵 소추안을 인용하고 박근혜를 직무에서 파면했다.[6] 대규모 촛불 시위가 보여 주듯 박근혜에 대한 대중의 반감이 매우 높았으나, 헌재가 보수 성향이 강한 재판관들로 구성되어 있던 상황에서 탄핵이 인용될지 여부는 확실하지 않았다. 재판관들은 만장일치로 탄핵을 인용함으로써 이 중요한 판결이 정치적으로 결정되었다는 비판을 잠재우고자 했던 것으로 보인다. 탄핵 인용 이후 박근혜를 지지하는 보수세력들의 시위가 잇달았다. 그러나 그 규모는 박근혜 반대 집회와 비교하면 소수에 불과했다. 헌재의 판결은 항소가 불가능하며 최종적이었다(Ock 2017).

헌법재판소의 결정 이후 대통령 보궐 선거 준비가 시작되었다. 헌법 규

---

6) 대한민국의 헌법 재판소는 보통 9명의 재판관으로 구성된다. 하지만 한 재판관의 임기가 2017년 1월 31일에 끝나고 그 공석은 탄핵 결정 이전에 채워지지 않았다.

정상 탄핵 인용 이후 60일 내에 대통령 선거를 치러야 했다. 정당과 후보자가 조직을 꾸리고 선거운동을 할 수 있는 최대한의 시간을 고려하여 선거일은 5월 9일로 정해졌다. 대선에서 황교안 대행은 불출마를 선언했고 문재인, 홍준표, 안철수, 유승민, 심상정 등이 출마했는데, 문재인 후보가 선두 주자임은 초기부터 명확했다. 2012년 대선에서 접전 끝에 박근혜에게 패배했던 문재인은 대통령이 될 또 한 번의 기회를 갖게 되었다. 문재인은 대북정책에서 포용적인 입장을 고수했는데, 대부분의 시민들은 경제와 정치 개혁, 기업 규제 증대, 경기 부양과 같은 국내 이슈에 대한 그의 입장에 더 관심이 있었다.

2017년 5월 9일 대선일, 투표율은 77%를 기록했으며 예상대로 문재인 후보가 대통령으로 당선되었다. 문재인은 총 투표수의 41%를 득표하여 득표율 24%의 2위 주자 자유한국당 홍준표 후보를 큰 격차로 따돌렸다. 문재인은 인수위원회 기간 없이 대통령 업무를 시작하였다. 이로 인해 8개월의 정치적 혼란은 종결되었고 대한민국의 정치는 어느 정도 정상을 회복했다. 그러나 취약했던 지난 행정부로 인해 새 행정부가 해결해야 할 문제가 산적해 있었다. 한국이 국내 정치의 혼란을 수습하는 동안 퍼펙스 스톰의 두 번째 요소로서 미국 역사상 가장 특이한 선거가 진행되고 있었다.

트럼프 당선과 한반도

정치 경험이 사실상 전무했던 기업가, 도널드 J. 트럼프는 2015년 6월 공화당 대통령 후보 경선에 참가하여 마르코 루비오, 테드 크루즈, 젭 부시, 존 케이식과 같은 주류 공화당 후보들과 치열하게 경쟁했다. 트럼프 후보는 사실상 후발 주자였으며 그가 경선에서 승리할 것이라 생각하는 사람은 거의 없었다. 트럼프는 2016년 5-7월 동안 공화당 전당대회에서 후보로 지명되기 위해 대의원들을 확보해 나갔다.

트럼프는 그가 저지른 실수와 과거 행적에 대한 폭로로 인해 쏟아지는 비판을 견디며 선거 기간을 버텼다. 공화당 전당대회 전 트럼프는 애리조나주 상원 의원 존 멕케인을 폄하하였다. 멕케인은 베트남전에서 격추된 적 있었던 해군 파일럿이었다. 멕케인은 6년을 전쟁 포로로 지냈고 고문을 겪었다. 트럼프는 "그는 전쟁 영웅이 아니다. 그는 포로가 되었기 때문에 영웅이 되었다.

나는 포로가 되지 않았던 사람들을 좋아한다(Schreckinger 2017)"라며 빈정댔다. 트럼프는 1960년대에 몇 차례 징병 유예를 받은 바 있다(Kruse and Gee 2016). 트럼프는 언론사와 다른 후보들을 끊임없이 모욕했다. 그는 테드 크루즈의 아버지가 존 F. 케네디의 암살을 도왔다는 혐의를 제기하면서 "내가 뉴욕 5번가(맨해튼의 중심지)의 한가운데에 서서 누군가를 쏘더라도 유권자는 여전히 날 지지할 것(Holland & Gibson 2016)"이라고 망언을 하기도 했다. 가장 심각한 사건은 10월 워싱턴포스트가 트럼프의 음담패설이 담긴 녹음 파일을 공개한 것이다. 이러한 모든 사건 사고들에도 불구하고 2016년 11월 트럼프는 대통령으로 당선되었다. 힐러리 클린턴과의 경쟁에서 일반 투표에서는 280만 표 이상 뒤졌지만 선거인단 투표에서 304대 227로 앞섰던 것이다.

미 대선의 선거운동 과정에서 한국 문제는 평소보다 많이 언급되었다. 트럼프는 일본, 한국, 나토 동맹이 동맹 비용에서 공정한 몫을 지불하지 않는다고 비판하였다. 대선 토론에서 트럼프는 한국을 포함하여 몇몇 나라에 대해 다음과 같이 주장하였다. "이 국가들을 방어해 주는 것은 미국이다. 미국의 서비스를 얻는 대가로 아무것도 지불하지 않는 이 국가들로 인해 우리는 국부를 빼앗기고 있다(Hu 2016)." 2016년 1월 NBC의 밋 더 프레스(NBC의 일요 시사 대담 프로그램)와의 인터뷰에서 트럼프는 다음과 같이 말하였다. "미국은 남한과 (김정은을 칭하며) 미치광이 사이의 전선에 28,000명의 군인들을 제공하고 있다. 이 비용을 부담하는 것에 비해 미국이 실질적으로 얻는 것은 아무것도 없다." 2개월 후 트럼프는 CNN과의 인터뷰에서 이 같은 의견을 반복하며 다음과 같이 말했다. "한국은 자국 스스로 국방을 해 내야 한다. 그렇게 하지 않을 것이라면 미국에게 대가를 지불해야 마땅할 것이다(Hancocks 2016)."

대통령이 된 트럼프는 2017년 7월 워싱턴에서 열린 한미정상회담 이후의 기자회견에서 그의 관심사를 되풀이했다. "미국은 미국의 동맹을 항상 방어할 것이다. 이러한 책무의 일부분으로서 우리는 주한 미군의 주둔 비용을 공정하게 부담하기 위해 함께 노력하고 있다. 비용 분담은 매우 중요한 문제이며 이 사항은 이번 정부에서 특히 강조될 것이다."[7]

---

7) "Joint press conference of Presidents Moon Jae-in and Donald Trump." Korea Times. 2017/7/1. http://www.koreatimes.co.kr/www/nation/2017/07/120_232243.html.

트럼프는 그의 관심 사항을 핵무기와 연계시켰다. 2016년 예비선거 당시 뉴욕타임즈와의 인터뷰에서 그는 핵 확산은 충분히 일어날 수 있는 일이며 만약 한국과 일본이 핵무기를 보유하고자 한다면 그리 나쁜 생각은 아닐 것이라는 의견을 내비쳤다. 며칠 후 그는 밀워키의 타운홀미팅에서 핵 확산에 대해 언급하였다. "만약 한국이 북한의 미치광이에 대응하기 위해 스스로를 방어하기 시작한다면 솔직히 미국에겐 더 좋은 일이다."[8]

그러나 트럼프의 발언과는 달리 한국이 부담하고 있는 분담금은 상당하다. 2018년 한국의 분담금은 미군 주둔 비용의 거의 절반에 달하는 8억 8천 7백만 달러였다. GDP 중 국방비가 차지하는 비중은 종종 동맹 분담 비용을 측정하는 데 사용된다. 한국은 나토 및 일본과 함께 방위비 분담을 충분히 하고 있지 않다고 비판받고 있으나 2017년 한국의 국방비 지출은 GDP의 2.6%로, 이는 대부분의 나토 회원국과 일본을 상당히 뛰어넘는 수치이다(Tian et al. 2018). 기존 한미 방위비 분담 특별 협정은 2018년 12월 31일에 만료되었으며 다음 5년을 위한 새로운 협정이 이루어지고 있는 상황이다.

이런 와중에 급작스럽게 사드(THAAD) 문제가 비용 분담 논의와 연계되었다. 미국이 북한의 탄도미사일 방어용 무기인 사드 배치에 대해 한국에게 처음 이야기를 꺼낸 것은 2014년이었다. 박근혜 대통령은 동북아시아에 미국의 방어 자산이 배치되는 것에 대해 중국이 완강히 반대했던 점을 고려해야 했기 때문에 미국의 제안을 수용하는 데 망설일 수밖에 없었다(Roehrig 2017). 박근혜는 중국의 시진핑 주석과 우호적인 관계를 발전시키기 위해 많은 시간과 노력을 들여왔기에 중국과의 관계를 위태롭게 만들기를 원하지 않았기 때문이다. 그러나 2016년 1월 북한이 네 번째 미사일을 발사했을 때 중국의 반응은 한국의 기대와 달리 미온적이었다. 이에 박근혜는 태도를 바꿔 다시 사드 배치를 논의하기 시작했다. 몇 차례의 회담 이후 2016년 7월 8일, 한국과 미국은 사드 배치 계획에 대해 발표하였다.

2017년 2월 롯데가 성주의 골프장을 사드 부지로 전환하면서 사드 배치에 대한 반대 시위가 뒤를 이었다. 4월 말 미국은 사드 배치가 한국의 5월 대

---

8) "Transcript: Milwaukee Republican Presidential Town Hall." CNN. 2016/3/29. http://cnnpressroom.blogs.cnn.com/2016/03/29/full-rush-transcript-donald-trump-cnn-milwaukee-republican-presidential-town-hall/.

통령 선거 이전에 마무리되도록 하기 위해 신속히 움직였다. 선거 기간 동안 사드 배치에 대해 우려를 표명하고 그 결정을 다시 검토하겠다고 약속했던 문재인이 여론조사에서 상당히 앞서고 있었기에, 미 국방성은 한국이 사드 배치를 번복하기 어렵도록 대선 이전에 모든 것을 마무리하려 했다(Fifield 2017).

사드 배치를 시작한 직후 트럼프는 로이터와의 인터뷰에서 한국이 비용을 부담해야 한다고 주장하며 다음과 같이 말했다. "나는 한국이 사드 비용을 지불하는 것이 적절하다고 본다. 사드 배치엔 십억 달러가 든다. 사드는 경이로운 무기이며 상공을 바로 뚫고 날아갈 수 있는 미사일이다(Adler et al. 2017)." 한국의 관리들은 이러한 트럼프의 주장에 반발하였고, 며칠 후 국가안보 보좌관인 맥마스터 중장은 한국 정부에게 미국은 당초에 협의한 대로 사드의 비용을 부담하겠다고 말했다. 사드 문제는 여전히 논쟁적이지만 미국의 비용으로 한국에 설치되었다.

한편 트럼프는 선거운동 초기부터 FTA에 대해 노골적으로 비판하면서 FTA가 미국에 "나쁜 거래"임을 강조했다. 공화당 후보 수락 연설에서 트럼프는 특히 한미 FTA를 "일자리를 없애는 한국과의 무역 거래"라고 언급하며 미국의 무역 협정들을 비판했다(Politico 2016). 이러한 언급은 한국뿐 아니라 미국의 다른 동맹국들에게도 트럼프 당선에 대한 불안감을 야기했다. 대선 승리 이후 트럼프는 2017년 1월 미국이 환태평양경제동반자협정(TPP)에서 탈퇴한다고 선언했고, 4월 로이터와의 인터뷰에서 한미 FTA는 "끔찍한 거래이며 미국은 한미 FTA를 재협상하거나 중단할 것"이라고 말했다(Adler et al. 2017). 트럼프는 또한 다음과 같이 주장하였다. "한국과의 거래에 있어, 미국이 중단하면 그것은 끝난다. 미국이 공정한 거래를 하지 못한다면 당연히 그래야 한다. 미국은 한국에서 괴멸되고 있다(Rucker 2017)." 2017년 7월 문재인 대통령이 취임한 지 두 달 후, 미국 무역대표부 대표인 로버트 라이트하이저는 한국과 한미 FTA 재협상을 위한 회담을 시작하였다.

트럼프는 임기를 시작한 지 겨우 네 달 만에 여러 방면에서 동맹의 기초를 흔들었고 한국과 미국이 동맹의 미래를 서로 다르게 보고 있는 것은 아닌지에 대한 우려도 높아졌다. 트럼프는 한국이 동맹 비용을 공평하게 분담하고 있지 않다고 비판하면서 이 문제가 해결되지 않는다면 주한미군 철수도 가능하다고 시사하였다. 트럼프 행정부는 또한 동맹의 경제적 기초에 이의를 제기했다. 이러한 미국 대통령에게 적절히 대응하는 데 청와대의 강력한 리더십이 필수적이었으나, 한국의 정치적 혼란으로 그러한 리더십의 발휘는 어려웠다. 이런 와중에 퍼펙트 스톰의 세 번째 요소로서, 북한의 위협이 커지고 있었다.

북한의 핵 프로그램

박근혜─최순실 스캔들이 심화되고 트럼프 행정부가 임기를 시작하는 동안, 북한의 위협은 한미 안보를 취약하게 만들고 있었다. 2016년 내내 북한은 새로운 시스템을 시험하기 위해서 또는 전쟁 억제 메시지를 전달하기 위해 탄도미사일을 여러 차례 발사하였다. 4월 15일에서 10월 19일까지 북한은 중거리 무수단 미사일을 무려 여덟 번이나 시험했는데 그중 하나만이 성공에 가까운 것으로 간주되었다. 또한 북한은 잠수함발사탄도미사일(SLBM)의 시제품을 만들고 스커드 미사일의 사거리를 확장하였으며 그 시험 발사 중 일부는 일본과 가까운 바다에 떨어졌다. 2017년 봄 화성 12호의 시험 발사는 가장 우려되는 사건이었다. 화성 12호는 북한이 핵탄두 탑재 능력이 있다고 주장하면서 만든 이동식 중거리 미사일이었다. 미사일 전문가들은 화성 12호의 시험발사가 북한의 탄도미사일 능력이 상당히 진보했음을 보여 준다고 믿었다. 2016년 9월 9일, 북한이 무려 20─30킬로톤의 위력을 갖는 핵무기 실험을 실시했다.

2016년 11월 미국 대선 이후 오바마 대통령은 트럼프 당선자를 만나 정책 이슈에 대해 브리핑했다. 회의 중 오바마는 북한 문제가 미국이 직면한 매우 어려운 대외정책 문제가 될 것이라고 말했다(Seib et al. 2016). 2016년 북한의 미사일 시험 발사는 더욱 빈번해지고 있었다. 이는 신뢰할 만한 핵 억지력을 만들어 내겠다는 김정은의 굳은 결심을 보여 주고 있었다. 김정은은 미국이 김정은 제거를 시도하지 못하게 미 본토에 도달할 만한 핵 능력을 가질 필요가 있었다. 2017년엔 더욱 많은 시험 발사가 이루어졌다.

트럼프 후보는 선거운동 기간 동안 북한에 대해 모순적인 발언을 했다. 2016년 트럼프는 김정은을 "미치광이" 또는 "나쁜 녀석"이라고 불렀다. 트럼프는 또한 암살의 가능성을 내비치며 중국이 "어떤 형태로든 매우 빠르게" 그를 사라지게 할 수 있다고 주장하였다(CBS 2016). 하지만 가끔 트럼프는 김정은을 "과소평가"해서는 안 된다고 주장했다. 김정은이 "꽤 영리한 녀석"이라고 회유하는 방식으로 말하였다(Savransky 2017). 트럼프는 또한 그가 김정은과 열린 대화를 나눌 의지가 있음을 시사했다. 2016년 5월 로이터와의 인터뷰에서 트럼프는 "나는 김정은과 이야기를 나눌 준비가 되어 있다(Holland & Flitter 2016)"라고 말하였다. 트럼프는 다음 달 선거유세장에서, "이야기 나누는 것 정도가 뭐가 어렵겠는가?"라고 말했다. 트럼프는 평양에 가지 않을 것이며 북한의 지도자 김정은이 워싱턴에 오더라도 그를 국빈 만찬으로 대접하지 않겠다고 말했다. 그러나 그는 "우리는 회의 테이블에서 햄버거를 먹을 것이다(Gass 2016)"라고 말하기도 했다. 2016년 9월 북한의 다섯 번째 핵무기 실험 이후 트럼프는 그의 적수 힐러리 클린턴을 비판하기 위해 북한 문제를 이용하기도 했다. "(북한 문제의 교착은) 실패한 국무장관에게 또 하나의 커다란 실패일 뿐이다(Gaouette 2016)." 이와 같이 트럼프의 발언은 일관적이지 않았고 트럼프 행정부의 북한 정책 기조가 무엇일지 예상하기 어려웠다.

트럼프의 취임식 몇 주 전인 2017년 1월 1일 김정은의 신년사 발표는 양국 관계의 전환점이 된 것으로 보인다. 김정은은 2017년을 다음과 같이 선언하였다. "우리 조국이 그 어떤 강적도 감히 건드릴 수 없는 동방의 핵 강국, 군사 강국으로 솟구쳐 올랐습니다. ...대륙간 탄도 로켓 시험발사 준비 사업이 마감 단계에 이르렀습니다(NCNK 2017)." 트럼프는 다음과 같은 트윗으로 응답하였다. "북한은 이제 미국 본토에 도달할 수 있는 핵무기 개발이 마지막 단계에 도달했다고 주장하고 있지만 이는 실현되지 않을 것이다(Haberman & Sanger 2017)."

북한은 2016년 11월부터 트럼프가 취임한 2017년 1월 20일까지 상대적으로 조용하였다. 그러나 북한은 2017년 2월 12일 다시 미사일 시험을 감행했다. 그 미사일은 고체연료를 사용하고 이동식 포대에서 발사되는 잠수함발사 탄도미사일(SLBM)의 '육지 버전'인 북극성 2호였다. 이는 대륙간탄도미사일(ICBM)은 아니었지만 북한의 미사일 능력이 유의미한 진전을 이루었음을 증명하였다(Panda 2017). 미사일 발사 다음 날 김정은의 이복형 김정남이 북한의 음모하에 VX 신경가스로 말레이시아의 쿠알라룸푸르 공항에서 암살되었다.

북한은 그해 3월과 4월에 몰아치듯 또 다른 미사일들을 발사하였다. 이번에 실험한 미사일은 사거리를 확장하여 일본까지 도달할 수 있는 스커드 미사일과 화성 12호로 밝혀졌다. 동일한 시기에 미국과 한국의 군대도 연례적인 봄철 연합훈련인 키리졸브와 독수리 훈련을 실시하였다. 북한은 항상 그래왔

듯이 훈련들을 강도 높게 비판했고 긴장은 계속되었다. 미사일 시험 발사가 이어지면서 UN 제재가 더욱 강화되었고 2017년 8월에 안전보장이사회는 결의안 2371호를 통과시켰다. 이 결의안은 북한의 철광석, 석탄, 납 및 해산물 수출을 전면 금지하고 북한이 외화를 벌어들이지 못하도록 해외에 있는 북한 노동자들을 제약하는 내용을 담고 있었다.

북한이 이 제재안에 대해 강경 발언을 쏟아 내면서 안보 긴장은 더욱 고조되었다. 트럼프는 중국이 북한 문제를 해결할 수 있을 것이라며 중국의 책임을 강조하고 미중 관계에 집중했다. 4월 6−7일에 트럼프와 시진핑은 트럼프의 마라라고 리조트에서 만나 북한에 대해 논의했다. 그 전 달에 있었던 파이낸셜 타임즈와의 인터뷰에서 트럼프는 "중국은 북한에 엄청난 영향력을 가지고 있다. 중국은 북한에 관해 미국을 도울지 여부를 선택해야 할 것이다. 중국이 우리를 돕는다면 이는 중국에게 유리하겠지만, 방관만 하고 있다면 중국과 미국 모두에게 좋지 않을 것이다. 중국이 손놓고 있을 것이라면 미국이 나설 것이다(Barber, Sevastopulo & Tett 2017)."

8월에 트럼프는 기자들에게 그 유명한 '화염과 분노'를 이야기했다. "김정은은 정상 국가 궤도에서 이탈하고 있으며 매우 위협적이다. 북한은 미국 위협을 중단하는 게 이로울 것이다. 그렇게 하지 않을 경우 세계가 지금까지 보지 못했던 화염과 분노를 맞닥뜨리게 될 것이다(Wagner & Johnson 2017)." 또한 트위터에서 트럼프는 다음과 같이 발언했다. "만약 북한이 어리석은 행동을 지속한다면 그에 대응할 군사적인 해결책들이 충분히 준비되어 있다. 김정은이 다른 길을 찾기를 희망한다(Reuters 2017)." 군사적 조치의 위협이 시작되고 한반도에서 또 다른 전쟁이 가능하다는 우려가 (의도적이든 잘못된 판단이든 간에) 제기되는 시기였음에도 불구하고 이때 한국이 할 수 있는 역할은 없는 것처럼 보였다. 무력을 사용하겠다는 미국의 위협은 한국 정부와 사전에 협의되지 않은 듯했다. 한국 국민들은 한국이 통제할 수 없는 전쟁이 발발할 것을 염려하였고 김정은보다 트럼프를 더 두려워했다. 대통령 취임 후 문재인은 트럼프에게 어떠한 군사적 조치도 한미 논의에 기초하며 청와대의 동의를 필요로 한다는 확약을 받아 냈다(Padden 2017). 한국의 언론사들은 한국의 운명을 좌지우지할 결정들이 한국이 아니라 미국, 중국, 일본, 북한에 의해 이루어진다는 의미로 '코리아 패싱'이란 표현을 사용했다.

한-미 동맹에 주는 함의

박근혜–최순실 스캔들은 다른 두 사건(트럼프의 대통령 당선 및 북한의 핵 능력 성장)과 충돌하여 한국에 소위 '퍼펙트 스톰'을 만들어 냈다. 이는 두 사건이 한국과 미국의 관계 그리고 한미 동맹과 관련 있었기 때문이었다. 세 사건의 동시 발생은 한국에 심각한 영향을 미쳤다.

상처받은 리더십

정치적 스캔들은 청와대의 국내 리더십과 대외정책 수행 능력에 부정적인 영향을 미쳤다. 박근혜에 대한 신뢰는 스캔들의 초반부터 훼손되었다. 2016년 말에 시위가 확산되고 박 대통령 퇴진 요구가 증가하자 박근혜가 청와대에 남기 위한 투쟁을 벌이면서 행정부 역량은 더욱 분산되었다. 12월 초 국회가 탄핵을 결정했을 때 박근혜는 권한을 황교안에게 양도해야 했다. 그러나 권한대행의 업무 수행으로 리더십 공백을 메울 순 없었다.

해임이 될 뻔했던 황교안 권한대행의 지위는 국무총리 때부터 미약했다. 게다가 헌법에 제시된 대통령 권한대행의 권한은 불명확했다. 황교안은 진정한 대통령 권한대행인가 아니면 그저 빈자리를 메우는 대리인일 뿐인가? 그는 국가원수와 행정수반이라는 최고 책임자로서 권한을 가지는가? 황교안은 공식적이든 비공식적이든 국내외에서 거의 인정받지 못한 채 약한 지위에 머물렀다. 2017년 3월 헌법재판소가 탄핵을 인용한 직후 황교안은 대통령 보궐선거에 출마하지 않을 것임을 선언했고, 레임덕은 더욱 심해졌다.

외교, 동맹, 대북 관계를 책임지고 있는 외교부, 국방부, 통일부의 관료들은 확실히 최선을 다해 열심히 일했다. 그러나 더 높은 단계의 지휘 없이 이루어질 수 있는 일에는 한계가 있었다. 한 분석가는 대통령의 빈자리에 대해 다음과 같이 논하였다. "한국과 북한의 긴장은 위기로 접어들었고 대중(對中) 관계도 위태롭다. 이 상황에서 한국이 정치적 진공 상태로 진입하고 있다. 탄핵 결정은 새로운 정치적 리더십을 위한 토대를 튼튼하게 닦은 셈이나, 한국의 외교정책이 차기 대통령하에서 어떤 방향으로 나아가야 하는지에 대해 단기적으로 답을 내리기는 쉽지 않다(Chandran 2017)."

트럼프 행정부와의 유대관계 구축

선거운동 기간 동안 트럼프는 방위비용 분담, 대북정책, 한국의 핵무기 개발, 한미 FTA 등 한국에 매우 중요한 이슈들을 제기했다. 그러나 트럼프가 당선될 가능성이 높다고 본 사람은 극소수였다. 트럼프가 당선되었다는 뉴스가 전해졌을 때 한국의 주가가 급락했고 박 대통령은 예측 못한 결과의 함의를 평가하기 위해 긴급 국가안전보장회의를 소집했다. 트럼프 당선 이틀 후 박근혜는 전화로 당선 축하 인사를 전달했는데 이는 트럼프 대통령에게는 첫 번째 전화 중 하나였다. 트럼프가 한미 동맹의 굳건함을 강조하면서 선거운동 기간의 그의 입장을 뒤집은 듯 보였던 점은 보다 중요했다. "북한의 위협으로부터 한국을 보호하기 위해 협력한다는 점에서 한미동맹은 변함없고 강력할 것이다(Williams 2016)." 트럼프는 또한 양국의 안보를 위한 동맹의 중요성을 재확인했다. 그러나 이 대화는 박근혜가 탄핵되고 공식 업무 수행 권한이 멈추기 전 두 정상이 나눴던 유일한 대화였다.

트럼프의 취임 이후 황교안 대통령 권한대행은 1월 29일 트럼프와 간략한 대화를 나눴다. 황교안은 트럼프의 승리를 축하하고 한미동맹의 중요성을 재확인했다. 트럼프는 '한국을 방어하기 위한 굳건한 약속을 반복했지만,' 북한 문제의 긴장이 증가하고 있음에도 불구하고 트럼프와 황교안의 다음 대화는 여러 달이 지나서야 이루어졌다.

트럼프가 대통령이라는 현실과 동맹에 대해 비판적이었던 그의 레토릭으로 인해 한국과 일본이 가졌던 두려움을 해소하기 위해, 제임스 매티스 국방부 장관은 2017년 2월 초 한국과 일본을 방문했다. 매티스는 한국에서 윤병세 외교부 장관과 한민구 국방부 장관을 만났고 그의 메시지는 분명했다. 그의 한국 방문은 "트럼프 행정부가 아시아-태평양 지역에서 가진 우선순위를 강조했다. 그리고 한미 동맹을 강화하는 것에 대해서…미국은 한국 국민들을 방어하겠다는 약속에 변함이 없음(Choi 2017)"을 확인하는 자리였다. 일본 방문 여정 중에도 비슷한 언급이 있었고, 적어도 잠시 동안 미국과 동맹을 맺은 국가들의 초조함을 진정시키는 데 도움이 되었다.

임기가 시작되고 초기 몇 달 동안 트럼프는 중국 및 일본과는 직접적인 관계를 형성하기 시작했지만 한국과는 그렇게 하지 못했다. 2017년 2월 9일,

트럼프와 시진핑 주석이 나눈 장시간의 전화통화는 트럼프 당선 이후 중국 지도자와의 최초 대화였다. 대화의 상당 부분은 대만 문제 및 트럼프와 대만 의 총통 차이잉원이 나눈 대화에 관한 것이었다. 트럼프는 '하나의 중국' 정책에 대한 미국의 약속에 대해 의문을 제기한 바 있었으나 이 통화를 하는 동안에 트 럼프는 그 약속을 존중하기로 동의하였다. 2017년 2월 10일, 아베 신조 총리는 처음으로 백악관을 방문하였고 마라라고에서 골프 회동을 가졌다. 아베와 함께 한 기자 회견에서 트럼프는 동맹의 중요성을 재확인하고 경제와 안보에서 미국 의 밀접한 협력을 약속했다. 아베에 대해 트럼프는 개인적으로 다음과 같이 말했 다. "우리는 매우 매우 사이가 좋고, 매우 매우 잘 통한다(Davis & Baker 2017)."

　　3월 초, 북한이 사정거리가 길어진 스커드 미사일 4기를 발사한 이후 트럼 프는 황교안과 아베에게 전화를 걸어 미국의 지원을 재확인하고 대응 방안을 논 의하였다. 덧붙여 트럼프는 중국에 북한 문제를 해결하라는 압력을 계속해서 넣 었다. 4월 마라라고에서 열린 미중정상회담은 경제와 무역, 북한 문제에 대해 두 정상이 논의할 기회를 제공했다. 미중정상회담 전날, 트럼프는 아베와 35분간 최 근의 북한 미사일 시험에 대해 논하고 곧 있을 정상회담에 대한 최신 정보를 알려 주는 전화통화를 했다. 하지만 트럼프는 황교안과는 정상회담 이후에나 통화를 했다. 트럼프는 황교안에게 자신이 시진핑에게 한미 동맹과 사드의 중 요성에 대해 강조했다고 말했다. 이후 대한민국 외교부는 회담 결과를 지지한 다고 표명했다. 하지만 이 과정에서 한국을 경시하고 있는 기미 또한 보였다. 2주 후 마이크 펜스 부통령은 방한하여 황교안을 만나 DMZ를 함께 방문하였 다. 펜스는 아시아에서 미국의 동맹 및 친선 국가들과의 연대를 강조하고 대 북정책을 조정하려는 의도로 일본, 인도네시아, 하와이도 방문하였다. 그러나 그해 6월 북한이 또 다른 미사일을 발사했을 때, 트럼프는 일본 총리와 전화 를 나눴으나 한국 대통령과는 통화하지 않음으로써, 트럼프 행정부가 한국보 다 일본과 상대적으로 가까운 사이임을 다시 보여 주었다.

　　한미 관계를 복잡하게 만드는 또 다른 요인은 주한 미국 대사의 오랜 부 재였다. 2014년 이후 미국 대사였던 마크 리퍼트는 2017년 1월 20일 직무를 그만뒀다. 2018년 6월까지 그 자리는 공석이었다. 이후 퇴역한 4성 해군 제독 이자 미태평양사령부 전임 사령관인 해리 해리스가 미국 대사가 되었다. 조지 타운대 교수이자 부시 정부의 국가안전보장회의(NSC)에서 한국 담당 선임 보좌관이었던 빅터 차가 유력한 후보인 것으로 알려졌지만 그는 북한에 대한 무력 사용에 반대하면서 낙마하였다. 심지어 그가 2018년 1월 임명되었다 하더라도 미국 대사 자리는 1년 이상 공석이었다. 그러나 빅터 차의 임명이 무산되면서 해리스가 그 자리에 취임하기까지 6개월이 더 걸렸다. 한국 사례와는 대조적으로, 주중·주일 미국 대사는 2017년 7월까지 취임이 완료되었다.

트럼프 임기의 초기 몇 달 동안 한국은 새로운 백악관을 이해하고 밀접한 관계를 형성할 수 있는 기회가 부족했다. 박근혜와 황교안은 새로운 미국 대통령과 행정부와의 관계를 형성할 신뢰와 권한이 없었고 미국은 주한대사를 두지 않았다. 북한 문제에서 '코리아 패싱'에 대한 의구심이 제기되었다. 트럼프 행정부는 북한 문제 해결의 키를 한국이 아니라 중국과 미국이 잡고 있다고 생각했다. 한국 대통령이 외교정책·대북정책을 제시하고 가장 중요한 안보 파트너와의 관계를 형성해야 했던 시기, 박근혜와 황교안은 국내 정치 위기의 혼란으로 인해 역량 분산을 겪어야 했다. 시진핑과 아베가 트럼프와 직접 만나면서 개인적 유대를 형성할 동안 한국은 점차 주변으로 밀려났다.

이러한 '코리아 패싱'에 대해 전적으로 한국 국내 정치 위기 때문이었다고 하기보단 새로운 트럼프 행정부의 일처리 방식이 영향을 미쳤다고 보는 것이 공정한 평가일 것이다. 실제로 문재인 대통령이 취임한 이후 대북 관계에서 한국이 유의미한 역할을 하고자 시도하자 갈등이 발생하기 시작했다. 문 대통령 취임 첫해에 북한에게 무력을 사용하겠다는 트럼프의 수많은 위협과 한국과 논의 없이 한미 연합 훈련을 중단하겠다는 그의 깜짝 언급은 매우 우려스러웠다(Roehrig 2018). 결론적으로, 박근혜 정치 스캔들로 인해 청와대의 리더십이 약해지면서 한국이 트럼프 행정부와 긴밀한 관계를 형성하고 한국 국익을 확보하는 것이 어려워졌음은 의심할 여지가 없다.

정치적 이행

이명박-박근혜의 연속적인 보수정권 집권 이후에 정치적 지형은 다시 진보 쪽으로 기울기 시작했다. 2016년의 국회의원 총선거로 이미 보수정당이 아니라 진보정당이 국회 의석의 과반수를 확보하게 된 상황이었다. 2017년 12월에 예정되었던 대선도 총선 결과와 유사할 것이라는 예측이 따랐다. 1987년 직선제·단임제 대통령제를 도입한 이후, 같은 정당 출신의 대통령이 두 번의 연속된 임기로 10년 동안 통치하는 패턴이 지속되었다. 따라서 스캔들이 터지기 훨씬 이전부터 박 대통령 이후엔 진보정부가 들어설 것이란 예측이 우세했으나, 어디까지나 예측일 뿐이었다. 하지만 박근혜의 통치권 이양 과정에서 진보세력에 대한 지지가 높아졌고 진보세력의 집권은 결국 2018년 2월보다 더 빨라지게 됐다. 탄핵 소추 이후 이어진 선거운동과 정권 이행은 급작스럽게 진행됐고 정상적인 선거 절차하에서보다 혼란스러웠다.

이에 더해 박근혜 스캔들은 외교정책에서 한국 정부와 트럼프 행정부 사이의 이견이 커지고 동맹국 간 불화가 생길 가능성을 높였다. 한국 민주화의 중요한 효과는 자유롭고 공정한 선거가 지배 엘리트의 교체 가능성을 가져왔다는 점이다(Heo & Roehrig 2014). 민주화 이후 수년간 한미 관계는 두 나라 정부의 이념 성향이 비슷하거나 청와대가 보수적인 반면 백악관이 진보적일 때 좋은 경향이 있었다. 반면 조지 W. 부시 대통령 시절의 사례처럼 한국 대통령이 진보적이고 미국 대통령이 보수적일 때 문제가 발생했다. 그 마찰의 주된 원인은 대북정책이었다.

문재인 후보의 대선 승리가 가시화되면서 트럼프와 충돌할 가능성이 제기되었다. 문재인은 노무현 정부의 청와대 비서실장이었고 대북 포용 정책을 옹호하였다. 많은 이들은 문재인의 햇볕 정책 2.0이 노 전 대통령의 정책을 계승할 것인지 궁금해했다. 강경파인 트럼프와 문재인이 충돌할 가능성은 분명히 있었다. 집권 이후 문재인은 북한과 접촉을 시도했으나 북한으로부터 돌아온 것은 침묵과 핵무기시험이었다. 그러나 마침내 2018년 신년사에서 김정은은 관계 개선의 실마리를 제공했으며, 문재인은 이 기회를 놓치지 않았다. 트럼프 행정부의 대북정책은 미국과 한국의 정책 입장이 다를 수 있음을 시사했으며 미국은 경계 태세를 강화했고 북한에게 완전한 비핵화를 요구했다. 하지만 남북 회담의 바람이 불면서 미국 역시 그 입장을 누그러뜨리는 것 같았다. 앞으로도 서로 일치된 대북정책 기조를 유지할 수 있을지가 한미 양국에게 하나의 도전일 것이다.

대북정책에서 한국과 미국의 불협화음은 박근혜 스캔들과 상관없이 발생했을 수도 있다. 하지만 박근혜의 조기 퇴진이 그 과정을 가속화하였고, 정책에서의 이견과 동맹 관계를 다루는 것이 더욱 어렵게 됐다. 만약 박근혜가 임기를 유지하면서 실질적인 리더십을 발휘할 능력이 있었다면, 한국은 트럼프의 백악관이 동북아시아의 현실을 파악하고 한국의 이익에 부합하는 정책을 펼치도록 노력했을 것이며 이로 인해 차기 정부 집권 이전에 이미 트럼프를 다룰만한 숙련된 외교정책을 경험했을 수도 있다.

참고문헌

Adler, Stephen J., Jeff Mason, and Steve Holland. 2017. "Trump vows to fix or scrap South Korea trade deal, wants missile system payment." Reuters, April 27, https://www.reuters.com/article/us−usa−trump−southkorea−exclusive/exclusive −trump−vows−to−fix−or−scrap−south−korea−trade−deal−wants−missile− system−payment−idUSKBN17U09M.

Barber, Lionel, Demetri Sevastopulo, and Gillian Tett. 2017. "Donald Trump warns China the US is ready to tackle North Korea." *Financial Times*, April 2, https://www.ft.com/content/4d9f65d6−17bd−11e7−9c35−0dd2cb31823a.

BBC. 2016. "South Korea's President Park 'willing to resign'." November 29, https://www.bbc.com/news/world−asia−38140588.

CBS. 2016. "Trump on assassinating Kim Jong Un: 'I've hear of worse things'." February10,https://www.cbsnews.com/news/donald−trump−assassinating−north− korean−leader−kim−jong−un−china−role/.

Chandran, Nyshka. 2017. "South Korean court upholds motion to impeach President Park Geun−hye," CNBC, 9 March 2017, https://www.cnbc.com/2017/03/09/south− korean−president−park−geun−hye−impeached−after−court−ruling−south− korean−president−park−geun−hye−avoids−impeachment−after−court− ruling.html.

Choe Sang−hun. 2016 "A Presidential Friendship Has Many South Koreans Crying Foul." *New York Times*, October 27, https://www.nytimes.com/2016 /10/28/world/asia/south−korea−choi−soon−sil.html.

Choi, Hye−jung. 2016. "Pres. Park's dismissal of secretaries a first step in addressi ng scandal." *Hankyoreh*, October 31, http://english.hani.co.kr/arti/english_edition/e_n ational/768146.html.

Choi, Kyong−ae. 2017. "Mattis says U.S. will respond overwhelmingly if N. Korea uses nuclear weapons." *Yonhap News*. February 4, http://english.yonhapnews.co.kr/national/2017/02/03/50/0301000000AEN20170203005053315F.html.

CNN. 2016. "Transcript: Milwaukee Republican Presidential Town Hall." March 29, http://cnnpressroom.blogs.cnn.com/2016/03/29/full−rush−transcript−donald−trump−cnn−milwaukee−republican−presidential−town−hall/.

Fahrenthold, David. 2017. "Trump recorded having extremely lewd conversation about women in 2005." *Washington Post*, October 8, https://www.washingtonpost.com/politics/trump−recorded−having−extremely−lewd−conversation−about−women−in−2005/2016/10/07/3b9ce776−8cb4−11e6−bf8a−3d26847eeed4_story.html?utm_term=.510b78e48944.

Fifield, Anna. 2017. "South Korea's likely next president asks the U.S. to respect its democracy." *Washington Post*, May 2, https://www.washingtonpost.com/world/south−koreas−likely−next−president−warns−the−us−not−to−meddle−in−its−democracy/2017/05/02/2295255e−29c1−11e7−9081−f5405f56d3e4_story.html?utm_term=.0494ea6aa94a.

Gaouette, Nicole. 2016. "North Korea nuclear test becomes election issue." CNN, September 9, https://www.cnn.com/2016/09/09/politics/north−korea−trump−clinton−nuclear−test−asia/index.html.

Gass, Nick. 2016. "Trump: I'll meet with Kim Jong Un in the U.S." Politico, June 15, https://www.politico.com/story/2016/06/donald−trump−north−korea−nukes−224385.

Haberman, Maggie and David Sanger. 2016. "Transcript: Donald Trump Expounds on His Foreign Policy Views." *New York Times*, March 26, https://www.nytimes.com/2016/03/27/us/politics/donald−trump−transcript.html.

_____. 2017. "'It Won't Happen,' Donald Trump Says of North Korean Missile Threat." *New York Times*, January 2, https://www.nytimes.com/2017/01/02/world/asia/trump−twitter−north−korea−missiles−china.html.

Hancocks, Paula. 2016. "Japan and South Korea hit back at Trump's nuclear

comments." CNN, March 31, https://www.cnn.com/2016/03/31/politics/trump
−view−from−south−korea−japan/.

Heo, Uk and Terence Roehrig. 2014. *South Korea's Rise: Economic Development, Power, and Foreign Relations.* Cambridge: Cambridge University Press.

Hirschfeld Davis, Julie and Peter Baker. 2017. "In Welcoming Shinzo Abe, Trump Affirms U.S. Commitment to Defending Japan." *New York Times*, Feb 10, https://www.nytimes.com/2017/02/10/world/asia/trump−shinzo−abe−meeting.html.

Holland, Steve and Emily Flitter. 2016. "Exclusive: Trump would talk to North Korea's Kim, wants to renegotiate climate accord." *Reuters*, May 17, https://www.reuters.com/article/us−usa−election−trump−exclusive/exclusive −trump−would−talk−to−north−koreas−kim−wants−to−renegotiate−clim ate−accord−idUSKCN0Y82JO.

Holland, Steve and Ginger Gibson. 2016. "Confident Trump says could 'shoot somebody' and not lose voters." *Reuters.* January 23, https://www.reuters.com/article/us−usa−election/confident−trump−says−could−shoot−some body−and−not−lose−voters−idUSMTZSAPEC1NFEQLYN.

Hu, Elise. 2016. "Japan and South Korea Rattled By Trump's Talk Of Closing U.S. Bases." *NPR*, November 10, https://www.npr.org/sections/parallels/2016/11/10/ 501531166/japan−and−south−korea−rattled−by−trumps−talk−of−closing −u−s−bases.

Huang, Joyce. 2017. "South Korea, China Make Amends, But THAAD Dispute Lingers." VOA. December 17, https://www.voanews.com/a/china−south− korea−xi−moon−meeting/4165368.html.

Jacobson, Louis. 2016. "Donald Trump mostly wrong that 'we get practically nothing' from South Korea for U.S. troop presence." *Politifact* January 10, http://www.politifact.com/truth−o−meter/statements/2016/jan/10/donald−tru mp/donald−trump−mostly−wrong−we−get−practically−nothi/.

Korea Herald. 2016. "Park Geun−hye impeachment explained." December 9, http://www.koreaherald.com/view.php?ud=20161209000123.

Korea Times. 2017. "Joint press conference of Presidents Moon Jae−in and Donald Trump." July 1, http://www.koreatimes.co.kr/www/nation/2017/07/120_232243.html.

Kruse, Michael and Taylor Gee. 2016. "The 37 Fatal Gaffes That Didn't Kill Donald Trump." *Politico*, September 25, https://www.politico.com/magazine/story/2016/09/trump−biggest−fatal−gaffes−mistakes−offensive−214289.

Lee, Benjamin. 2016. "Strategic Implications of South Korea's Political Scandal." The Diplomat, November 3. https://thediplomat.com/2016/11/strategic−implications−of−south−koreas−political−scandal/.

National Committee on North Korea. 2017. "Kim Jong Un's 2017 New Years Address." http://www.ncnk.org/resources/news−items/kim−jong−uns−speeches−and−public−statements−1/kim−jong−uns−2017−new−years−address.

Ock Hyun−ju. 2017. "Park Geun−hye ousted," *Korea Herald*, March 10, http://www.koreaherald.com/view.php?ud=20170310000352.

Padden, Brian. 2017. "South Korea: Trump Promises Not to Attack North Without South's Consent." VOA, August 17, https://www.voanews.com/a/south−korea−north−korea−trump−promise/3989227.html.

Panda, Ankit. 2017. "It Wasn't an ICBM, But North Korea's First Missile Test of 2017 Is a Big Deal." *The Diplomat*, February 14, https://thediplomat.com/2017/02/it−wasnt−an−icbm−but−north−koreas−first−2017−missile−test−is−a−big−deal/.

Park, Geun−hye. 2014. "Park's Speech on N. Korea." *Korea Herald*, March 28, http://www.koreaherald.com/view.php?ud=20140328001400.

Reuters. 2017. "Trump: military solutions 'locked and loaded' against North Korea." August 11, https://www.reuters.com/article/us−northkorea−missiles−trump/trump−military−solutions−locked−and−loaded−against−north−korea−threat−idUSKBN1AR15M.

Roehrig, Terence. 2015. "Reinforcing Deterrence: The U.S. Military Response to North Korean Provocations," in Gilbert Rozman (ed.), *Joint U.S.−Korea Academic Studies: Facing Reality in East Asia: Tough Decisions on*

Competition and Cooperation, Korea Economic Institute of America, Vol. 26.

Roehrig, Terence. 2017. "Deploying THAAD to South Korea." Asia Dialogue, University of Nottingham, http://theasiadialogue.com/2017/04/11/deploying−thaad−to−south−korea/.

Roehrig, Terence. 2018. "A short pause in US−South Korean military exercises won't harm our readiness." *The Hill*. June 19, http://thehill.com/opinion/national−security/392771−a−short−pause−in−us−south−korea−military−exercises−wont−harm−our.

Rucker, Phillip. 2017. "Trump: 'We may terminate' U.S.−South Korea trade agreement." *Washington Post*, April 28, https://www.washingtonpost.com/politics/trump−we−may−terminate−us−south−korea−trade−agreement/2017/04/27/75ad1218−2bad−11e7−a616−d7c8a68c1a66_story.html?utm_term=.134ab098d239.

Savransky, Rebecca. 2017. "Trump on North Korean leader: 'Obviously, he's a pretty smart cookie'." *The Hill*, April 30. http://thehill.com/homenews/administration/331286−trump−on−north−korean−leader−obviously−hes−a−pretty−smart−cookie.

Schreckinger, Ben. 2017. "Trump attacks McCain: 'I like people who weren't captured'," *Politico*, July 18, 2017, https://www.politico.com/story/2015/07/trump−attacks−mccain−i−like−people−who−werent−captured−120317.

Shim, Elizabeth. 2016. "South Korean president issues second apology, denies cult rumors." *UPI*, November 4, https://www.upi.com/Top_News/World−News/2016/11/04/South−Korean−president−issues−second−apology−denies−cult−rumors/6971478280588/.

Seib, Gerald F., Jay Solomon, and Carol E. Lee. 2016. "Barack Obama Warns Donald Trump on North Korea Threat." *Wall Street Journal*, November 22, https://www.wsj.com/articles/trump−faces−north−korean−challenge−1479855286.

South China Morning Post. 2016. "Who is South Korea's interim leader PM Hwang Kyo−ahn?" December 9, http://www.scmp.com/news/asia/east−asia/articl

e/2053350/who−south−koreas−interim−leader−pm−hwang−kyo−ahn.

Tian, Nan, Aude Fleurant, Alexandra Kuimova, Pieter D. Wezeman, and Siemon T. Wezeman. 2018. "Trends in World Military Expenditure, 2017." *SIPRI*, May, file:///C:/Users/tjroe/Downloads/sipri_fs_1805_milex_2017%20(1).pdf.

U.S. News and World Report. 2016. "Donald Trump's Acceptance Speech." July 21, https://www.usnews.com/news/articles/2016−07−21/read−donald−trumps−nomination−acceptance−speech−at−the−republican−convention.

Wagner, John and Jenna Johnson. 2017. "Trump vows North Korea will be met with 'fire and fury' if threat continues." Washington Post, August 8, https://www.washingtonpost.com/news/post−politics/wp/2017/08/08/trump−vows−north−korea−will−be−met−with−fire−and−fury−if−threats−continue/?utm_term=.b3c77ee8f546.

Williams, Jennifer. 2016. "Trump just completely reversed his policy on South Korea − only 2 days after being elected." *Vox*. November 10, https://www.vox.com/world/2016/11/10/13585524/donald−trump−phone−call−south−korea−park−geun−hye.

Yi, Whan−woo. 2016. "Choi soon−sil lied about tablet PC." *Korea Times*. October 31, LINK.

Yonhap News. 2017. "Moon orders more THAAD launchers to be deployed." July 29, http://english.yonhapnews.co.kr/northkorea/2017/07/29/0401000000AEN20170729001251315.html.

제9장
외교정책결정의 사유화?: 박근혜 정부의 정책결정과정 분석

구양모(노위치대학교)

들어가며

한국은 2016년 10월부터 박근혜 대통령의 국정농단 스캔들로 인하여 엄청난 정치적 격동을 겪었다. 박 대통령의 오랜 친구 최순실이 이끈 비밀 자문 그룹이 국정에 불법적인 영향을 끼쳤음이 드러났고, 박 대통령은 권력 남용, 강요 그리고 뇌물수취 혐의로 기소되었다. 이러한 사건들로 인해 한국 국민들은 큰 충격을 받았고, 박근혜 퇴진 운동 또는 촛불 혁명으로 알려진 전 국민적 저항이 서울과 여러 도시에서 일어났다. 이로 인해 한국 헌법재판소는 2017년 3월에 박근혜 대통령의 탄핵을 결정하였다. 반면, 이러한 최종 탄핵 결정 전후에 박 대통령의 강력한 지지자들은 일련의 탄핵 반대 운동을 전개하였다.

능숙한 외교적 재능을 지녔다고 임기 초에는 칭찬을 받았던 박 대통령은 혼돈스러운 상황이 발생하기 전인 2015년 말부터 시작하여 일련의 갑작스럽고 당혹스러운 외교정책을 결정하였다(<중앙일보>, 2014/07/21). 논란의 여지가 있지만, 가장 두드러지게 외교적 위기 상황을 촉발한 외교정책들로는 2015년 12월에 결정된 한일 일본군 '위안부'[1] 합의, 2016년 2월의 개성공단

---

1) 일본군 '위안부'는 제2차 대전 중 일본군들의 성노예로 강제되었던 오만 명에서 많게는 이십만 명까지의 여성들을 일컫는 완곡한 용어이다. 기존의 많은 학자들이 위안부라는 단어를 사용해 왔기 때문에 이 논문에서도 그 관례를 따른다.

폐쇄 결정 그리고 2016년 7월에 공식 발표된 고고도 미사일 방어체계인 사드 도입이라고 할 수 있다. 아이러니하게도, 위안부 합의의 결과로 말미암아 한국 정부는 가해국인 일본에 대해 방어적인 상황에 처하게 되었다. 일본 정부는 부산에 있는 일본 총영사관 앞에 한국의 한 민간단체가 위안부 소녀상을 세우는 것을 한국 정부가 적극적으로 막지 않았다는 점에 항의하여 통화교환 협정에 관한 협의를 중단하였다.[2] 또한, 개성공단 폐쇄 결정으로 북한은 남북간의 모든 대화 채널을 단절시켰고, 이는 한반도의 불안정을 부추기는 결과를 가져왔다. 이에 더해 중국 정부는 한국의 사드 배치 결정에 항의하여 일련의 보복 조치들, 즉 한국의 유명 배우들과 가수들의 중국 내 공연 중단 또는 금지, 중국인 관광객들의 한국 방문 제한 그리고 한국 상품들의 중국 시장 접근을 막는 대중 캠페인을 진두지휘하였다(Meick and Salidjanova 2017).

이러한 사실들에 기초하여 이 논문에서는 박근혜 정부가 왜 그리고 어떠한 조건하에서 그러한 부정적인 결과들을 가져온 성급한 외교정책을 결정하였는지를 분석하고자 한다. 이 논문은 우선 박 대통령과 그녀의 참모들이 2015년 말부터 시작하여 세 가지의 주요 외부적 도전에 직면하였음에 주목한다. 첫째는 증가된 북한의 도발적 행동이고, 둘째는 그러한 도발에 대한 중국의 미온적인 대응 그리고 셋째는 미국-한국-일본 안보 삼각체제를 강화하려는 목적에서 취해진 미국의 압박이다. 이러한 외부적인 도전들에 직면하여, 한국의 정책 입안자들은 박근혜 행정부 내의 모순된 외교정책결정과정 행태, 즉 정책 입안자들의 제도화된 토론의 부재, 여론에 민감하지 못한 모습 그리고 최순실에 의해 주도된 비밀 자문 모임의 영향으로 여러 성급하고 당혹스러운 결정들을 하였다.

이 논문에서는 우선 외교정책결정의 사유화 개념을 설명하는 이론틀을 구상한다. 그리고 난 후 그 틀을 이용하여 한일 위안부 합의, 개성공단 폐쇄 그리고 사드 배치라는 세 가지 외교정책 사례들에서 박근혜 정부의 정책결정과정을 설명한다. 마지막으로 이 논문은 향후 한국 정책 입안자들에게 적용될 수 있는 정책 함의들을 도출하고자 한다. 즉, 미래의 정책 결정자들은 여론의 동향에 민

---

2) "Japan to recall ambassador over 'comfort women' statue," The Asahi Shimbun, January 6, 2017. http://www.asahi.com/ajw/articles/AJ201701060062.html.

감함으로써 외교정책 형성에 있어 민주적인 성격을 유지할 뿐만 아니라 깊이 숙고하고 투명한 과정을 거쳐 외교정책을 결정하여야 한다.

분석틀: 외교정책결정의 사유화

외교정책결정과정은 여러 가지 요소들, 즉 구조적인 환경, 국내 정치, 역사, 사회경제적인 조건들 그리고 개인의 심리 요건 등의 복합적인 요인의 역할을 분석해야 하기 때문에 그 과정을 전적으로 이해하기란 쉽지 않다(Chollet and Goldgeier 2002, 165). 현실주의, 자유주의 그리고 구성주의와 같은 주요 국제관계 이론들은 대부분 한 국가의 특정 외교정책 행위를 설명하기에는 부적절하다. 왜냐하면 그 이론들은 상대적 군사력, 국내 레짐 형태, 또는 국제 제도나 규범을 강조함으로써 전쟁과 평화 또는 국가 간의 협력과 같은 국가 행위의 일반적인 패턴들에 대한 분석에 초점을 맞추기 때문이다(Waltz 1979; Keohane 1984; Wendt 1992; Brown & Lynn-Jones 1996; Finnemore & Sikkink 1998). 이러한 거시적 접근들과는 달리, 몇몇 학자들은 개인과 소그룹 그리고 제도들이 어떠한 선택을 내리는가에 대한 중범위 이론들을 발전시켰다.

예컨대, 그들은 국가 이익의 극대화와 같은 합리적 효용과 동떨어진 정책결정이 만들어지는 요인으로서 관료 정치나 각 기관의 표준운영절차의 역할을 강조하였다. "어디에 서는지는 어디에 앉아 있느냐에 달려 있다"라는 주장을 펴는 관료정치 모델은 정책 입안자들이 차지하는 자리의 중요성을 보여준다. 이 모델은 외교정책의 방향을 결정함에 있어서 라이벌 기관들 간의 경쟁, 다시 말해 국가 이익보다는 관료 기관 내의 자기 이익이 우선순위를 차지함을 설명한다(Allison & Zilikow 1999). 조직과정 모델에 따르면, "표준운영절차는 각 기관의 내부적 기능 측면에 있어서는 합리적일 수 있지만, 각 기관들 간의 조정 부족이 중앙 정부로 하여금 큰 그림을 보지 못하게 방해할 수 있다(Hook 2017, 94)." 이런 기존의 모델들은 한국의 외교정책결정을 부분적으로 설명할 수는 있다. 예를 들어, 한국의 국방부와 외무부 같은 관료 조직들은 사드 배치에 관한 정책결정에서 상호 경쟁하는 관계였다. 전자는 군사 안보 차원에서 사드 배치를 선호하였던 반면, 후자는 그 결정이 가져올 중국과의 외교적 마찰 우려 때문에 신중한 입장이었다. 또한, 박근혜 정부는 위안부 합의나 개성공단 폐쇄와 같은 외교정책을 다룸에 있어서 관료 조직 간의 상호 조정에 있어 부족한 측면을 상당히 드러냈다.

이러한 기존의 이론들은 어느 정도의 유용성에도 불구하고 박근혜 정부의 갑작스러운 외교정책결정들을 충분히 설명하기에는 부족한 것처럼 보인다. 따라서 이 논문은 그러한 정책결정들을 설명하기 위해 그림 1과 같이 체제 차원과 개인 차원의 변수들을 조합한 새로운 이론틀을 구상한다. 체제 차원 변수들은 위안부, 개성공단 그리고 사드 배치 문제들에서 박 대통령과 참모진의 정책결정에 촉매제로 기능한 세 가지의 주요 외부 도전들이다. 첫째는, 북한이 2016년 1월의 4차 핵실험과 한 달 뒤 장거리 로켓 발사를 통해 위협적인 행동을 증가시켰다는 점이다. 그전 3년 동안 북한은 지속적으로 단거리 미사일 실험은 시행하였지만, 핵실험과 장거리 미사일 발사로 한국과 국제 사회를 위협하지는 않았다. 둘째는, 중국이 그러한 북한의 도발적 행동들에 대해 미온적인 대응을 했다는 점이다. 다시 말해, 중국은 북한에 대해 좀 더 심각한 경제제재를 채택하지 않았을 뿐만 아니라 북한 위협을 다루기 위해 박 대통령이 요청한 시진핑 주석과의 전화통화에도 적극적으로 응하지 않았다.[3] 셋째는, 미국이 점점 더 단호해져 가는 중국을 효과적으로 견제하기 위해 미국-한국-일본 삼각 안보 체제 강화를 밀어붙이고 있었다.

그림 1 분석틀: 외교정책결정의 사유화

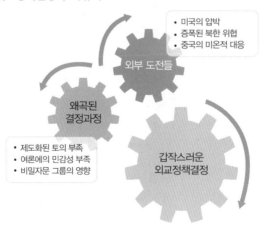

3) 이동훈 & 최재혁, "시진핑에 실망한 대통령: 중국 역할 기대말라" 조선일보, 2016년 2월 13일. http://news.chosun.com/site/data/html_dir/2016/02/13/2016021300263.html.

이러한 외부적인 도전들과 '외교정책결정의 사유화'라는 개념으로 대변될 수 있는 모순적인 정책결정 메커니즘이 결합하여 갑작스럽고 당혹스러운 외교정책들이 입안되었다. 몇몇 이전 문헌들에서 외교정책결정의 사유화 개념이 다루어졌다. 그러나 주로 학자들은 특정 이익 집단들, 로비 단체들 그리고 연방 정부 자금으로 운영되는 업체들이 미국의 외교정책결정과 실행에 끼치는 영향에 초점을 맞추었다(Davison 2006; Freeman 2012).4) 대신 이 논문에서 사용되는 외교정책결정의 사유화 개념은 한국의 정책 결정자들, 특히 박근혜 대통령을 중심으로 국방부, 외무부, 통일부 장관들과 국가안보 실장의 특성들에 주목한다. 위 그림 1에서 볼 수 있는 것처럼, 박근혜 정부의 정책 입안자들은 중요한 외교정책 이슈들에 대해 상호 간 잘 조정되고 제도화된 토의와 토론이 상당히 부족했다. 그 정책 결정자들은 여론의 동향을 세심하게 살피지 않고 우선 비밀스럽게 정책결정을 한 후에 국민들로 하여금 그 결정들을 수용하고 따라올 것을 요구했다. 더욱이 박 대통령은 그의 오랜 친구 최순실에 의해 주도된 비밀자문그룹이 외교정책을 포함하는 국정에 상당한 영향을 끼쳤을 수도 있다는 충격적인 스캔들로 기소되었다. 그러므로 이 분석틀은 외부적인 도전들과 박근혜 정부의 왜곡된 외교정책결정과정이 결부되어 일련의 갑작스럽고 독단적인 외교정책결정들이 실행되었음을 나타낸다.

2015년 12월 한일 위안부 합의

위안부 문제는 한국과 일본의 시민 단체들이 적극적으로 문제 제기를 시작한 1990년대 초부터 과거 적대국인 두 나라 간의 역사 화해를 가로막는 장애물로 기능해 왔다(Yoshimi 2000; Soh 2009; Ward & Lay 2016). 일본 정부는 강력한 여론 압박과 역사적 문서들의 발견으로 인해 과거의 잘못을 받아들이는 노력을 기울였다. 예컨대 1993년 8월에 일본 관방 장관 고노 요헤이는 한국인이 대부분이었던 위안부들의 일본군에 의한 강제 동원을 처음으로 인정하였고,5) 1994년 8월에는 무라야마 도미치 일본 수상이 과거 위안부 피해자들

---

4) Allison Stanger and Omnivore, "Foreign Policy, Privatized," The New York Times, October 5, 2007. http://www.nytimes.com/2007/10/05/opinion/05stanger.html.

5) Japanese Ministry of Foreign Affairs, "Statement by the Chief Cabinet Secretary Yohei Kono

에게 진지한 사과 성명을 발표하였다.[6] 그리고, 1995년 6월에는 일본 정부가 주로 일본 민간인들에 의해 조직된 아시아 여성 기금의 설립과 운영을 지원하였다. 일본 정부는 그 기금의 운영비를 지원하면서, 그 기금을 통하여 개인 피해자들에게 의료와 복지 비용을 지불하였다. 이러한 사과의 노력에도 불구하고, 일본은 다음의 두 가지 이유 때문에 강한 비판에 직면하였다. 첫째는, 일본 정부가 직접적인 개인 보상보다는 민간 기금을 통해 간접적으로 지원을 하였기 때문에 과거의 잘못에 대한 책임을 회피한다는 인상을 심어 주었다. 둘째는, 일본 고위 관료들이 과거 잘못을 정당화하거나 회피하는 발언들을 자주 함으로써 이전의 사과 성명들의 의미가 빛이 바랬다는 점이다(Yang 2008, 74-79). 이러한 사실들 때문에 한일 두 정부는 2015년 말까지 위안부 문제를 해결하는 합의에 이르는 데 어려움을 겪었던 것이다.

그러나 한국 정부가 위안부 문제에 대한 정치적인 거래를 한 2015년 12월 28일부로 그러한 난국은 정부 차원에서는 적어도 끝이 났다. 그 합의에서 일본 정부는 일본군 당국의 관여를 인정했고, 비록 법적 책임은 아니더라도 위안부 피해자들에게 진지한 사과 의사를 표명하였다. 일본 정부는 또한 모든 이전 피해자들의 생활을 지원하고 심리적인 상처들을 치료할 목적으로 한국 정부에 의해 설립되고 운영될 기금에 약 미화 팔백삼십만 불을 일시불로 지급할 것을 약속했다.[7] 또한, 두 정부는 그 합의를 통하여 위안부 문제가 '최종적이고 불가역적으로' 해결되었다는 점을 확인했을 뿐만 아니라 유엔을 포함하는 국제 사회에서 그 문제에 관해 상호 비방하지 않을 것을 약속했다. 더 나아가 한국 정부는 일본 정부가 일본의 위상을 손상시킨다고 여기는 서울의 일본 대사관 앞에 세워진 위안부 소녀상 문제를 적절하게 다루어 갈 것임을 밝혔다.[8]

---

on the result of the study on the issue of comfort women." http://www.mofa.go.jp/policy/women/fund/state9308.html.

6) Japanese Ministry of Foreign Affairs, "Statement by Prime Minister Tomiichi Murayama on the Peace, Friendship, and Exchange Initiative." http://www.mofa.go.jp/announce/press/pm/murayama/state9408.html.

7) 이전의 아시아 여성 기금과 비교할 때, 이 조치는 일본 정부가 직접 위안부 생존자들을 지원하는 기금을 제공하겠다는 약속을 했다는 점에서 분명 진보한 접근이었다.

8) Japanese Ministry of Foreign Affairs, "Announcement of Foreign Ministers of Japan and the Republic of Korea at the Joint Press Occasion." http://www.mofa.go.jp/a_o/na/kr/page4e_000364.html.

이러한 긍정적인 측면에도 불구하고, 위안부 합의의 체결은 한일 관계를 오래 지켜봐 온 사람들에게는 매우 놀라운 일이었다. 비록 한일 두 정부가 치열하게 그 문제를 논의해 왔다 하더라도, 양측의 커다란 인식 차이가 지속되었기 때문에 많은 사람들은 그러한 합의에 도달하는 것이 상당히 어려울 것으로 믿었다. 일본 측은 모든 법적인 보상 문제들은 1965년 한일 간의 청구권 협정으로 이미 해결되었다고 주장해 왔다. 그 협정의 제2조 1항에 따르면, "양 체약국은 양 체약국 및 그 국민(법인을 포함함)의 재산, 권리 및 이익과 양 체약국 및 그 국민 간의 청구권에 관한 문제가 1951년 9월 8일에 샌프란시스코에서 서명된 일본국과의 평화조약 제4조 (a)에 규정된 것을 포함하여 완전히 그리고 최종적으로 해결된 것이 된다는 것을 확인한다"[9]라고 되어 있다. 반면, 한국은 다음의 두 가지 이유로 인해 일본은 과거 잘못에 대해 법적인 책임을 져야 하고 공식적인 보상을 해야 한다고 주장해 왔다. 첫째, 그 조항은 단지 일본의 한국 식민 지배에서 기인한 청구들을 해결하였지만, 위안부 문제와 같은 엄청난 인권 유린 문제는 포함하지 않았다. 둘째, 위안부 문제는 1965년 조약이 체결되었을 당시에는 제기되지 않았다는 점이다.[10]

이러한 인식 격차 때문에 한일 정부는 위안부 문제 해결에 관한 타협점을 찾기가 힘들었던 것이다.[11] 2014년 4월에서 2015년 12월까지 두 정부는 그 문제 해결을 위해 열두 번의 국장급 회의를 개최하였지만, 공통분모를 도출하지 못했다. 예컨대, 2015년 12월 15일 이상덕 당시 한국 외무부 동북아국장은 일본 측과의 회담 후에 "우리는 선의를 가지고 깊은 논의를 하였지만, 올해 안에 다음 만남을 가지기는 힘들 것이다"라고 언급했다.[12] 그러나 이러한 난국은 단지 13일 후에 갑작스러운 위안부 합의 체결로 귀결되었다. 이 정책결정은 매우 갑작스럽고 비정상적으로 이루어진 것이어서 2017년 7월에 새

---

9) Tack-whan Wi and Lou-chung Chang, "1965 Korea-Japan agreement should be re-estimated." KOREA.net, March 23, 2016. http://www.korea.net/NewsFocus/History/view?articleId=134245.

10) Hyun-ju Lee, "Sex slave issue: Japan must change stance to untie the knot," The Korea Herald, December 27, 2015. http://www.koreaherald.com/view.php?ud=20151227000398.

11) 박희준, "일본군 위안부 피해자 문제 관련 한일 국장급 협의 개최," 아시아 경제, 2015년 1월 16일. http://www.asiae.co.kr/news/view.htm?idxno=2015011611123330290.

12) "Japan, South Korea remain apart on 'comfort women' issue despite talks," The Japan Times, December 16, 2015. https://www.japantimes.co.jp/news/2015/12/16/national/politics-diplomacy/japan-south-korea-remain-apart-comfort-women-issue/#.We76qDsftOo.

롭게 당선된 문재인 대통령하의 한국 외무부는 그 합의 체결 과정을 조사하는 위원회를 발족시켰다.[13] 그 위원회 조사 결과[14]와 언론 보도를 종합해 볼 때, 박근혜 정부가 위안부 합의 결정을 하는 과정에 여러 오점들이 있었음을 알 수 있다.

우선 박근혜 정부는 정부 간 합의에 도달하기 전에 위안부 피해자들의 목소리에 귀 기울이고 그들의 의견을 최선으로 반영하려는 노력을 다하지 않았던 것을 지적할 수 있다. 이 부분은 그 합의 체결 이후에 바로 표현된 여러 위안부 생존자들의 다음과 같은 불만들에서 확인될 수 있다. 생존자들은 한국 정부와 피해자들 간에 충분한 사전 논의가 부족했다는 점, 1990년대 초부터 피해자들이 줄곧 요청해 온 일본의 법적 책임이 들어가지 않았다는 점 그리고 서울에 세워진 위안부 소녀상을 옮기는 데에 합의하는 조항이 있었다는 점에 관해 비판하였다.[15] 위안부 피해자들과 그들을 지원하는 시민사회 운동가들은 한국 정부가 위안부 소녀상을 옮기려는 노력에 동의했음에 특히 분노하였다. 이러한 한국 정부의 양보적인 조치를 이해하기 위해서는 박근혜 행정부에 대한 미국의 압력이 고려되어야 할 필요가 있다. 미국 정부는 급속도로 부상하는 중국을 더욱 효과적으로 견제하기 위해 두 주요 아시아 동맹국인 일본과 한국의 상호 협력을 증진시키고자 노력했다. 이러한 이유에서 미국은 박근혜 정부로 하여금 일본과의 역사적인 반목을 해결하도록 압박하였다.[16] 그러나 이러한 미국의 외부적 압력이 있었다는 점을 고려하더라도, 박근혜 정부가 위안부 문제를 다룬 것을 보면 지난 20년 이상 그 문제를 해결하기 위해 국내와 국제적인 캠페인을 적극적으로 추진해 온 피해자들과 그들의 지원 단체들의

---

13) "S. Korea launches team to review comfort women deal with Japan," Yonhap News, July 31, 2017. http://english.yonhapnews.co.kr/news/2017/07/31/0200000000AEN20170731007053315.html.

14) South Korean Ministry of Foreign Affairs, "Review report on the ROK-Japan comfort women agreement," December 27, 2017. http://www.mofa.go.kr/eng/brd/m_5674/view.do?seq=319637&srchFr=&srchTo=&srchWord=victim&srchTp=0&multi_itm_seq=0&itm_seq_1=0&itm_seq_2=0&company_cd=&company_nm=&page=1&titleNm=

15) 임명수, "위안부 피해 할머니들 반응 '냉담'...우리 의견 반영되지 않았다," 중앙일보, 2015년 12월 28일. http://news.jtbc.joins.com/article/ArticlePrint.aspx?news_id=NB11134235.

16) Daniel Sneider, "Behind the Comfort Women Agreement," Tokyo Business Today, January 10, 2016. https://toyokeizai.net/articles/-/99891.

목소리에 충분히 민감하지 못했다는 점을 지적할 수 있을 것이다(Ku 2015).

둘째, 박근혜 대통령은 행정부 내에서 부처 간 잘 조율되고 제도화된 논의를 피하고 아주 협소한 대화 채널에 의존했다. 예컨대, 비록 윤병세 외무부 장관이 그 합의의 내용에 만족하지 못했고, 또한 더 나은 합의를 만들기 위해 3개월의 시간을 박 대통령에게 더 요청하였지만, 박 대통령은 그 합의의 즉각적인 체결과 발표를 밀어붙였다.[17] 어떤 한 한국 정치인에 따르면, 박 대통령은 이병기 비서실장으로 하여금 일본의 야치 쇼타로 국가안보 보좌와 비밀 회담을 가지라고 명령했고, 이 실장은 그 합의를 이끌어 내는 데 결정적인 역할을 하였다.[18] 앞에서 언급한 한국 정부 조사 위원회의 보고서에서도 이 사실이 입증된다. 즉, 이 실장은 2015년 2월부터 일본과의 위안부 합의를 만드는 데 주도적인 역할을 하였던 데 반해 그 문제를 다루는 데 그동안 중요한 역할을 해 왔던 한국 외무부는 정책결정 과정에서 주변부로 밀려나게 되었다.[19]

사실 민주주의 국가들의 최고 정치 지도자들이 외교 관계에서의 난국을 타개하기 위해 비밀 외교를 채택한 경우들을 볼 수 있다. 주요한 예로서, 1970년대 초에 미국의 닉슨 대통령이 미군의 원활한 베트남 철수와 소련 견제를 위해 중국과의 관계를 정상화하는 데에 비밀 외교를 사용하였다(Schaller 2016). 하지만 박근혜 대통령이 위안부 생존자들과 그들의 지원자들로부터 지지를 얻지 못한 상황에서 그렇게 오래되고 복잡한 문제를 비밀 회담을 통해 해결하려고 한 것은 신중한 결정이 아니었다. 그 과정을 잘 아는 어떤 한국의 학자는 다음과 같이 그 상황을 설명하였다.

---

17) 이제훈, "외교장관 추가협상 묵살...박근혜 대통령 위안부 합의 강행." 한겨레, 2016년 11월 22일. http://www.hani.co.kr/arti/politics/defense/771381.html.

18) 이경우, "박병석: 이병기 전 국정원장, 위안부 밀실합의." 여성신문, 2017년 10월 16일. http://www.womennews.co.kr/news/117534.

19) South Korean Ministry of Foreign Affairs, "Review report on the ROK-Japan comfort women agreement," December 27, 2017. http://www.mofa.go.kr/eng/brd/m_5674/view.do?seq=319637&srchFr=&srchTo=&srchWord=victim&srchTp=0&multi_itm_seq=0&itm_seq_1=0&itm_seq_2=0&company_cd=&company_nm=&page=1&titleNm=

　　한국 정부와 위안부 문제 전문가들 그리고 그 피해자들을 지원하는
시민 단체들은 그 당시 공통된 견해를 찾는 과정 중에 있었다. 그들은 그
문제 해결에 대한 의견 일치에 도달하기 위해 최소한 몇 개월의 시간이 더
필요했다. 그러나 박근혜 대통령은 2015년 2월 2일 아베 일본 수상과의 정
상회담에서 정했던 시한인 2015년 내에 그 문제를 해결할 목적으로 그 불
만족스러운 합의를 갑작스럽게 밀어붙였다.[20]

　　이 외교정책결정은 일련의 부정적인 결과들을 가져왔다. 무엇보다 한국
정부는 위안부 피해자들로부터의 동의는 말할 것도 없이 자국 국민의 마음을
얻지 못했다. 그 합의가 이루어진 일주일 후에 실시된 여론조사에 따르면, 54
퍼센트의 답변자들이 그 합의는 잘못된 것이라고 응답했고, 단지 26퍼센트만
이 긍정적인 평가를 내렸다.[21] 많은 한국 국민은 정부가 위안부 피해자들과
협의하는 노력을 충분히 기울이지 않았고, 협상에서 일본 측에 너무 많은 양
보를 하였다고 여겼다. 그들은 또한 일본 정부에 대해 불충분하고 애매모호한
사과를 한 것이며 단지 돈으로써 그 문제를 해결하려 한다고 비판했다. 또한
72퍼센트의 응답자들은 서울의 일본대사관 앞에 세워진 위안부 소녀상은 일
본이 그 합의를 이행하는지 여부에 상관없이 옮기지 말아야 한다고 생각했다.
나아가 58퍼센트는 재협상이 필요하다고 주장한 반면 단지 28퍼센트만이 그
주장에 반대했다. 이러한 부정적인 여론 속에서 박근혜 정부는 일본 정부와
한국 국민들 사이에 불편하게 끼어 있는 상황이 되었다. 그 합의 후에 아베
일본 수상은 일본 의회에서 진행된 질의응답에서 위안부 생존자들에게 사과
편지를 직접 보내면 어떻겠냐는 제안을 차갑게 거절했고, 박근혜 정부로 하여
금 합의된 조항을 지키고 위안부 소녀상을 다른 곳으로 옮기라고 압박했다.
그러나 박근혜 정부는 강한 한국 대중의 저항 때문에 일본의 요구를 수용할
수 없었다. 2016년 12월에 한국의 시민운동가들이 부산 소재 일본 총영사관
밖에 또 다른 위안부 소녀상을 세우려고 했을 때, 아베 정부는 자국 대사와
총영사를 일본으로 소환했으며 한국 정부와의 고위급 경제 회담의 중단을 발

---

20) 저자 개인 인터뷰, 서울, 2017년 6월 29일.
21) 한국 갤럽 데일리 오피니언, 193호, 2016년 1월 8일. http://www.gallup.co.kr/gallupdb/reportConte
　　nt.asp?seqNo=720&pagePos=18&selectYear=&search=&searchKeyword=

표했다.[22] 따라서 그 위안부 합의의 결과로서 한국 정부는 아이러니하게도 이전 가해국 일본에 대해 방어적인 위치에 놓이게 되었다.

2016년 2월 개성공단 폐쇄

위안부 합의가 이뤄진 지 단 6주 후에 박근혜 정부는 갑작스럽게 개성공단을 폐쇄하는 결정을 내렸다. 군사분계선에서 불과 2.5km 떨어져 있는 북한 지역에 위치한 개성공단은 2000년 6월에 있었던 김대중 대통령과 김정일 국방위원장의 정상회담 후에 세워졌다. 개성공단은 남북 간 경제협력을 위한 공동 사업인데, 한국은 주로 재정적인 투자를 하였고 북한은 노동력과 공단 부지를 제공하였다. 도표 1에서 보이는 것과 같이, 폐쇄 전에는 125개의 의류, 자동차 부품, 반도체 등의 회사들이 그 공단에서 운영되었고, 54,988명의 북한 노동자들과 820명의 한국 노동자들이 근무하고 있었다. 2005년과 2015년 사이에 개성공단에서 생산된 총 물품 액수는 미화 약 32억불에 이르렀고, 115만여 명의 사람들이 그 공단을 방문하였다. 만약 남북한이 원래 계획했던 대로 모든 개발 단계를 완성했다면, 그 공단은 뉴욕 맨해튼의 절반 크기가 되었을 것이고 관광과 레저가 곁들어진 쇼핑 타운과 주거 지역을 포함하게 되었을 것이다.[23] 따라서 개성공단은 2016년 2월 10일 폐쇄되기 전까지 남북 협력의 중요한 상징이었다.

---

22) Reji Yoshida and Ayako Mie, "Japan recalls envoys over new 'comfort women' statue in Busan." The Japan Times, January 6, 2017. https://www.japantimes.co.jp/news/2017/01/06/national/politics-diplomacy/japan-pulls-envoy-south-korea-comfort-women-dispute/#.WfJAlzsftOo.

23) "What is the Kaesong Industrial Complex?" BBC News, February 10, 2016. http://www.bbc.com/news/business-22011178.

표 1 개성공단 관련 통계

년	기업 수	생산액 (미화만불)	북한 근로자 수	남한 근로자 수	방문자 수
2005	18	1,491	6,013	507	40,874
2006	30	7,373	11,160	791	60,999
2007	65	18,478	22,538	785	100,092
2008	93	25,142	38,931	1,055	152,637
2009	117	25,648	42,561	935	111,830
2010	121	32,332	46,284	804	122,997
2011	123	40,185	49,866	776	114,435
2012	123	46,950	53,448	786	120,119
2013	123	22,378	52,329	757	75,990
2014	125	46,997	53,947	815	125,940
2015	125	56,330	54,988	820	128,524

자료: 한국 통일부. http://www.unikorea.go.kr/unikorea/business/statistics/.

　　개성공단은 또한 북한 군부대들이 그 공단 건설로 인해 10km 이상 후방으로 옮겨졌기 때문에 남북한 간 군사적 완충지대로서의 역할을 수행했다고 볼 수 있다. 기존 개성공단 부지에 위치했었던 북한군 6사단 소속 4개 대대가 공단 밖으로 이동하였고, 두 개 대대가 그 공단 주변을 지키기 위해 배치되었다. 개성공단은 서울 근교로부터 단지 40km 정도 떨어져 있기 때문에 군사적 의미에서 매우 중요하다. 북한은 개성에서 문산을 거쳐 서울까지 이르는 길을 사용하면 가장 짧은 시간에 서울을 침범할 수 있다. 한국전쟁 당시 북한군은 실제로 별다른 저항 없이 개성을 점령했고, 전쟁이 발발한 지 사흘 만에 서울을 점령할 수 있었다. 언론 보도에 의하면, 북한군은 그러한 군사전략 이유와 부대의 재배치 필요 때문에 개성공단 건립을 반대했지만, 당시 북한 최고 지도자인 김정일이 그 계획을 밀어붙였다고 알려진다.[24]

　　개성공단은 2004년 4월에 설립된 후로 종종 한반도의 군사적 긴장들로

---

24) Byong-su Park, "Closing of Kaesong Industrial Complex increases risk of military confrontation." Hankyoreh, February 13, 2016. http://english.hani.co.kr/arti/english_edition/e_northkorea/730220.html.

인해 폐쇄의 위험에 처해지곤 했다. 예를 들어, 2008년 7월에 남한의 관광객인 박광자 씨가 금강산 리조트에서 북한군 병사에 의해 사살되는 사건이 발생했다. 그 사건 후에 남한 정부는 사과하지 않는 북한 당국에 대한 보복으로 금강산 관광 사업을 중단시켰다. 이에 대응하여, 북한은 개성공단에 관련된 원래의 법규와 계약의 무효를 선언하고, 북한 근로자 임금과 공단 부지 사용료 인상을 요구했다. 북한은 만약 남한 기업들이 그 요구들을 수용하지 않으면 개성공단에서 떠나야 할 수도 있다고 언급하면서 공단 폐쇄에 대한 위협을 끌어올렸다. 2009년 3월에 북한은 한미 연합 군사 훈련에 대한 항의로서 며칠간 남측 근로자들의 개성공단 출입을 막기도 하였다. 2010년에는 북한 잠수정의 어뢰 공격에 의한 천안함 침몰 사건[25]과 한국전쟁(1950–1953년)이래 북한군에 의해 남한 땅에 직접 가해진 연평도 포격 사건으로 말미암아 한반도의 긴장이 최고조에 달하였다. 천안함 침몰로 46명의 한국 해군 병사들이 희생되었고, 연평도 포격 사건으로 두 명의 민간인과 두 명의 해병대 대원들이 목숨을 잃었다. 이러한 도발에 반발하여 한국 정부는 자국 국민들의 개성공단 방문을 일시적으로 차단했고, 그 공단에 새롭게 투자하는 것을 금지시켰다. 더 나아가, 2013년 4월에는 북한의 3차 핵실험과 한미 연합 군사 훈련으로 촉발된 군사적 긴장으로 인하여 북한 당국은 4개월 이상 개성공단을 폐쇄한 후에 다시 열었다. 2015년 8월에는 북한군이 비무장지대 내에서 불법적으로 목함 지뢰를 매설함으로써 두 명의 남한 군인들이 부상당하는 사건과 서부 전선에서 발생한 북한군의 포격 사건으로 남한 정부가 자국민들의 개성공단 출입에 제약을 가하기도 하였다.[26]

　　한반도에서 이렇게 잦은 군사적 긴장의 고조에도 불구하고 도표 1에서 나타나는 것처럼 개성공단은 계속해서 운영되었고 확장되었다. 그러나 2016년 2월 10일 박근혜 정부는 개성공단을 순식간에 폐쇄하는 조치를 취하였다. 이 결정이 북한이 실행한 두 번의 도발적 행동들, 즉 2016년 1월 6일에 감행한 4차 핵실험과 한 달 뒤인 2월 6일에 실행한 장거리 로켓 실험에 의해 큰

---

25) 북한은 민간 합동 조사 위원회의 북한 연루 보고에도 불구하고 계속해서 이 사건에 개입하지 않았다고 주장해 왔다. 천안함 사태 관련 자세한 논쟁에 대한 분석을 위해서는 남태현(2015) 문헌 참조할 수 있다.

26) 장민성, "개성공단 중단: 우여곡절 많았던 16년의 역사," 중앙일보, 2016년 2월 10일. http://news.joins.com/article/19549560.

영향을 받았다는 것을 생각하기란 어렵지 않다. 다시 말해 그러한 북한의 도발은 박근혜 대통령과 참모진들이 북한에 대해 더 단호한 입장을 견지하게 하는 요인이 되었다. 그럼에도 불구하고 그 정책결정과정을 자세히 들여다보면 상당한 오점들이 있었음을 발견하게 된다.

2016년 1월 6일 북한의 4차 핵실험 후, 비록 박 대통령이 1월 13일에 개성공단이 정상적으로 운영되느냐 아니냐는 북한의 행동에 달려 있다고 언급했다 하더라도, 당시 남한 정부는 개성공단 철수나 폐쇄를 고려하지는 않았다. 대신 박근혜 정부는 시민들의 안전을 보장하기 위해 개성공단을 방문하는 한국 근로자들의 수를 최소한 필요한 인원으로 줄이는 조치를 취했다.[27] 그리고 2016년 1월 22일 당시 홍용표 통일부 장관은 공단 폐쇄를 고려하지 않고 안정적인 운영에 무게를 두고 있다고 표명했다.[28] 또한 일주일 후 통일부의 한 관계자가 개성공단은 북한에 대한 제재의 대상이 아님을 밝힘으로써 홍 장관의 입장을 재확인했다. 심지어 2016년 2월 7일에 실시된 북한의 장거리 로켓 시험 발사 직후에 소집된 국가안전보장회의에서도 개성공단 폐쇄는 안건이 아니었다고 당시 한민구 국방부 장관이 밝혔다.[29] 그러나 바로 당일 박근혜 대통령은 북한의 국제법 위반에 대해 유엔 안전보장이사회가 더 강력한 제재를 채택해야 한다는 입장을 표명함과 동시에 개성공단에 근무하는 한국 근로자들의 인원을 더 제한시켰다. 그러나 이러한 유화책들은 단지 이틀 만에 강경하게 변하였고, 2월 10일 국가안전보장회의에서 공단 폐쇄라는 갑작스러운 결정으로 이어졌다.

이러한 사실들에 기초할 때, 박근혜 행정부는 국가안전보장회의나 국무회의와 같은 제도화된 채널들을 통해 그와 같이 중요한 국가 현안을 주의 깊게 논의하지 않았다고 볼 수 있다. 2017년 12월 28일 통일부를 위한 9명의 민간 전문가들로 구성된 정책혁신위원회가 발표한 보고서에서도 박근혜 대통령은 각료들과의 토의나 국무회의에서의 심의 없이 독단적으로 개성공단 폐

27) Jin-cheol Kim, "Government reduces number of Kaesong workers to minimum," Hankyoreh, January 12, 2016. http://english.hani.co.kr/arti/english_edition/e_northkorea/725834.html.

28) 김호준, "홍용표: 개성공단 철수 검토 안해...안정적 관리에 중점," 연합뉴스, 2016년 1월 22일. http://www.yonhapnews.co.kr/bulletin/2016/01/22/0200000000AKR20160122157700014.HTML.

29) 김진철 & 이제훈, "청와대, 통일부의 개성공단 '잠정중단론' 묵살했다," 한겨레, 2016년 2월 13일. http://www.hani.co.kr/arti/politics/defense/730199.html.

쇄를 지시했다고 밝혔다. 그 위원회 보고서에 따르면, 국가안전보장회의는 사후 정책결정과정의 정당성을 부여하기 위해 공단을 폐쇄하라는 박 대통령의 구두 지시가 내려진 이틀 후에 소집되었다고 한다. 또한 남북관계 업무를 책임지는 통일부가 갑작스러운 폐쇄는 엄청난 손실을 가져올 수 있기 때문에 폐쇄 시점을 조심스럽게 결정해야 한다는 조언을 하였지만, 청와대는 대통령의 결정에 변함이 없을 것이라고 표명했다고 한다.[30]

더 나아가 한국 진보 언론들은 박 대통령의 심복이었던 최순실이 그러한 결정에 영향을 끼쳤을 수도 있다는 의혹을 제기했다. 이전 미르 재단[31]의 사무총장이자 최순실과 가까웠던 사이인 이성한은 최순실이 거의 매일 청와대로부터 대통령 보고 자료를 건네받아 그 자료를 바탕으로 국정 전반을 토의하는 비선 모임을 가졌다고 밝혔다. 그 모임들에서 다뤄졌던 안건들 중 약 10퍼센트는 미르 재단과 관련 있는 것이었고, 그 외 90퍼센트는 개성공단 폐쇄와 같은 정부 사안들과 연계된 것이었다고 한다. 그는 또한 "이 모임에서는 인사 문제도 논의됐는데 장관을 만들고 안 만들고가 결정됐다. 이런 얘기는 통념을 무너뜨리는 건데, 사실 최씨가 대통령한테 '이렇게 하라 저렇게 하라'라고 시키는 구조다. 대통령이 단독으로 결정할 수 있는 사안이 없다"라고 밝혔다.[32] 현시점에서 이성한의 그러한 증언들을 실제로 확증하는 것은 어렵겠지만, 여러 정황들을 고려할 때 국정농단 사건과 갑작스러운 개성공단 폐쇄 결정 사이의 연결고리를 전적으로 부정하는 것도 어려워 보인다.

이와 같은 문제들과 함께 박근혜 정부는 개성공단 문제와 관련한 여론에 민감하지 못했다고 볼 수 있다. 도표 2에서 보이는 것처럼, 2009년부터 2015

30) 권경성, "철수 시키세요...박근혜 대통령 한마디에 문 닫은 개성공단," 한국일보, 2017년 12월 28일. http://m.hankookilbo.com/News/Read/201712281281476727.

31) Park Ju-min, "South Korea closes foundations at center of political scandal," Reuters, March 20, 2017. https://www.reuters.com/article/us-southkorea-politics-foundations/south-korea-closes-foundations-at-center-of-political-scandal-idUSKBN16R0PM: 비영리기관인 미르 재단은 다른 나라들과의 문화 교류를 증진하기 위해 2015년 10월에 설립되었다. 그러나 헌법재판소는 그 비영리 재단이 최순실의 통제하에 사적 이익을 위해 운영되었다고 밝혔다. 박 대통령은 최순실과 공모로 대기업들로 하여금 그 재단에 기금을 출연하라고 압력을 행사했다는 혐의로 기소되었다.

32) Kim Eui-kyum and Ryu Yi-geun, "It's actually a system where Choi Sun-sil tells the President what to do," Hankyoreh, October 26, 2016. http://english.hani.co.kr/arti/english_edition/e_national/767405.html.

년까지 시행된 여론조사에서 거의 절반의 응답자들이 지속적으로 개성공단 유지를 지지했던 반면, 단지 약 20퍼센트만이 그 사업을 반대했다.

표 2 개성공단 유지 관련 여론조사(단위: 퍼센트)

연도	2009	2010	2011	2012	2013	2014	2015
지지	48.6	49.7	46.2	45.8	50.4	45.7	49.8
중립	31	32.3	33.7	33.9	31.6	34	30.4
반대	20.4	18	20.1	20.3	18	20.3	19.8

자료: 박명규 외, 2015년 통일 인식 조사(서울: 통일평화연구소, 2016), 120.

그러나 한 가지 언급할 필요가 있는 점은 2016년 1월 6일 북한의 4차 핵 실험과 2월 7일 장거리 미사일 시험 발사가 있은 후 개성공단 관련 여론이 상당히 변화되었다는 것이다. 2월 16-18일에 걸쳐 시행된 한국 갤럽 여론조사 결과를 보면, 응답자들의 55퍼센트가 개성공단 폐쇄를 지지한 반면, 33퍼센트만이 그 결정을 비판했다.[33] 이러한 현상은 증가한 북한 위협이 한국 여론을 악화시키는 데 주요한 역할을 하였을 뿐만 아니라 박근혜 정부가 공단을 급하게 폐쇄하는 결정을 내리도록 자극했음을 알 수 있다. 놀랍게도 일 년 후에 한국 갤럽이 실시한 여론조사에서는 75.9퍼센트의 응답자들이 개성공단 폐쇄는 남북관계에 부정적인 영향을 끼쳤다고 답했으며, 54.6퍼센트가 공단 재가동을 주장했다.[34]

개성공단 폐쇄로 생겨난 첫번째 심각한 문제는 남북한 간 모든 대화 채널이 단절되었다는 것이다. 한국 정부가 2월 10일에 공단 폐쇄를 선언한 후에 북한 당국은 서해 지역에 유일하게 남아 있던 군사 대화 채널들과 판문점의 전화선들을 모두 끊어 버렸다. 이러한 대화 채널들의 단절은 군사적 긴장이 고조되는 상황일 때 남북한이 서로의 의도를 파악하는 것을 어렵게 하고 예상치 않게 발생할 수 있는 군사적 충돌에 대처하는 능력을 심하게 손상시키

---

33) 한국 갤럽 데일리 오피니언, 198호, 2016년 2월 19일. http://www.gallup.co.kr/gallupdb/reportContent.asp?seqNo=727.

34) Eo-young Ha, "Poll: 75% of South Koreans feel Kaesong closure not helpful to inter-Korean relations," February 3, 2017. http://english.hani.co.kr/arti/english_edition/e_northkorea/781217.html.

는 것이었다. 따라서 양측은 국지적인 충돌이 전면전으로 확대될 수 있는 더 큰 위협에 놓이게 되었다.[35] 둘째, 개성공단에 입주해 있던 125개 기업주들은 갑작스러운 폐쇄 결정 때문에 자신들의 재산을 잃어버리게 되었는데, 폐쇄 결정 후 하루 만에 그 지역을 떠나야만 했기 때문에 많은 원자재와 완제품들을 남한으로 가져올 수 없었다. 공단이 닫힌 지 일 년 후에 개성공단기업협회는 "원단과 같은 원자재들을 포함한 총 손실액은 원화 일조 오천억 원에 이르렀는데, 이 액수에는 납품하기로 된 물품을 전달하지 못해 생긴 수수료 약 천사백팔십억 원 그리고 영업 손실 삼천백사십억 원도 포함되어 있다"라고 발표했다.[36] 또한 그 협회에 따르면, 한국 정부의 보상액은 전체 일조 오천억 원 손실액의 32퍼센트 밖에는 되지 않았다. 셋째, 한국 정부는 어려운 상황에서도 남북관계에 안전장치로 기능했던 개성공단을 폐쇄함에 따라 북한에 대해 행사할 수 있는 마지막 남은 영향력을 잃어버리게 되었다.[37]

2016년 7월 사드 배치 결정

박근혜 정부에 의해 행해진 또 다른 논란의 여지가 많았던 외교정책은 미국의 고고도 미사일 방어체계인 사드의 한국 배치 결정이다. 사드 논쟁은 2014년 5월 27일 "미국은 한국에 사드 배치를 위해 가능한 지역들에서 부지 조사를 실행했지만, 어떤 최종 결정도 되지 않았다"라는 언론 보도로 시작되었다.[38] 일주일 후에 한미연합사령관 커티스 스케파로티 장군은 서울의 한 포럼에서 미국은 자체 계획으로 북한의 진화하는 위협에 더 잘 대처하기 위해 한국에 사드 시스템을 도입할 것을 고려해 왔다고 말해 그 이슈가 공식화

---

35) Byong-su Park, "Closing of Kaesong Industrial Complex increases risk of military confrontation." Hankyoreh, February 13, 2016. http://english.hani.co.kr/arti/english_edition/e_northkorea/730220.html.

36) Yoon-mi Kim, "Closure of inter-Korean industrial park incurs W1.5tr loss," The Korea Herald, February 7, 2017. http://www.koreaherald.com/view.php?ud=20170207000669.

37) "Closing the Kaesong Industrial Complex is a mistake," Hankyoreh, February 11, 2016. http://english.hani.co.kr/arti/english_edition/e_editorial/729927.html.

38) Julian E. Barnes, "Washington Considers Missile-Defense System in South Korea," The Wall Street Journal, May 27, 2014. https://www.wsj.com/articles/washington-considers-missile-defense-system-in-south-korea-1401233131.

되었다. 또한 그는 "미국 내에서 아무런 결정이 내려지지 않았고 우리는 한국과 공식적으로 그것을 논의하지 않았다. 그래서 사드 이슈는 아주 초기 단계에 있고, 만약 미래에 언젠가 사드가 배치된다면 그것은 상호 간 또한 다자적 협정이 될 것이다"라고 말하였다. 그의 논평에 대해 한국 국방부 대변인은 "미국으로부터 아무런 공식적인 요청이 없었다. 하지만, 만약 미국이 우리의 협조를 공식적으로 요청해 오면 그때 국방부가 정부를 대신하여 그 요구를 고려할 것"이라고 말하면서 사드 배치에 대한 가능성을 열어 두었다.[39]

중국은 사드의 한국 배치를 지속적으로 반대해 왔다. 비록 미국과 한국 정부가 그 미사일 방어 체계는 북한 위협 방어가 주목적이라고 계속 주장해 왔지만, 중국의 지도자들은 사드는 주로 중국을 겨냥하는 것이고 자국의 미사일 능력을 상당히 약화시킨다고 믿고 있었다(Swaine 2017). 2014년 5월 28일 친강 중국 외교부 대변인은 사드의 한국 배치는 지역 안정과 전략적 균형을 손상시키게 될 것이라고 말했다.

같은 해 7월 4일 서울에서 열린 박근혜 대통령과의 정상회담에서 중국의 시진핑 주석은 박 대통령에게 사드 문제를 신중하게 다루어 줄 것을 요청했다. 11월 26일에는 추궈홍 주한 중국 대사가 사드는 중한 관계를 훼손할 수 있다고 주장하면서 사드의 한국 배치를 분명히 반대하는 입장을 표명했다.[40]

한국 정부는 2015년 말까지 중국의 항의를 고려하여 사드의 한국 배치에 대해 전략적 모호성을 유지했다. 다시 말해 박근혜 행정부는 기본적으로 세 가지 반대 입장을 견지했는데, 김관진 국방장관과 그 후임인 한민구 국방장관은 미국으로부터 사드 배치에 대한 공식적인 요청도 협의도 결정도 없었다는 입장을 종종 피력했다.[41] 반면 두 국방장관들은 가끔씩 사드 배치에 대한 긍

39) Byong-su Park, "USFK commander says deployment of THAAD is in initial review," Hankyoreh, June 4, 2016. http://www.hani.co.kr/arti/english_edition/e_international/640706.html.

40) 문준모, "주한 중국대사: 사드 배치는 한중관계 악영향...중국 속내는?" SBS 뉴스, 2014년 11월 27일. http://news.sbs.co.kr/news/endPage.do?news_id=N1002707307.

41) Samuel S. Lee, "Why wouldn't S. Korea want U.S. missile defenses?" CBS News, June 3, 2014. https://www.cbsnews.com/news/u-s-proposes-advanced-missile-defense-system-in-south-korea/; JTBC News, "From the beginning of discussion over THAAD deployment to its formulation," July 8, 2016. http://news.jtbc.joins.com/article/article.aspx?news_id=NB11268576; U.S. Department of Defense, "Joint Press Conference with Secretary Carter and Defense Minister Han at Seoul, South Korea," April 10, 2015. https://www.defense.gov/News/Transcri

정적인 입장도 내놓았다. 가령, 2014년 6월 국회 공청회에서 김관진 장관은 "미군이 한국에 사드를 배치하느냐 아니냐는 우리에게 그다지 중요하지 않다. 그래서 우리는 사드를 배치하기 위해 그것을 구매할 어떤 계획도 없다"라고 표명했다. 그해 10월에 한민구 장관은 "만약 사드가 배치된다면 그것은 미군 뿐만 아니라 한국도 방어하는 데에 도움을 줄 것으로 믿는다"라고 국회에서 언급했다.[42]

한국의 사드 배치에 관한 전략적 모호성은 2016년 1월 6일에 감행된 북한의 4차 핵실험과 한 달 뒤인 2월 7일에 일어난 장거리 로켓 시험 발사로 인하여 눈에 띄게 변하였다. 예컨대, 1월 13일에 박근혜 대통령은 국가안보와 국익에 근거하여 미군이 사드 시스템을 배치하는 것에 대한 허용 가능성을 검토하겠다고 발표했다. 이 발언은 박근혜 정부의 이전 입장과 대체로 동일한 것이지만, 한국이 사드 배치를 실제로 검토할 가능성을 한층 더 여는 것이었다. 더 나아가 박근혜 정부는 2월 7일 북한이 장거리 로켓을 발사한 지 몇 시간 후에 한국과 미국 정부는 가능한 한 가장 빠른 사드 배치를 위해 협상을 시작하는 데에 동의했다고 밝혔다.[43] 일련의 또 다른 북한 미사일 시험 발사들을 계기로 한국 국방부는 2016년 7월 8일에 마침내 "한국과 미국은 북한의 핵무기와 미사일로부터 한미 양국 국민들의 안전을 보장하기 위한 방어적인 행동의 일환으로 주한 미군에 사드 시스템을 배치한다는 공동 결정을 내렸다"라고 발표했다.[44] 한편 중국의 저항은 2016년 2월 미국과 한국이 공식적

pts/Transcript-View/Article/607040/joint-press-conference-with-secretary-carter-and-defens e-minister-han-at-seoul/; U.S. Department of Defense, "Joint Press Briefing by Secretary Ca rter and Minister Han Min-goo in Seoul, South Korea," November 2, 2015. https://www.defe nse.gov/News/Transcripts/Transcript-View/Article/627049/joint-press-briefing-by-secretary- carter-and-minister-han-min-goo-in-seoul-sout/.

42) Byong-su Park, "Park says government will review possibility of deploying THAAD in South Korea," Hankyoreh, January 14, 2016. http://english.hani.co.kr/arti/english_edition/e_national /726204.html.

43) Anna Fifield, "South Korea, U.S. to start talks on anti-missile system," The Washington Post, February 7, 2016. https://www.washingtonpost.com/world/south-korea-united-states-to-start -talks-on-thaad-anti-missile-system/2016/02/07/1eaf2df8-9dc4-45e3-8ff1-d76a25673dbe_ story.html?utm_term=.d2300b87e8ea.

44) Jeong-yo Lim, "Korea, U.S. reach decision to deploy THAAD defense system in Korea," The Korea Herald, July 8, 2016. http://nwww.koreaherald.com/view.php?ud=20160708000455.

으로 사드 배치에 관한 협의를 시작하는 것에 동의한 후에 한층 강해졌다. 2월 12일 로이터 통신과의 인터뷰에서 왕이 중국 외교부장은 한국의 사드 배치 가능성에 대한 심각한 우려를 표명했다. 그는 중국의 반대 이유를 "사드 시스템의 엑스밴드 레이더가 탐지하는 반경은 한반도의 방위 필요성을 훨씬 넘어선다. 그 레이더의 탐지 영역은 아시아 내륙 깊은 곳까지 미치기 때문에 중국의 전략적 안보 이익을 직접적으로 손상시킬 뿐만 아니라 이 지역의 다른 나라들의 안보 이익에도 해를 입히는 것이다"라고 설명했다.45) 2월 23일 추궈훙 주한 중국대사는 심지어 "한국이 사드 시스템을 자신의 땅에 배치하는 것을 허락한다면 두 나라 관계는 즉시 파괴될 수 있다"라고 경고했다. 시진핑 중국 주석과 러시아 푸틴 대통령은 6월 25일에 있었던 정상회담에서 "중국과 러시아는 동북아 지역 나라들의 전략적 안보 이익을 심하게 훼손하는 사드 배치에 반대 한다"라고 밝혔다.46) 더 나아가, 시진핑 주석은 같은 해 9월에 열린 박근혜 대통령과의 또 다른 정상 회담에서 사드의 한국 배치에 결연히 반대하는 입장을 표명했다.

그래서 박근혜 정부가 커져 가는 북한의 핵/미사일 위협 가운데 미국의 압력과 중국의 반대와 같은 거친 외부적인 도전들 아래에서 사드 배치에 관한 최종 결정을 내렸다는 것을 더 설명할 필요는 없다. 박 대통령의 사드 결정에 영향을 끼친 또 다른 외부 요인으로는 2016년 초 북한의 고조된 위협에 대한 중국의 미온적인 반응이라 할 수 있다. 2013년 2월 취임 이래 박근혜 대통령은 북한 핵/미사일 도전들을 효과적으로 대처하기 위한 일환으로 한중 관계를 향상시키는 데에 총력을 기울였다. 이러한 점에서, 박 대통령은 2015년까지 중국의 시진핑 주석과 여섯 번의 정상회담을 가졌다. 심지어 2015년 9월 3일에 박근혜 대통령은 베이징에서 열린 대규모 군사 퍼레이드를 포함하여 동북아에서 떠오르는 중국의 국력을 확인하는 2차대전 전승 기념식에 미국의 심각한 우려에도 불구하고 참석했다.47) 이러한 많은 노력을 기울인 상

45) Sang-hun Choe, "South Korea Tells China Not to Intervene in Missile-Defense System Talks," The New York Times, February 24, 2016. https://www.nytimes.com/2016/02/25/world/asia/south-north-korea-us-missile-defense-thaad-china.html.

46) "China, Russia sign joint statement on strengthening global strategic stability," Xinhua News, June 25, 2016. http://news.xinhuanet.com/english/2016-06/26/c_135466187.html.

47) Chosun Daily, "U.S. Understands Park's Decision to Attend China Parade," September 2, 2015.

황에서, 박 대통령은 중국이 북한의 도발적인 행동에 대해 단호한 자세를 취하기를 꺼려하는 모습에 깊이 실망하였다. 특히 중국 지도자들은 북한 핵/미사일 위협을 다루기 위해 시진핑 주석과 통화하고 싶다는 박 대통령의 긴급한 요구도 회피하였다(Kim 2017).

이러한 외부적인 요인들에 더하여 한국 국민들의 사드 배치에 대한 지지 여론 또한 2016년 7월에 최종 결정이 내려지기 전에 강했다고 볼 수 있다. 아산정책연구원이 실시한 여론조사 결과들을 보면, 2015년 3월에 응답자들 중 61.4퍼센트가 사드 배치에 동의한다고 답변한 반면 20.3퍼센트만이 그 조치를 반대한다고 대답했다(Kim, Kang, and Lee 2017). 북한이 4차 핵실험과 장거리 미사일 시험 발사를 단행했던 2016년 2월 조사에서는 사드 배치 반대 비율은 20.7퍼센트로 그전 조사와 비슷했지만, 지지한다는 비율은 73.9퍼센트로 증가했다. 한 가지 흥미로운 점은, 이러한 비율들이 사드 배치 최종 결정이 내려진 후에는 상당한 변화가 있었다는 것이다. 2016년 8월 조사에서 지지 비율이 53.6퍼센트로 떨어진 반면, 반대하는 여론은 36.3퍼센트로 올라갔다. 2016년 11월 조사에서는 박근혜 정부의 국정농단 사건이 불거지고 사드 배치 결정에 대한 중국의 경제 보복 조치가 가시화되면서 그 지지/반대 비율이 각각 46.3퍼센트와 45.7퍼센트로 거의 비슷하게 나왔다. 이러한 여론조사 결과를 종합해 볼 때, 박근혜 대통령의 사드 배치 결정은 한국 사회에 깊이 뿌리내려져 있는 보수세력의 지원에 기반을 두고 있었다고 할 수 있다.

이와 같이 국내외적인 정황들을 고려할 때 사드 배치 결정은 대통령의 정당한 통치 행위였다고 생각할 수 있지만, 박근혜 정부의 그 정책결정과정을 자세히 들여다보면 몇 가지 분명한 문제점들을 볼 수 있다. 첫째, 위안부 합의와 개성공단 폐쇄 사례들에서도 볼 수 있는 것처럼, 사드 배치 최종 결정이 내려지기 전에 대통령, 국방부 장관, 통일부 장관, 외무부 장관 그리고 국가안보실장을 포함하는 정부 내 주요 정책 결정자들 사이에서 체계적이고 제도화된 논의가 잘 이루어지지 않았음을 엿볼 수 있다. 예컨대, 2016년 6월 28일에 있었던 국회의 한 위원회 모임에서 한민구 국방부 장관은 사드 배치 결정은 연말쯤에 내려질 것이라고 언급했다. 일주일 후에 한 장관은 한미 연합 조사

http://english.chosun.com/site/data/html_dir/2015/09/02/2015090201052.html.

팀이 여전히 여러 옵션들을 고려하고 있기 때문에, 사드가 배치될지 안 될지 그리고 어디에 배치될지 아직 결정되지 않았다고 발표했다. 그러나 단지 3일 후에 열렸던 국가안전보장회의에서 사드 배치가 갑작스럽게 결정되었다.[48] 김종대 의원은 사드 문제는 원래 그날 국가안전보장회의의 안건이 아니었지만, 갑자기 포함된 것이라고 밝혔다.[49] 또한 김 의원은 다음과 같은 의혹을 제기하였다. 즉, 당시 그 문제의 주요 담당자였던 한민구 국방부장관은 단지 부수적인 행위자로 전락했고, 김관진 국가안보실장이 사드 배치 결정을 밀어붙이는 데에 결정적인 역할을 하였다는 것이다.[50] 이와 같이 사드 배치와 같은 국가의 중요한 안보정책결정에 있어서 박근혜 정부 내의 주요 정책 결정자들 간에 긴밀한 상호 의사소통이 부족했던 것은 분명 문제가 있는 구조였다고 하겠다.

둘째, 박근혜 정부는 사드 배치를 결정하기 전에 그 문제에 관해 국민들과 소통하는 노력을 거의 기울이지 않았다. 이전 사례들에서도 발견된 것처럼, 박근혜 정부는 비밀스럽고 갑작스럽게 주요한 외교정책을 먼저 결정한 후에 국민들은 단지 그 정책에 동조하고 따라올 것을 요구하였다. 실제로 사드 배치 결정은 중국의 반대로 인한 강한 경제 보복, 한국의 미국 미사일 방어 체제로의 편입 그리고 북한 핵/미사일 위협에 대응하는 국제 협력 구축의 약화와 같은 엄청난 지정학적 결과들을 몰고 올 수 있는 사안이었다. 또한, 그 이슈는 사드 시스템이 배치되는 지역 주민들의 건강과 안전 문제들을 일으킬 수 있는 것이었다. 이와 같은 그 사안의 중요성에도 불구하고 박근혜 정부는 사드 배치 문제에 대한 공청회나 토론회 한번 개최하지 않았다.[51] 따라서 사드 배치 결정이 단지 대통령의 통치 행위였다고 치부해 버리기에는 너무 파장이 큰 문제였음이 틀림없다.

48) 김재정, 정제혁 & 김한솔, "사드배치확정: 무용론 확산에 전격 발표…차기 정부전에 대못 박기," 경향신문, 2017년 7월 8일. http://news.khan.co.kr/kh_news/khan_art_view.html?artid=201607082306005&code=910302.

49) 곽재훈, "사드, 7일 NSC 안건에도 없다 전격 결정됐다," 프레시안, 2016년 7월 28일. http://www.pressian.com/news/article.html?no=139528.

50) 윤호우, "김관진 주연, 김관진 조연, 김관진 연출, 사드!" 경향신문, 2016년 7월 16일. http://m.khan.co.kr/view.html?artid=201607161753001.

51) 최봉진, "사드 배치 밀실 결정으로 거센 후폭풍…국민 반발 무시하는 대통령," 오마이뉴스, 2016년 7월 15일. http://www.ohmynews.com/NWS_Web/view/at_pg.aspx?CNTN_CD=A0002226802.

사드 배치 결정으로 인해서 한국 사회는 더 분열되는 사태를 경험하였다. 사드가 배치된 성주시의 많은 주민들은 여러 번의 강력한 데모를 통해 그 조치에 저항했다. 그러나 보수주의자들은 사드 배치는 한국의 주권 사안이고 북한의 미사일 위협에 대항해 국가를 지키는 데에 큰 도움을 준다는 논리로 그 결정을 지지했다. 반면 진보주의자들은 다음의 세 가지 이유를 들어 사드 배치 결정을 격렬히 반대했다. 첫째, 사드는 서울과 그 근교를 공격할 수 있는 북한의 단거리 미사일을 요격할 능력이 거의 없기 때문에 궁극적으로 한국을 보호할 수 없다. 둘째, 사드 배치는 중국의 맹렬한 반대로 인해 한중 관계를 심각하게 손상시킬 수 있다. 셋째, 그 사안은 북한 핵 문제의 평화로운 해결에 큰 방해가 될 수 있다. 왜냐하면 그 조치로 인해 북한을 다루는 데에 긴요한 중국과 러시아의 지원을 얻기가 어려워지기 때문이다.[52]

더 나아가 한국은 2016년 7월 사드 배치 결정을 공식적으로 발표한 후에 중국의 공격적인 경제 보복 캠페인에 직면하였다. 중국 정부는 강화된 규제와 소비자 구매 거부 운동을 통해 한국 상품과 서비스의 중국 시장 접근을 차단하려 했다. 이 조치는 중국에 상당히 의존하는 한국 경제에 심각한 피해를 가져왔다. 지난 10년 동안 약 25퍼센트의 한국 수출이 중국으로 향했다. 2016년 한국의 대중 수출액은 약 미화 1,240억 불이었는데, 이 액수는 한국의 두 번째 큰 수출 시장인 미국으로의 수출액에 거의 두 배가 되는 것이었다. 2017년 3월에는 한국 자동차 기업인 현대와 기아의 중국 연간 판매량이 52퍼센트 감소한 것으로 나타났다. 또한, 한국의 대기업 롯데는 2016년 11월 사드 배치를 위해 골프 부지를 제공하기로 합의하였다는 이유로 중국의 심한 규제를 받게 되었는데, 중국내 99개의 롯데마트 중에 75개가 안전을 위반했다는 이유로 폐장했다. 중국 정부는 또한 한국 TV 프로그램의 중국 방송을 금지시켰고 한국 대중 가수와 배우들이 출연하는 이벤트들을 설명 없이 취소시켰다. 그리고 2017년 3월에는 중국 정부의 지시로 중국 여행사들이 한국으로의 패키지 여행을 판매하는 것을 중지했다. 이 조치는 한국 관광 사업에 심각한 타격을 입혔다. 왜냐하면 2016년에 중국 방문객들이 한국 전체 관광객들의 47퍼센트와 한국 면세점 판매

---

52) 김두현, "사드를 반대하는 10가지 이유," 평화뉴스, 2017년 7월 14일. http://www.pn.or.kr/news/articleView.html?idxno=14309.

의 70퍼센트를 차지했기 때문이다. 한국 관광 공사에 따르면, 한국을 방문한 중국 관광객 수가 2016년 6월에 758,534명에서 일 년 뒤엔 254,940명으로 무려 66퍼센트가 감소한 것으로 나타났다(Meick & Salidjanova 2017).

나오며

지금까지 이 논문에서는 체제 수준과 개인 수준의 변수들을 연결하여 박근혜 정부의 정책 결정자들이 어떻게 위안부 합의, 개성공단 폐쇄 그리고 사드 배치라는 일련의 갑작스러운 외교정책들을 결정했는지를 설명했다. 박근혜 대통령과 그 참모진은 증가한 북한의 핵/미사일 도발, 그러한 위협에 미온적인 반응을 보인 중국, 그리고 미국-한국-일본 안보 삼각 체제를 강화하려는 미국의 압력을 포함하는 외부적 도전들에 부딪혔다. 이러한 도전들에 직면한 한국의 정책 입안자들은 제도화된 논의의 부족, 여론에 대한 민감성 부족 그리고 비선 조직이 국정에 끼친 영향 때문에 여러 부정적인 결과들을 몰고 온 외교정책들을 갑작스럽게 결정하게 되었다.

이러한 발견들에 기초하여, 미래의 연구는 박근혜 대통령과 참모진이 외교정책을 결정할 때 감정과 공유된 신념과 같은 인식 변수들이 어떠한 역할을 끼쳤는지 더 살펴볼 필요가 있을 것이다. 그리고 이전 한국의 정부들이나 다른 유사한 국가 사례들과의 비교 연구를 통해 외교정책결정의 사유화 개념을 일반화하려는 노력을 기울일 수도 있을 것이다.

더 나아가 이 논문은 몇 가지 정책 함의들을 내포한다. 첫째, 향후 한국의 정책 결정자들은 중요한 사안에 대해 심사숙고하고 투명한 과정을 통해 외교정책을 결정하도록 노력해야 한다는 것이다. 동북아의 지정학적인 상황에서 상대적 약소국인 한국은 사드 배치와 같은 민감한 외교정책결정을 내릴 때 미국과 중국 사이에 끼어 버리게 된다. 그러나 한국 정부는 적절하고 투명한 정책결정과정을 통해서 적어도 국내 유권자들로부터 견고한 지원을 얻을 수 있을 뿐만 아니라, 강한 내부 결속을 통하여 외부의 압력에 효과적으로 대처할 수 있을 것이다.

둘째, 한국 정부 지도자들은 중요한 외교정책을 결정하기 전에 최대한 효과적인 정책을 만들기 위해서 서로 간 그리고 외부 전문가들과 철저하게 논의하고 토론하는 문화를 형성하고, 여론의 동향에도 민감할 필요가 있다. 그러한 과정을 통해 만들어진 외교정책들은 국민들 사이의 예리한 분열과 같은 부정적인 결과를 최소화할 수 있을 것이다. 그러한 과정 없이 갑작스럽게 결정된 정책들은 진보와 보수로 첨예하게 분리되어 있는 한국 사회에 심각한 반발을 일으킬 수 있다. 그런 점에서 민주적인 외교정책결정과정을 만들어 가는 것이 상당히 중요하다고 하겠다.

참고문헌

Allison, Graham T. and Philip Zilikow. 1999. *Essence of Decision: Explaining the Cuban Missile Crisis*, 2nd ed. New York: Longman.

Brown, Michael E., Sean M. Lynn−Jones, and Steven E. Miller. 1996. *Debating the Democratic Peace*. Boston: The MIT Press.

Chollet, Derek H. and James M. Goldgeier. 2002. "The Scholarship of Decision−Making: Do We Know How We Decide?" in *Foreign Policy Decision−Making (revisited)*, edited by Valerie M. Hudson et al., 153−180. New York: Palgrave Macmillan.

Davidson, Lawrence. 2006. "Privatizing Foreign Policy," *Middle East Policy* 13(2): 134−147.

Finnemore, Martha and Kathryn Sikkink. 1998. "International Norm Dynamics and Political Change," *International Organization*, 52(4): 887−917.

Freeman, Ben. 2012. *The Foreign Policy Auction*, Create Space Independent Publishing Platform.

Hook, Steven W. 2017. *US Foreign Policy: The Paradox of World Power*. Washington, DC: CQ Press.

Keohane, Robert O. 1984. *After Hegemony: Cooperation and Discord in the World Political Economy*. Princeton, NJ: Princeton University Press.

Kim, Jae−cheol. 2017. "Betrayed Expectation or Excessive Expectation? Assessing the Park Geun−hye Government's Approach to Change Chinese Behavior," *National Strategy*, 23(4): 115−136. [in Korean]

Kim, Ji−youn, Choon−gu Kang, and Ji−hyoung Lee. 2017. "South Koreans' Perception of THAAD amid US−China Hegemonic Rivalry," The Asan Institute for Policy Studies Issue Brief, No. 5. [in Korean]

Ku, Yangmo. 2015. "National Interest or Transnational Alliances? Japanese Policy on the Comfort Women Issue," *Journal of East Asian Studies* 15(2): 243−269.

Meick, Ethan and Nargiza Salidjanova, "China's Response to U.S.−South Korean Missile Defense System Deployment and its Implications," US−China Economic and Security Review Commission Report, July 26, 2017.

Nam, Taehyun. 2015. "Rallying Around the Flag or Crying Wolf? Contentions over the Cheonan Incident," *Asian Perspective*, 39(2): 221−251.

Park, Myung−kyu et al. 2016. *2015 Unification Perception Survey.* Seoul: Institute for Peace and Unification Studies.

Schaller, Michael. 2016. *The United States and China: Into the Twenty−First Century.* New York: Oxford University Press.

Soh, Sarah C. 2009. *The Comfort Women: Sexual Violence and Postcolonial Memory in Korea and Japan.* Chicago, IL: The University of Chicago Press.

Swaine, Michael Swaine. 2017. Chinese Views on South Korea's Deployment of THAAD," *China Leadership Monitor*, Winter, Issue 52.

Waltz, Kenneth N. 1979. *Theory of International Politics.* Boston: McGraw−Hill.

Ward, Thomas J. and William D. Lay. 2016. "The Comfort Women Controversy: Not Over Yet," *East Asia: An International Quarterly*, 33(4): 255−269.

Wendt, Alexander. 1992. "Anarchy is What States Make of it: The Social Construction of Power Politics." *International Organization*, 46(2): 391−425.

Yang, Kiwoong. 2008. "South Korea and Japan's Frictions over History: A Linguistic Constructivist Reading." *Asian Perspective* 32(3): 59−86.

Yoshimi, Yoshiaki. 2000. *Comfort Women: Sexual Slavery in the Japanese Military During World War II.* New York: Columbia University Press.

제10장
이명박 정부와 박근혜 정부의 외교·안보정책: '지킬 것'을 제대로 찾지 못했던 보수정권의 한계

차두현(아산정책연구원)

머리말

　　2008년 2월 25일 이명박 정부가 출범하면서부터 시작된 한국의 보수정권은 국정농단 스캔들로 인한 박근혜 대통령의 탄핵으로 인해 9년 2개월 남짓 지속되었다.[1] 현 시점에서 노무현 정부를 이었던 두 '보수' 정부의 성적표에 대한 평가는 낮은 것이 사실이다.[2] 이는 2018년 현재 두 전직 대통령이 모두 뇌물·국정농단 등의 혐의로 인해 구속 상태로 재판을 받고 있는 현실과 무관하지 않다. 즉, 최소한 현재 상태에서 보수정권 9년간의 국정은 부패와 무능 등의 키워드로 인식되고 있다. 이에는 대한민국 헌정(憲政) 사상 최초로 대통령 탄핵이라는 결과를 낳은 박근혜 정부에 대한 부정적 인식이 그대로 보수정권 전반에 드리워진 탓도 있을 것이다.

　　다만, 이러한 평가가 앞으로도 지속 가능할 것인가에 대해서는 단언하기 힘든 것이 현실이다. 현시점에서 상대적으로 매우 긍정적인 평판을 받고 있는

---

1) 후속 문재인 정부는 5월 9일 거행된 제19대 대통령 선거일 다음날인 5월 10일부터 출범하였다.

2) 실제로, 『뉴시스』가 여론조사 전문기관인 '리서치뷰'에 의뢰해 2018년 6월 9일-10일간 전국 성인남녀 1,000명을 대상으로 한 ARS 여론조사(표본 오차 95%, 신뢰 수준 ±3.1%)의 결과 두 보수정부 대통령은 전·현직 대통령(1990년대 이후) 호감도 조사에서 최하위 수준인 2%를 기록했다. 노무현 대통령에 대한 호감도는 19%에 달했다. 이 결과에 대해서는 아래 인터넷 링크를 참조할 것(뉴시스, 2018/06/13). http://www.newsis.com/view/?id=NISX20180613_0000334987&cID=10301&pID=10300.

노무현 정부를 대체한 것이 이명박 정부라는 점을 감안하면, 특정 행정부의
공과에 대한 판단은 시대에 따라 변화하는 것이 일반적이기 때문이다. 제16
대 대통령 선거에서 이명박 대통령(당시 한나라당)은 득표율 48.67%로 노무현
정부의 후계자라 할 수 있는 대통합민주신당의 정동영 후보를 22.54% 차이로
눌렀으며, 표차만도 530여만 표에 이르렀는데 이는 당시 역대 대통령 선거 최
대 표차였다.3) 만일 노무현 대통령에 대한 당시 호감도가 높았더라면 나올
수 없는 결과였다. 때문에, 일정 시점에서의 특정 행정부에 대한 일반 국민들
의 호감도나 인식은 해당 행정부 또는 정권에 대한 그 당시의 평가를 나타내
는 것일 뿐 정확한 성적표로 보기에는 한계가 있음을 분명히 감안해야 한다.

따라서 보수정권 9년의 공과를 판단하기 위해서는 단순한 지지도나 호감
도를 넘어선, 정책에 이루어 낸 성과를 바탕으로 한 평가가 필요할 수밖에 없
다. 이는 외교·안보정책에 있어서도 마찬가지이다. 흔히 보수정권 9년 여 간
의 과정에서 남북관계는 답보와 냉각을 벗어나지 못했고 북한 핵 문제는 오
히려 악화되었으며, 한국의 국제적 위상 역시 특별히 신장된 면을 보이지 못
했다고 이야기한다. 문제는 과연 이러한 주관적 평가를 잣대로 할 때, 그 이
전의 정부 또는 현 정부까지도 비판으로부터 자유로울 수 있는가이다. 특정
정책들은 그 정책이 표방한 애초의 목표를 얼마만큼 효과적으로 달성했는가
로 평가받아야 한다. 또한, 특정 정책들의 성과가 부진했던 환경적 요인이 그
행정부에 특유한 것인가 아니면 그 이전부터 내려온 유산(遺産)으로서의 속성
을 지니고 있는가도 감안해야 한다.

이러한 점에서 이 글은 보수정권 9년 동안 추진되었던 외교·안보정책들
이 과연 그 당시의 외교·안보 환경하에서 타당한 것이었는지, 얼마나 효율성
을 띠고 있었는지, 궁극적으로는 당초 지향하였던 목표를 얼마만큼 달성했는
지를 중심으로 그 공과(功過)를 평가해 보고자 한다. 일반적인 '보수정권'에 대
한 이미지를 넘어 실제로 그 정책상의 성과가 있었는지를 살펴볼 필요가 있
는 것이다.

---

3) 이 기록은 2018년 5월 9일 문재인 대통령이 자유한국당의 홍준표 후보를 550여만 표차로 누름으로써 깨어
졌다.

이명박 정부

외교·안보 비전과 추진 전략

이명박 정부는 '성숙한 세계국가'라는 외·안보 분야 국정 목표와 5개의 세부 목표를 달성하기 위한 전략으로 다음과 같은 네 가지를 설정하였고, 그 구체적 추진 과제로 다음과 같은 것들을 제시하였다.[4]

(1) 한반도의 새로운 평화구조 창출
- 북핵 폐기의 지속적 추진
- '비핵·개방·3000' 구상의 추진
- 새로운 환경에 맞춘 한·미 관계의 발전
- 남북 간 인도적 문제의 해결
- 신아시아 협력외교의 추진

(2) 국익을 우선하면서 세계에 기여하는 실용외교 수행
- 에너지 협력외교의 강화
- FTA 체결 대상 국가를 다변화
- 지구촌 문제의 해결에 적극 기여
- 인권외교와 문화외교에 기여
- 재외국민의 보호와 재외동포 네트워크의 구축

(3) 굳건한 선진안보체제의 구축
- '국방개혁 2020'의 보완과 내실 있는 추진
- 전시작전통제권 전환의 적정성을 평가하고 보완
- 남북한 군사적인 신뢰보장과 군비통제 추진
- 군사시설보호구역을 조정해 국민 부담을 경감
- 방위산업을 신경제성장의 동력으로 육성

(4) 품격 있고 존중받는 국가상의 실현

---

4) 이명박 정부의 국정 과제에 관해서는 대통령 기록관에 보관된 『이명박 정부 100대 국정과제』 참조할 수 있다. http://17cwd.pa.go.kr/kr/policy/data/100policy1.pdf.

- 세계적인 브랜드 가치 창출
- 누구나 쉽게 문화/체육생활을 구가하는 환경 창출
- 전통과 현대가 어우러진 문화국가로의 발돋움
- 외국인과 함께하는 열린사회의 실현
- 선진국 수준의 양성평등 실현

위의 전략 중 직접적으로 외교·안보정책과 관련된 것들은 '품격 있고 존중받는 국가의 실현'(이는 사실상 국가 이미지 전반과 연결된다)을 제외한 3개 추진 전략과 15개 과제가 될 것이다. 본 장에서는 이러한 비전과 추진 과제가 대북정책, 외교정책 그리고 안보정책에 어떻게 반영되었는지를 살펴볼 것이다.

대북정책

이명박 정부의 대북정책의 핵심은 '비핵·개방·3000'이라 할 수 있다. 북한이 비핵화를 선택하고 경제적 개혁·개방을 추진하면 한국도 이에 호응하여 남북한 관계를 발전시킴으로써 북한을 1인당 국민소득 $3,000의 체제로 만들겠다는 취지의 슬로건이었다. 또한, 비핵화를 실시하는 데 있어 "절차와 방식을 실용주의에 맞게" 추진한다는 접근을 표방하였다(통일연구원 2008, 36). 그러나 실제 상황은 그리 호의적이지 않았다. 2007년 『2.13 합의』와 『10.3 합의』 등 비핵화를 위한 각종 합의가 이루어졌지만, 북한은 여전히 확실한 비핵화 관련 일정을 제시하지 않고 있었고, 2008년에 들어 6월 26일 핵 프로그램의 IAEA 신고, 6월 27일 영변 시설 내 냉각탑 폭파 등의 조치를 취하기는 했지만, 여전히 동결과 불능화를 넘어선 해체 단계의 약속을 이행하지 않은 상황이었다.

비핵화뿐만 아니라 전반적인 남북한 관계의 운영 역시 원활치 않았다. 이명박 정부 출범 직후인 3월 김하중 당시 통일부 장관은 "북핵 문제가 타결되지 않으면 개성공단 확대가 어렵다"라는 취지의 발언을 했고, 북한은 이에 대해 개성에 주재했던 남북경제협력협의사무소 남측 인원들의 철수를 요구했다.[5] 우리 인력 철수가 개성공단의 가동 중단으로 이어진 것은 아니고, 냉각기류는 5월 이후 다소 누그러졌으나, 이번에는 7월 11일 금강산 관광객 1명이 북한군

---

5) 결국 3월 27일 남측 상주 인원(정부 측)이 철수하는 상황에 이르렀다. 『경향신문』, 2008년 3월 29일 자.

총격으로 사망함으로써 금강산 관광이 잠정 중단되는 사태가 벌어졌다. 사태의 사과 및 재발방지 조치를 둘러싸고 남북은 이견을 좁히지 못하였고, 결국 북한은 2008년 8월 9일 "금강산 관광지구에 체류하는 불필요한 남측 인원 추방 조치를 8월 10일부터 실시"하겠다고 통보하였다.

남북관계 경색은 2009년에 들어서도 지속되었다. 특히, 북한이 2009년 5월 24일 2차 핵실험을 단행함으로써 비핵화를 둘러싼 북한과 한국의 갈등은 더욱 증폭되었다. 그러나 동시에 상황 반전의 계기가 마련되기도 하였다. 그해 3월, 개성공단에 근무하던 우리 기업 근로자가 억류된 것이 오히려 기회였다. 이명박 정부는 억류 직후부터 당국 간 접촉을 통해 이를 해결하려 하였으며, 6월과 7월에는 3차례의 실무회담을 개최하여 결국 8월에 석방을 이끌어 내었다. 그해 8월 15일의 광복절 경축사에서는 이명박 대통령이 남북관계의 발전을 비전으로 하는 "新한반도 평화구상"을 천명하였다. 8월 김대중 前 대통령의 사망을 계기로 진행된 북한 조문사절단 방문 국면에서는 통일부 장관이 북한의 통일전선부장과 면담하고, 이명박 대통령의 사절단 접견이 이루어지기도 하였다. 2009년 9월 21일 미국외교협회에서 개최된 코리아소사이어티, 아시아소사이어티, 미국외교협회 등 3개 기관이 공동 주최한 오찬 간담회에 이명박 대통령은 연설을 통하여 "6자 회담을 통해 북핵 프로그램의 핵심 부분을 폐기하면 북한에게 확실한 안전보장을 제공하고 국제지원을 본격화하는 일괄타결, 즉 그랜드바겐(grand bargain)을 추진해야 한다"라고 언급한 바도 있다. 그러나 이러한 대화 국면은 9월 북한의 임진강 수역 댐의 무단 방류 등으로 인해 다시 경색 단계로 접어들었다. 이명박 정부는 그해 10월 남북 고위급 군사회담(장성급 회담) 실무대표회의를 개최하는 등 남북대화의 복원을 시도하였으나, 이는 결국 입장차만을 확인하는 계기였다. 11월에는 북한 함정의 서해북방한계선(NLL) 무단 월선에 이은 남북한 간의 군사충돌이 결국 '대청해전'으로 이어졌다.

2010년에 들어 이명박 정부의 남북한 관계는 사실상 돌아올 수 없는 다리를 건넜다. 3월에 천안함 폭침, 11월에 연평도 포격 등이 이루어지면서 남북한 관계는 급격히 냉각되었다.[6] 천안함 폭침 이후 발표된 『5.24 조치』는 제한적인 인도적 지원을 제외한 모든 대북교류의 중단을 의미하였고, 실제로 그 이후 남

---

6) 더욱이 10월에는 북한의 우라늄농축시설이 포착되기도 하였다.

북한 정부 간의 정례적인 대화체는 제대로 가동되지 않았다.[7] 물론, 2010년 이후에도 비핵화 관련 남북 당국 간의 간접 접촉(2011년), 남북 정상회담 등을 성사시키기 위한 대화 등이 시도되었으나 결실을 맺지 못하였다. 2010년에 이명박 정부는 광복절 기념식 대통령 연설을 통해 평화공동체·경제공동체·민족공동체의 3단계 통일 방안을 제시하는 한편, '통일세' 신설 논의 등을 촉발하였으나 이 역시 남북한관계에 별다른 긍정적 영향을 미치지 못하였다.

외교정책[8]

이명박 정부는 선거 기간 중 "한·미 동맹의 복원"을 주요 공약으로 내세웠고, 실제로 집권 초부터 한·미 관계의 재강화에 많은 공을 들였다.[9] 취임 직후인 2008년 4월 이명박 대통령은 "굳건한 동맹관계의 발전과 함께, 미국의 대한반도 안보공약을 보다 공고히 하기 위해" 한·미 정상회담을 개최하였는데, 이것은 이명박 정부 들어 첫 번째 정상회담이었다. 그뿐만 아니라 미국산 쇠고기 수입을 둘러싼 '촛불 시위' 등 국내적 반대에도 불구하고 노무현 정부 시절부터 추진되었던 한·미 FTA의 완결을 가속화하였다. 대주변국 외교도 의욕적으로 전개되었다. 5월에 개최된 한·중 정상회담에서는 양국 관계를 '전략적 협력동반자' 관계로 발전시켜 나갈 것을 합의하였고, 9월의 한·러 정상회담에서도 양국 간의 경제 분야를 포함하는 구체적인 발전의 청사진을 논의하였다. 12월에는 한·중·일 정상회의의 창설을 이끌어 내었다.

2009년에 들어서도 한·미 동맹을 중심으로 주변국과의 협력을 병행해 나간다는 기조는 지속되었다. 이명박 정부는 2009년 6월에 개최된 한·미 정상회담을 통해 '한·미 동맹 미래 비전'을 채택하여 '21세기형 전략동맹'으로의 진화를 표방하였으며, 10월의 2차 한·중·일 정상회의에서는 상설 사무국 설치를 제안하여 3국 정상 간 협력을 제도화하려 하였다. 2009년 4월 북한의 장거리 로켓 발사 및 5월의 2차 핵실험 등 북한의 연이은 한반도 긴장 조성

---

7) 그해 여름의 북한 수해 복구와 관련된 남북 적십자 간 접촉, 겨울 북한 내 신종 인플루엔자 백신 지원 등 반관반민 성격의 대화가 일부 시도되었을 뿐이다.

8) 이명박 정부의 외교정책 관련성과는 외교부(편) 『외교백서』의 2008년-2012년판을 중심으로 서술되었음을 밝혀 둔다.

9) 이명박 정부는 노무현 정부 기간 동안 실시되었던 한·미 동맹 재조정 작업을 "동맹의 위기"라고 간주하였다.

행위에 대응하여 UN 안보리에서의 의장 성명과 안보리 결의안 1874호 채택을 이끌어 내었다.

2009년에 들어서는 글로벌 경제 위기를 감안, 이른바 '경제 살리기 외교' 역시 강화되었다. 한국 기업의 해외시장 진출 확대를 위한 글로벌 FTA 네트워크 구축과 자원부국과의 상호 협력이 주요 과제로 추진되었다. 한·EU FTA 타결, 한·인도 간 CEPA(포괄적 경제동반자) 체결, 한전의 UAE 원전 수주 등이 모두 이 분야의 성과로 거론되었던 것들이다. 또한 '저탄소 녹색성장'의 슬로건을 통해 국제적인 의제 제안자(agenda setter)로서의 역할 역시 강조하였다. 선거운동 당시부터 내걸었던 新아시아 외교 역시 가속화되었다. 2009년 3월 이명박 대통령의 인도네시아 방문을 계기로 '新아시아 외교' 추진 방침이 발표되었으며, 이어 5월 중앙아시아 방문에 이어 6월에는 한-ASEAN 특별정상회의 참여가 이루어졌다. 국제사회 내에서 한국의 역할과 위상을 제고하기 위한 움직임도 이루어졌다. 그 결과 한국은 2009년 11월 OECD 개발원조위원회(DAC)에 가입함으로써 과거 被원조국의 위치에 있었던 국가로서는 최초로 원조 공여국으로 입장이 전환되었다. '글로벌 거버넌스'에 대한 논의의 동참 역시 이명박 정부가 추진했던 정책 중의 하나인데, 이를 통해 2009년 4월과 9월의 제2차 및 제3차 G-20 정상회의(2008년 11월 1차 회의)를 거쳐 2010년 G-20 정상회의를 유치하기도 하였다.

2010년에 들어 북한과의 관계가 악화되면서 한·미 동맹에 중심을 둔 접근은 보다 강화되었다. 천안함 폭침 등 북한의 잇단 도발 행위에 대해 오바마 미국 대통령의 지지를 이끌어 내는 한편, 한·미간 최초로 '외교·국방장관 회담'(2+2)을 개최함으로써 한·미 동맹의 대화 채널을 다양화하였다. 천안함 폭침과 관련해서는 6월 UN 안보리 의장 성명을 이끌어 내는 한편, 이어 ARF 외교장관회의 의장 성명을 채택하는 데에도 성공하였다. 또한, 일본·중국·러시아 측『6자회담』수석대표 간 협의를 통해 북한을 제외한 5자의 단합된 메시지를 북한에 전달하는 것을 지향하였다. 또한, 한·중·일 3국 간에는 상설사무국을 한국에 설립하고 과학, 노동, 치안, 교육 등 다양한 분야에서의 협력을 심화하기로 합의하였다. '新아시아 외교' 역시 더욱 강화되어 아시아·중동·중남미·EU 지역으로 외교의 공략점이 다변화되었다. 또한, '저탄소 녹색성장전략'의 국제 전파의 일환으로 『글로벌 녹색성장연구소』(GGGI: Global Green

Growth Institute) 설립을 이끌어 내기도 하였다.

2011년에도 이러한 기조는 유지·확대되었다. 미국에 대해서는 이명박 대통령의 국빈 방문, 한·미 FTA 비준 등으로 동맹의 협력 분위기를 확대하였으며, 중국, 일본, 러시아와는 정상회담을 포함한 활발한 고위급 교류를 통하여 전략적 협력관계를 더욱 발전시키고자 하였다. 2011년 중 이명박 정부는 ASEAN+3 정상회담, 중앙아시아 정상 순방 등을 통해 新아시아 외교를 계속 공고화하였으며, EU와는 고위정치대화 개설, FTA 발효, 정상 유럽 순방 등으로 전략적 동반자 관계를 내실화하였다. 또한 아·중동 정상 순방 및 총리의 중남미 순방 등 신흥 경제권과의 글로벌 네트워크를 광범위하게 확대하였다. 이와 함께 11월 '부산 세계개발원조총회'를 개최하여 다양한 개발주체 및 협력방식을 인정하는 "효과적 개발협력을 위한 부산 글로벌 파트너십" 도출에 기여함으로써 국제 개발협력 무대에서 한국의 위상을 제고하였다. 또한, 레바논 '동명부대'(2007년) 및 아이티 '단비부대'(2010년) 등 유엔 PKO(Peace Keeping Operations) 활동에 적극 참여하였으며, PRT(Provincial Reconstruction Team) 활동을 통한 아프가니스탄 지원 및 소말리아 해적 퇴치 공조 등 국제 협력에 동참하였다.

2012년 역시 이러한 노력의 연장선상에서 총 53개국 및 UN, IAEA, EU, 인터폴 등의 국제기구 대표가 참가한 제2차 『핵 안보 정상회의』(Nuclear Security Summit)를 서울에서 개최하였으며, 외교역량 강화를 위해 국립외교원을 발족시키기도 하였다.

국방정책

원래 한국군의 정예화와 미래전력체계의 구성을 골자로 하는 '국방개혁'은 노무현 정부 시절에 출범하였으나, 실제적인 집행은 이명박 정부의 몫이었다. 『국방개혁 2020』이 마련된 것이 2005년 후반이었으며, 중기 차원에서의 주요 과제가 추진되어야 할 시점들이 이명박 정부 임기 초반과 맞물려 있었기 때문이다. '『국방개혁 2020』의 내실 있는 추진'이 주요 국정 과제로 선정되었던 이유이기도 하다. 이명박 정부는 국방개혁을 '실용적 개혁'으로 변신한다는 목표하에 2009년 수정된 계획을 발표하였는데, 전반적인 틀은 유지하되 기존의 계획 중 지나치게 낙관적인 안보 환경 평가에 의존했던 부분들에 변화를 시도하였다. 대표적인 것이 위협의 중점을 다시 '북한'으로 정조준한 부분이다.

이런 방향성은 2012년에 발표된 『국방개혁 2030』에서 더욱 뚜렷해졌다. 일단 2020년까지 정예군 건설의 기반을 다지겠다는 계획이 현실적이지 않다는 판단에 따라 목표 연도를 2030년으로 수정하였다. 또한, 한국군의 자체 방위능력 구축에 주로 역점을 두었던 기존의 계획에 비하여 한·미 연합전력의 활용을 강조하였다. 실제로, 노무현 정부 당시 2012년 4월 17일로 설정되었던 한·미 간 전시작전통제권의 전환시한이 2012년의 한·미 정상회담을 통해 2015년으로 연기되었다. 2010년의 천안함 폭침과 연평도 포격에 이은 남북의 군사적 긴장 상황을 고려한 것이기도 하지만, 미군의 대한 안보 공약을 활용하려는 의지 역시 내포된 결정이었다.

그러나 '국방개혁'을 위한 재원의 투입은 유감스럽게도 그리 만족스러운 수준은 아니었다. 이는 2008년의 글로벌 금융 위기와 그로 인해 조정될 수밖에 없었던 한국의 성장률과 재정 여건을 감안할 때, 불가피한 측면이 있었다. 그러나 안정적 재원 확보가 없이 국방력의 증대를 바라는 것 자체가 '실용적' 접근과는 거리가 있었다. 실제로 『국방개혁 2020』의 발표 이후 국방비 증가율은 2006년 6.7%, 2007년 8.8%, 2008년 8.8%, 2009년 8.7%를 거쳐 2010년에는 2.0%대로 급락했다. 그 이후 다소 늘어가는 했지만 6%대를 넘지 못하였다(백재옥 외 2016, 81).

정책조정/결정체계

이명박 정부 시절에는 외교·안보정책결정체제 역시 그 이전과는 다른 형태를 취하였다. 가장 큰 변화는 외교·안보정책의 조정 기능을 수행하고 있던 『국가안보회의』(National Security Council, NSC) 사무처가 사실상 폐지된 것이다. 헌법상 자문회의로서 기능이 보장된 NSC는 유지되었지만, 정부 유관부처들 간의 정책을 조율하던 회의체는 이제 NSC 상임위원회가 아니고 '외교·안보관계장관회의'로 변화되었다.[10] 물론 이 회의에 참석하던 인원들은 사실

---

10) 국가위기 등 특별한 경우에만 소집되던 NSC를 상설회의체 형태로 바꾼 것이 NSC 상임위원회 회의였으며, 이는 김대중 정부와 노무현 정부의 주요 정책협의기구였다.

상 NSC 상임위원회 회의 때와 유사하였기에 큰 무리는 없었다. 다만, 위기나 긴급상황 발생 시 신속한 정책결정에는 그만큼 한계가 있을 수밖에 없었다. 동 회의체를 상설 보좌하는 참모조직이 없어진 만큼 평시 정보 판단이나 정책건의 능력에 한계가 있었기 때문이다. 물론 2010년 말, '국가위기관리실' 조직이 다시 설립되기는 하였지만, 인력이나 기능 면에서 위기관리 이외의 정책 조정 역할을 하지는 못하였다.

박근혜 정부

외교·안보 비전과 추진 전략

박근혜 정부의 외교·안보분야 국정 과제는 "행복한 통일시대의 기반구축"이라는 국정 목표와 3개 전략 제하에 17개가 존재하였는데, 그 세부사항은 아래와 같다(제18대 대통령직 인수위원회 2013).

(1) 튼튼한 안보와 지속 가능한 평화 실현
  • 국민이 바라는 확고한 국방 태세 확립
  • 전략 환경 변화에 부합하는 미래지향적 방위역량 강화
  • 한·미 군사동맹 지속적 발전 및 주변국 국방협력 강화
  • 혁신적 국방경영 및 국방과학기술 발전
  • 보람 있는 군 복무 및 국민존중의 국방정책 추진
  • 명예로운 보훈
  • 북핵 문제의 진전을 위한 동력 강화
(2) 행복한 통일로 가는 새로운 한반도 구현
  • 한반도 신뢰프로세스를 통한 남북관계 정상화
  • 작은 통일에서 시작하여 큰 통일을 지향
  • 통일대비 역량 강화를 통한 실질적 통일 준비
(3) 국민과 함께하는 신뢰외교 전개
  • 동북아 평화협력 구상과 유라시아 협력 확대
  • 한·미 동맹과 한·중 동반자 관계의 조화·발전 및 한·일 관계 정상화

- 신흥시장 진출 확대를 위한 산업자원 협력 강화
- 세계평화와 발전에 기여하는 책임 있는 중견국 실현
- 재외국민 안전·권익 보호와 공공외교·일자리 확대
- FTA 네트워크 및 경제협력 역량 강화
- ODA 지속 확대 및 모범적·통합적 경제협력 추진

대북정책

이명박 정부의 대북정책 상징이 '비핵·개방·3000'이었다면 박근혜 정부의 접근은 '한반도 신뢰프로세스'였다. "남북 간 신뢰 형성을 최우선적으로 추진하면서 신뢰 형성과 남북관계 발전, 한반도 평화 정착, 통일기반 구축이 선순환되도록 정책을 추진"한다는 것이 한반도 신뢰프로세스가 표방한 기본 방향이었다(통일부 2013, 6). 이는 남북한 관계의 근본적 장애요인이 양측 간의 불신에 있다는 인식을 바탕으로 한 것인 동시에, 이명박 정부의 대북정책 역시 이를 해결하지 못하였다는 평가에 근거한 것이었다. 그러나 박근혜 정부가 당면한 대내외적 외교·안보정책 환경은 그리 순탄치 못한 것이 현실이었다. 정부 취임 직전인 2013년 2월 12일 북한은 3차 핵실험을 감행하였으며, 북한과의 대화 통로는 단절되어 있었다. 박근혜 정부 출범 직후인 2013년 3월 13일 북한은 "핵·경제 병진노선"을 발표하였고, 이에 대해 박근혜 정부는 '북핵 불용'을 내세우며 이에 대한 국제사회의 지지 확보와 『6자회담』 재개를 위한 사전 여건조성을 지향하였다. 이에 더하여, 북한의 3차 핵실험에 대응하여 유엔 안보리 의장국(2월)으로서 북한의 핵실험을 규탄하는 내용의 안보리 의장 성명을 도출하였으며,[11] 이 결과 유엔 안보리 결의안 2094호가 채택되었다.

2014년 중에도 '한반도 신뢰프로세스'에 입각한 활동은 지속적으로 이루어졌다. 박근혜 정부는 이명박 정부 중·후반기부터 사실상 단절된 남북 대화 재개 노력을 통해 2010년 이후 중단된 이산가족 상봉을 2014년 2월에 재개한 바 있다. 이어 3월에는 '한반도 평화통일 구상'(드레스덴 구상)을 통해 남북 간 신뢰의 형성과 통일시대 대비를 역설하였다. 박근혜 정부는 북한 인권 문제에

---

11) 한국은 1996-1997년 기간에 이어 2012년-2013년 기간에 UN 안보리 비상임이사국으로 선출되었고, 이에 따라 각 이사국이 윤번제로 맡게 되어 있는 의장국 역할을 2013년 2월 수행한 것이다.

도 관심을 기울였다. 이러한 시도는 이명박 정부 때부터 추진되었지만, 박근혜 정부에 들어 더욱 강화된 것으로 볼 수 있다. 2014년 2월 "UN 북한인권조사위원회"(COI: Commission of Inquiry)의 보고서 발표를 계기로 북한 인권문제에 대한 관심이 고조되었는데, UN 인권최고대표의 요청을 수락하여 인권이사회 결의에 근거한 『북한인권사무소』를 국내에 설치하기로 한 것이 그 대표적 조치이다. 또한 '한반도 신뢰프로세스'의 큰 틀 안에서 북한의 영유아·임산부 등 취약 계층에 대한 인도적 지원 사업을 남북 간 정치 상황과 별개로 지속하는 것을 표방하였는데, 2014년 3월 드레스덴 구상 선언 이후에는 국제기구의 북한 영유아·산모 지원 사업에 더욱 집중하는 모습을 보였다.

그러나 2014년의 외교·안보정책과 관련하여 가장 주목할 만한 점은 이른바 '통일대박론'의 등장이었다. 박근혜 대통령은 1월 6일의 신년 기자회견과 1월 22일의 다보스 포럼을 통해 한반도 통일에 대한 비전으로 '통일대박론'을 제시하였다.[12] 박근혜 정부는 이에 입각하여 북한에 대해 '남북한 주민들의 인도적 문제 해결(Agenda for Humanity)', '남북 공동 번영을 위한 민생 인프라 구축(Agenda for Co-prosperity)', '남북 주민 간 동질성 회복(Agenda for Integration)' 3가지를 제안한 바 있다. 'DMZ 세계생태평화공원' 조성 역시 본질적으로는 대북정책 구상으로서의 성격을 지닌 정책 방향이었다. 2014년 9월 24일 유엔총회 기조연설을 통해 대외적으로 선언된 이 구상은 냉전과 분단의 상징인 DMZ를 평화와 생명의 소중함을 나누는 공간으로 만들자는 내용을 핵심으로 하고 있었다.

박근혜 정부의 대북정책에 있어 또 하나 특이할 만한 점은 '통일준비'였다. 2014년 신년 기자회견에서 박 대통령은 평화통일 구축 방안을 묻는 기자들의 질문에 "통일은 대박이라고 생각한다"라고 답했으며, 평화적 통일을 이루어 내기 위해서는 지금부터 충실한 준비가 선행되어야 한다는 취지의 발언을 공식 기자회견에서도 한 바 있다(조선일보 2014/1/7). 대통령의 신년 기자회견 두 달여 뒤인 3월 21일, 『대통령령 제25265호』로 "통일준비위원회의 설치 및 운영에 관한 규정"이 발표되었다. 그 골자는 대통령이 위원장, 통일부장관이 정부 측 부위원장 그리고 1인 민간 부위원장을 두어 운영되는 조직을 창

---

12) 이러한 '통일대박론'은 3월 독일 방문 시 '드레스덴 구상'으로 이어졌다.

설하여(통일준비위원회), 통일시대 기반 구축을 위한, 정치·경제·사회·문화 등 제반 분야에서의 연구·논의를 수행함으로써 통일의 올바른 방향을 제시하고, 민간 전문가와 시민 단체, 정부 간 상호 소통과 협업(協業)을 통해 국민이 공감할 수 있는 통일 청사진을 만들어 나간다는 것이었다. 결국 통일준비위원회는 2014년 7월 15일 공식 출범했다.

2015년은 남북한 관계에 있어서의 냉각 기류가 구체적인 대립으로 이어진 사건이 발생한 한 해였다. 2015년 8월 발생한 '목함지뢰' 사건이 바로 그것이다. 자칫 남북한 간의 군사 충돌로 발생할 수 있었던 이 사건은 결국 남북한 간의 "8.25 합의"를 통해 일단락되었다. 당시 정부는 이 합의 내용을 북한이 사실상 도발의 책임을 시인한 것이라고 주장하였지만, 북한은 이 합의의 해석에 있어 적지 않은 이견을 보인 바 있다. 다만, '목함지뢰' 사건 이후 일단 남북한 양측이 모두 상대방에 대한 공세적 행동의 휴지기를 가지기로 한 가운데에서 10월 20일-22일(1차)과 10월 24일-26일(2차)간 금강산에서 이산가족 상봉이 이루어진 것이 긍정적으로 평가할 수 있는 부분이다. 박근혜 정부는 이산가족 상봉을 통해 일시적으로 회복된 남북한 간의 대화 기류를 이어가고자 12월 11일-12일 첫 남북 당국자 회담을 개최하였으나, 북측이 이산가족 문제와 금강산 관광 재개 등의 경협 조치를 요구함으로써 사실상 결렬되었다.

2016년 1월 북한은 4차 핵실험을 감행하였고, 2월에는 장거리 미사일 실험을 감행하였다. 또한 9월 9일에는 5차 핵실험을 실시함으로써 박근혜 정부의 강경한 대북정책에 대해 결코 물러설 뜻이 없다는 메시지를 던졌다. 박근혜 정부 출범 직전까지를 감안하면 3년간 3차례에 이른 북한의 핵실험은 박근혜 정부의 대북정책에 대한 사실상의 거부로 받아들여질 수 있었고, 이에 대해 박근혜 정부는 북한의 대량살상무기(WMD) 개발에 전용될 수 있는 외화 자금 유입의 차단을 위해 개성공단 폐쇄를 결정(2.10)하였으며, 대북 독자제재를 제4차 및 제5차 핵실험(9.9) 이후 각각 발표(3.8, 12.2)하였다. 또한 국제사회와의 공조하에 대북제재 결의 2270호(4차 핵실험 및 장거리 미사일 발사)와 2321호(5차 핵실험)을 이끌어 내었다. 또한, 기존의 모호한 입장과는 달리 고고도 미사일 방어체계(THAAD)의 도입을 결정하였다. 이와 함께 북한에 대한 공세적 조치의 일환으로 인권 문제에 대한 집중적 거론이 이루어진 것 역시 2016년이었다. 2016년 3월 『북한인권법』이 통과되었고, 9월에 동 법이 발효

된 이후 북한인권법이 발효(9.4)되었다. 이후 박근혜 정부는 '북한인권국제협력대사' 임명(9.13), '북한인권기록센터'(9.28) · '북한인권기록보존소'(10.10) 개소 등의 발 빠른 조치를 이어갔다.

외교정책13)

박근혜 정부는 경제적 상호 의존의 심화에도 불구하고 아시아 국가 간 갈등 구도가 지속되는 '아시아 패러독스'가 존재하며, 이것이 동북아시아에서 특히 심각하다는 전제하에 '동북아 평화협력구상'을 추진하였다. '동북아 평화협력구상'은 박근혜 정부의 외교 분야 브랜드네임인 '신뢰외교'가 시사하는 바와 같이 한 마디로 '한반도 신뢰프로세스'의 동북아 확장판이었다. 즉, 기후변화, 재난구조, 대테러, 환경 등 비교적 협력이 용이한 비전통적, 비군사적 안보 분야의 협력을 시작하여 점진적으로 그 대상 영역을 전통적, 군사적 분야로 협력을 확대 · 심화한다는 것이 기본 구상이었다(최진욱 외 2013, 49 – 50). '동북아 평화협력구상'에 따라 박근혜 정부는 한 · 미동맹 및 한 · 중 관계를 한 단계 발전시키고 한 · 일관계를 안정화시킨다는 정책 방향을 추구하였다. 미국과는 2013년 5월 한 · 미 정상회담을 통하여 『동맹 60주년 기념 공동선언』 채택 등 '포괄적 전략 동맹' 발전을 지향하였으며, 북핵 문제 관련 긴밀한 공조를 표방하였다. 중국과는 6월 한 · 중 정상회담 계기로 『한 · 중 미래비전 공동성명』을 통해 '새로운 한 · 중 관계'를 구축하기로 하는 등 '전략적 협력동반자' 관계를 내실화하겠다는 목표를 내세웠다. 기존의 민감한 외교 현안 중 하나였던 '한국방공식별구역'(KADIZ) 조정을 실현하기도 하였다. 한 · 일 관계에서는 올바른 역사 인식을 바탕으로 한 · 일 관계를 안정적으로 발전시켜 나간다는 기조를 추진하였다.

박근혜 정부는 '신뢰외교'의 주요한 추진 과제로 '동북아 평화협력 구상'과 함께, '유라시아 이니셔티브'를 내세웠는데, 이는 한국과 유라시아 지역 국가들과의 협력 및 공동체 형성을 목표로 한 것이었다. 박근혜 정부는 취임 첫 해인 2013년부터 이에 대한 국제적/지역적 지지를 확보하기 위한 노력을 활

---

13) 박근혜 정부의 외교정책 성과 부분은 외교부가 편찬한 『외교백서』 2014년-2017년판을 참고로 하였음을 밝혀 둔다.

발하게 전개하였다. 그 일례로, 2013년 중 러시아(9.6, 11.13), 카자흐스탄(9.6) 등 유라시아 지역 주요국들과의 활발한 정상외교를 전개하였다. 박근혜 정부는 이명박 정부와 마찬가지로 국제 평화유지활동, 대량살상무기 비확산, 국제 분쟁에서의 민간인 보호 같은 국제적인 이슈 해결에도 적극적인 목소리를 내려고 노력하였다. 또한 멕시코, 인도네시아, 터키, 호주 등과 함께 정부 간 비공식 협의체인 믹타(MIKTA)를 발족하여 '핵심 중견국' 정부 간 협의의 장을 마련하였으며, 비제그라드(옛 소비에트연방 위성국가 연합), 라틴아메리카·카리브 국가 공동체(CELAC), 한·걸프 협력이사회(GCC) 등 지역 소그룹과의 대화도 적극 추진하였다. '공공외교'(public diplomacy) 활동 역시 정부 초반부터 강화되었다. '매력한국 알리기', '지방순회 카라반', '청년/시니어 공공외교단', '국민 모두가 공공외교관' 등이 모두 이러한 공공외교의 일환으로 추진된 것들이다. 박근혜 정부가 내세웠던 '창조경제'를 외교적 측면에서 지원하기 위한 노력도 전개되었다. 에너지 안보 제고를 위하여 글로벌 에너지협력을 강화하고 글로벌 기후변화 대응 노력에 동참한 것 역시 박근혜 정부 초반의 활동이었다. 이명박 정부 시절 설립된 '글로벌 녹색성장연구소'(GGGI)를 'ODA 적격기구'(이에 대한 각국의 기여금이 ODA 기금으로 산정되는 기구) 및 UN 옵서버로 만든 것도 2013년이었다.

2014년에도 박근혜 정부는 '국민과 함께하는 신뢰외교' 기조 아래 ① 평화통일 신뢰외교, ② 한·미 동맹과 한·중 전략적 협력동반자 관계의 조화 및 발전, ③ 세계평화와 발전에 기여하는 책임 있는 중견국 실현, ④ 재외국민 안전·권익 보호와 공공외교 확대, ⑤ 경제외교를 통한 경제 부흥 선도 등 5개 추진 과제를 설정하였다. 특히 미국과 정상회담 2회, 외교장관회담 5회 개최 등 고위급 협의를 통해 긴밀한 전략적 소통을 지속하는 한편 방위비 분담금 협상 타결과 '조건에 기초한 전작권 전환' 합의 등 각종 동맹 현안을 협의해 나갔다. '중견국 외교' 차원에서도 2014년 4월과 9월 두 차례 믹타(MIKTA) 외교장관회의를 개최하는 등 글로벌 다자외교를 전개하였다. 에볼라 바이러스 확산 등으로 보건이 국제사회의 큰 이슈가 된 시점에 정부는 제2차 '글로벌 보건안보구상'(GHSA) 고위급회의를 한국에서 유치하고, 9월 제3차 믹타 외교장관회의에서 에볼라 관련 공동선언문 채택을 주도하기도 하였다. '부산 글로벌파트너십'을 주도함으로써 공적개발원조(ODA) 품질 제고를 위한 국

제규범 형성의 촉진자 역할을 지향하기도 하였다.[14]

　　2015년에도 박근혜 정부의 외교정책 기조는 ① 전략적 로드맵에 따른 주변국 외교, ② 북핵 등 북한 문제 진전을 위한 동력 강화, ③ 능동적 다자외교 전개 및 글로벌 네트워크 확대, ④ 성장동력 부여 및 일자리 창출을 위한 경제외교, ⑤ 선진형 재외국민 안전시스템 구축, ⑥ 공공외교의 새로운 지평 개척 등 전년도와 크게 다르지 않았다. 특이할 만한 점은 이 해에 박근혜 정부가 한·미 관계에 못지않게 한·중 관계, 한·일 관계의 강화 및 기존 이견 해결에도 관심을 기울였다는 것이다. 박근혜 대통령은 2015년 9월 3일 베이징 천안문 광장에서 열리는 '전승절 60주년' 기념식에 참가하였는데, 미국과 일본이 정상급 대표단을 보내지 않은 데 비해 이 결정은 당시로서는 상당히 파격적인 것이기도 하였으며, 박근혜 정부가 대중국 외교에도 상당 부분 공을 들이고 있음을 반증하는 것이었다. 이어 2015년 12월 28일, 박근혜 정부는 일본군 '위안부' 문제를 일본과 협상하여 '한·일 위안부 합의'를 이끌어 내었으나, 그 결과와 관련하여 상당한 국내적 논란을 야기한 바 있다.

　　2016년에 들어서도 박근혜 정부는 북핵 문제의 평화적 해결, 글로벌 네트워크 확대, 경제협력 역량 강화, 국제사회 내 위상제고 등을 의욕적으로 추진하고자 하였다. 그러나 2016년 중반부터 제기되기 시작한 이른바 '국정농단' 스캔들의 여파는 박근혜 정부의 외교·안보정책에도 그대로 영향을 미쳤고, 실제로 2016년 하반기 이후 2017년 5월 문재인 정부의 출범 이전까지 사실상 외교·안보정책은 현상 유지 이상의 것을 이끌어 내지 못하였다.

국방정책

　　박근혜 정부는 앞서 기술한 바와 같이 '한·미 군사동맹 지속적 발전 및 주변국 국방협력 강화', '혁신적 국방경영 및 국방과학기술 발전'을 국방정책의 주요 과제로 내세웠다. 그러나 엄밀히 말해 박근혜 정부 기간 동안 한국이 국방 분야에 있어 중요한 양적·질적 성장을 이룬 사례는 찾아보기 힘들다. 박근혜 정부 기간 동안 '국방개혁' 역시 2014년 한 차례 수정되었다. '혁신·창조

---

14) 이는 2011년 부산에서 개최되었던 제4차 세계개발원조총회에서의 채택된 ODA 관련 글로벌 협력을 보다 강화한 것이었다.

형 정예화된 강군'이 주요한 슬로건이었는데, 이는 박근혜 정부가 강조하였던 '창조경제'(creative economy)의 국방 분야 버전이라 할 수 있었다. 그러나, 실제적인 면에서 이른바 '창조 국방'은 일반적 전력 발전이나 첨단화의 동의반복어로 쓰였을 뿐 별다른 특성을 드러내지는 못했다.

   한·미 연합방위체제의 최대한 활용이라는 점에서 박근혜 정부는 이명박정부와 궤를 같이하였다. 이명박 정부 들어 한 차례 연기되었던 전시작전통제권 전환은 2013년 7월 박근혜 정부가 일정 연기를 미국 측에 다시 한 번 제의함으로써 다시금 전환 논의가 중단 상태에 들어갔고, 결국 2014년의 제46차 한·미 연례안보협의회(SCM)에서 "조건에 기초한 전작권 전환" 추진이 합의됨으로써 사실상 무기 연기되었다. 북한 핵위협의 부상과 미국의 확장억제(Extended Deterrence) 공약 담보를 위한 불가피한 조치였다고는 하더라도, 실질적으로 '국방개혁'이 지향한 한국의 자주적(self-reliance) 전력 발전이라는점에서 이는 미국 편승형 안보의 구현이라는 지적을 받을 수 있는 부분이었다. 물론, 박근혜 정부가 북한 핵 위협에 대응한 이른바 '3축체계'(Kill-chain, KAMD, KMPR) 등의 자체 전력 증강 프로그램을 마련하였지만, 이 역시 미국의 정보감시체계에 상당 부분 의존이 불가피한 것이었기 때문이다. 한·미 동맹의 강화를 표방하면서도 정작 고고도미사일 방어체계(THAAD) 도입과 관련해서는 3년 이상 확답을 하지 못한 채 시간을 끈 것 역시 동맹 강화의 가치와는 부합하지 않는 것이었다.[15]

정책조정/결정체계

   박근혜 정부는 이명박 정부와는 달리 정부 출범 초반부터 비서실과는 별도의 '국가안보실' 조직을 출범시켰다. 명칭이 다르기는 하지만, 사실상 김대중 정부나 노무현 정부의 NSC 사무처와 동일한 정책 컨트롤 타워의 형성을의미하는 것이었다. 이러한 조직의 창설은 '안보'에 중점을 두는 박근혜 정부의 인상을 강화한다는 상징성도 있었지만, 정책조정/결정 능력의 향상이라는

---

15) 미국 측이 THAAD의 한국배치를 제의한 것은 2013년 말부터였다. 이에 대해 한국은 "(공식) 제의도, 협의도, 결정도 없다"라는 3No 정책으로 일관하였다. 박근혜 정부가 이 방침을 전격 변경한 것은 2016년 1월-2월의 북한 4차 핵실험 및 장거리 로켓 발사 이후였다.

점에서는 환영할 만한 일이었다. 실제로, 안보실의 조직 및 인력 역시 이명박 정부의 외교안보수석실과 위기관리실에 비해 보다 강화되었다.

그러나 실제 기능 면에서 '안보실'이 제대로 기능을 하고 있는가에 대해서는 끊임없이 논란이 야기되었다. 그 대표적인 것이 2014년 4월의 '세월호 참사'였다. 이 사고는 분명 북한의 공격에 의한 것도, 전통적인 안보 위기에 속하는 것도 아니었지만, 21세기의 특징은 '포괄안보'(comprehensive security)의 특성상 당연히 안보실이 관련 정보의 취합 및 확산, 더 나아가 대통령에 대한 적시 조언을 실시해야 할 사안이었다. 유감스럽게도 참사 초반 안보실은 재해재난에 대한 자신들의 컨트롤 타워로서의 위상을 부인하였으며, 대통령의 적시 결정을 이끌어 내지도 못했다.

보수정권 9년의 외교 · 안보정책 평가

다른 분야도 마찬가지겠지만, 이명박 정부의 외교 · 안보정책의 성과 및 과제에 대해서는 다양한 평가가 공존하고 있는 것이 현실이다. 이명박 정부 5년 동안 '글로벌 코리아'를 위한 적지 않은 기반이 마련되었다고 평가하는 의견에서부터 한 · 미 동맹에 경도된 대주변국 및 대외정책이 결과적으로 남북관계를 경색시키고, 한 · 중관계의 불필요한 긴장을 불러왔다는 비판까지 다양한 의견이 존재하고 있다. 박근혜 정부의 외교 · 안보정책 역시 마찬가지이다. 대표적인 정책 중 하나인 '동북아 평화협력구상'이 미 · 중 간의 전략적 경쟁 속에서 한반도의 평화와 안정을 보장할 그런대로 무난한 구상이었다는 평가에서부터 단순한 개념적 유희에 그쳤다는 비판까지가 다양하게 나타날 수 있다. 이 글에서는 이명박, 박근혜 정부의 외교 · 안보정책을 투입(input)과 산출 및 결과(output and outcome) 그리고 환류(feedback)의 세 가지 측면에서 살펴보려 한다. '투입' 부분에서는 외교 · 안보정책 비전이 전반적인 국정 철학과 일관성을 지니는가 그리고 개별 비전이 상호 연관성과 일관성을 지니는가를 중점적으로 분석할 것이다. 즉, 외교 · 안보정책이 얼마나 적절하고 타당성을 지니도록 구성되었는가(suitability & validity)가 주요한 판단 기준이 될 것이다. '결과'(outcome) 부분의 경우, 투입 분야의 기본 취지들이 얼마만큼 충실히 실현되었는가 그리고 이러한 성과들이 얼마만큼 대외적으로 인지되었는가를 살펴볼 것이다. 정책의 효율성(effectiveness)을 중심으로 결과 부분을 점검하겠다는 것이다. 마지막으로 '환류'(feedback)와 관련해서는 초반의 정책들이 대내외적인 환경 변화나 여론을 얼마만큼 적절히 반영했는가를 분석할 것이며, 이는 탄력성(flexibility)을 중심으로 환류 부분을 평가하겠다는 것을 의미한다.

필요했으나, 철학적 고민이 부족했던 비전

일단 이명박 정부에서 표방된 외교·안보 분야 국정비전과 목표 그리고 구체적인 전략 및 과제 측면에서의 적절성 및 타당성은 높은 수준이었다고 할 수 있다. 전반적인 전략의 체계 및 상호 연관성이 높기 때문이다. 이명박 정부는 대한민국의 역사를 '발전의 역사'로 인식하는 가운데, '발전과 통합'을 새 정부를 탄생시킨 시대적 요구로 인식하였다. 즉, [건국 → 산업화 → 민주화]를 승화시킨 새로운 발전 모델을 요구하는 한편, 세계화, 지식 정보화, 지구온난화 등 지구적 문제의 부각, 국제관계의 다원화, 인간 중심의 보편적 가치 확산 등 문명사적 전환기의 복합적 도전에 능동적으로 대응하여야 한다는 인식을 표방한 것이다.

이명박 정부는 '선진화를 통한 세계 일류국가'를 국가의 비전으로 설정한 가운데, 경제의 선진화, 삶의 질의 선진화, 국제 규범의 능동적 수용과 창출 등을 통해 세계에서 인정받는 고품격 국가로서 미래 대한민국의 모습을 지향하였다. 이러한 국가비전을 실현하기 위한 실천 규범으로 설정된 것이 '창조적 실용주의'인데, 이명박 정부의 설명에 따르면 이는 실질적인 성과 중시, 현실적 적합성, 새로운 목표·방법 창안, 체계적 문제 인식·해결을 특징으로 한다. 또한, 이명박 정부는 국가 비전을 실현하기 위해 5년 내 '新발전체제 구축'을 완성해야 할 것으로 인식하여, 앞서 제시한 5대 국정 지표를 설정하였다. 이명박 정부는 외교·안보 분야에서 달성해야 할 가장 시급한 국정 지표로 한반도의 새로운 평화 구조의 창출, 세계에 기여하는 실용외교 수행, 굳건한 선진안보체계 구축 등을 제시하였는데, 이는 이전 정부가 추진하던 과제들과의 일관성 측면에서 타당할 뿐만 아니라, 한국이 처한 대내외 환경을 고려할 때에도 적절했던 것으로 판단된다.

이명박 정부가 출범할 당시 외교·안보정책 여건은 북한 핵 문제와 관련하여 문서상의 합의가 존재하는 반면 여전히 그 실질적 이행에 대해서는 불

투명성이 존재하는 단계였다. 남북한 관계에서도 사정은 마찬가지였다. 제2차 남북 정상회담과 『10.4 공동선언』이 존재하기는 했지만, 그 실현 가능성은 여전히 미지수였고 일부에서는 이를 단순한 정치적 수사행위로 평가하기도 하였다. 따라서 2차례 교전이 발생했던 서해북방한계선(NLL) 문제를 포함하여 남북한 간에 보다 안정화된 공존 및 평화의 기반이 마련될 필요가 있었다. 북한 문제에 대한 남남 갈등을 치유할 조치 역시 시급한 상태였다. 대외적인 차원에서는 한·미 동맹 간의 신뢰의 위기 극복, 다변적인 대주변국 관계의 유지·강화, 세계사적인 힘의 변화에 부응하는 새로운 외교 패러다임의 제시 등이 요구되고 있었다. 이러한 점에서 '새로운 한반도 평화구조 창출', '세계에 기여하는 실용외교', '굳건한 선진안보'라는 전략은 한반도에서의 평화를 위한 제도적 기반을 마련하는 한편, 이의 기초가 되는 안보 태세를 확립하고, 이를 바탕으로 세계 속에서 한국의 위상을 높여 나간다는 측면에서 상호 연계성이 높은 과제였다. 이의 구현을 위해 설정된 세부 과제 역시 적절하게 설정되었던 것으로 판단된다.

　　박근혜 정부는 2013년 출범과 함께 5년간 시행될 국정 과제의 최상위 개념으로 "희망의 새시대"를 내걸었고, ① 경제부흥, ② 국민행복, ③ 문화융성, ④ 평화통일 기반구축의 4대 국정 과제를 제시한 바 있다. 이 네 가지의 모습이 실현된 미래 한국의 모습은 경제선진국인 동시에 국민의 삶의 질, 문화적 가치 그리고 튼튼한 안보를 바탕으로 한 통일 역량이 성숙된 세계적 모범 국가라는 것이 당시 박근혜 정부의 설명이었다. 즉, 창조경제와 경제 민주화, 민생경제의 안정이 조화를 이룸으로써 경제적 체질 개선을 통해 지속 가능한 성장이 이루어진 국가 그리고 복지와 국민안전 사회통합 등 국민의 행복이 보장될 수 있는 여건이 갖추어진 국가가 미래 우리 한국이 꿈꾸는 모습이라 할 수 있다. 그뿐만 아니라, 문화와 예술의 진흥, 세계적 문화 대국과 어깨를 견주는, 하드파워와 소프트파워가 조화된 미래 한국의 모습 역시 그려볼 수 있다. 중요한 것은 이러한 미래 한국의 모습이 공유되어야 한다는 것이다. "희망의 새시대"라는 가치가 남북한 모두에게 공유되는 것이 가치상으로도 온당하며, 또 逆으로 "희망의 새시대"를 앞당기는 원동력이 될 수도 있다는 것이다.

　　박근혜 정부의 외교·안보정책 역시 정책의 타당성 면에서는 분명 높은 평가를 받을 수 있는 측면이 있다. 박근혜 정부 출범 당시인 2013년 한국이 당면하고 있던 국제적 환경은 분명 '아시아 패러독스'라고 할 만한 상황이 전개되고 있었고, 한국의 입장에서는 남북한 관계뿐만 아니라 지역안보의 측면에서 외교·안보정책의 안정적 아키텍처를 구성해 나가야 했다. 남북한 관계에서도 교류·협력과 군사적 대치가 주기적으로 반복되면서 상호 불신이 커져 가는 악순환을 극복해야 한다는 점에서 '한반도 신뢰프로세스'는 그 논리적 타당성 면에서는 공박의 여지가 적은 것도 사실이다. '희망'이라는 국가 전체 차원에서의 외교·안보정책의 비전들 역시 이와의 연관성을 높게 지니고 있었기 때문이다.

그러나 과연 이러한 장밋빛 전망의 이면에서 실제로 치열한 철학적 고민이 있었는가에 대해서는 의문의 여지가 다분했다. 이명박 정부의 경우 '실용'이라는 가치를 내세웠지만, 이 '실용'도 철학적 기초 속에서 그 효과를 발휘할 수 있으며, 그렇지 않고서는 논리적 일관성이 없어진다. 논리적 일관성의 결여는 결국 정책 추진상의 일관성 문제와 연결될 수밖에 없다. 대표적인 것이 '비핵·개방·3000' 구상이다. 선거운동 당시부터 등장했던 이 세가지의 가치가 순차적인 것인가 또는 병행 추진되어야 할 것인가에 대한 분명한 개념 설정이 부족함으로써 그 해석을 두고 다양한 논쟁이 벌어지기도 하였다. 전작권 전환 연기에 있어 전작권 전환이 자칫 안보편승논리로 비추어질 가능성에 대한 보완 장치 역시 제시되지 못한 아쉬움이 있다. 2010년 북한의 천안함 폭침 이후 이명박 정부는 『5.24 조치』를 천명한 바 있다. 이 조치에 의하면 주로 영·유아 영양이나 모자보건에 대한 지원 분야를 제외한 여타의 분야는 북한의 성의 있는 사과나 후속조치가 있을 때까지 정지되는 것이 타당했다(그 조치의 적절성 문제는 차치하고서라도). 그런데 그해 여름의 북한 수해 당시 이명박 정부는 이 원칙에 융통성을 둘 수 있다는 가능성을 시사했다. 조치 발표 후 불과 4개월여 만의 일이었다. 또한, 그해 겨울에는 북한에 대한 신종플루 백신 제공과 관련, 별다른 조건이나 검증 절차를 제시하지도 못했다. 이는 결국 정책 자체가 뚜렷한 방향성을 지니지 못했다는 점을 의미한다.

박근혜 정부 역시 마찬가지였다. 각 국정 과제들을 묶는 외형적 키워드에 집착한 가운데, '창조성'(creativity)이라는 것에 대한 별다른 합의가 이루어지지 못한 가운데, 각 분야의 주요 비전과 과제로 '창조'의 접두사가 난립하는 결과가 초래되었다. 이러한 철학적 고민의 부재는 외교·안보정책 중 가장 중요한 두 축이라 할 수 있는 '한반도 신뢰프로세스'와 '동북아 평화협력구상'에서도 그대로 드러났다. '한반도 신뢰프로세스'의 경우 튼튼한 안보를 바탕으로 남북 간 신뢰를 형성함으로써 남북관계를 발전시키고, 한반도에 평화를 정착시키며, 나아가서 통일기반을 구축한다는 비전을 제시하였다. 즉, 북한의 무력도발을 용인하지 않는 튼튼한 안보 태세를 구축함으로써 평화를 지키고, 나아가 북한이 신뢰 형성의 길로 나오게 함으로써 평화를 만들어 가는 것이다. 또한, 남북 간의 신뢰 형성을 최우선적으로 추진하면서, 신뢰 형성과 남북관계 발전, 한반도 평화 정착, 통일기반 구축과의 선순환을 모색한다는 것이 신뢰프로세스의 기본 구상이었다(통일부 2013). '동북아 평화협력구상'은 이 지역에 다자협력의 질서를 만들어 가기 위한 '과정(process)'을 의미한다. 즉, 동북아 지역에서는 경제적 상호 의존은 확대되고 있지만 정치·안보 협력은 이에 못 미치는 현상이 지속되고 있다는 인식하에 ① 다자간 대화와 협력의 관행 축적을 통한 신뢰 구축으로 동북아 지역에 평화와 협력의 문화를 정착하고, ② 역내 협력 메커니즘 구축을 통한 지속 가능한 평화와 번영의 기반을 확보하며, ③ 북한의 국제사회 참여를 유도하고 북핵 문제 해결에 긍정적 기여를 한다는 구상이었다(대한민국 외교부 2014).

　문제는 그 성격상 당연히 연결되어야 할 이 두 접근이 어떤 상관관계와 연계성을 지니는지가 제대로 제시되지 못했다는 점이다. 실제로, 2014년 2월 워싱턴에서 열린 한 비공개 정책회의에서 상당수의 워싱턴 싱크탱크(think-tank)의 연구진 및 정부 전문가들이 ① 이명박 정부의 대북/통일정책과 박근혜 정부의 차이점은 무엇인지, ② '한반도 신뢰프로세스'가 구체적으로 어떤 정책인지, ③ '동북아 평화협력구상'과 '한반도 신뢰프로세스'는 어떠한 관계가 있는지에 대한 질문을 쏟아낸 바 있다.[16] 워싱턴에서의 기류가 이렇다면 다른 지역의 경우에는 더 말한 것도 없었을 것이다. 물론, 박근혜 정부 차원에서는 정부의 주요 외교·통일 구상 간에 이미 분명한 연관관계가 설정되어 있으며, 이들이 체계적으로 톱니바퀴처럼 맞물려 들어가는 구조라고 강변할지도 모른다. 그러나 '한반도 신뢰프로세스'와 '동북아 평화협력구상'

16) 이 회의는 서울대 국제문제연구소가 미국의 외교연구소(CFR)와 공동으로 마련한 것이었다.

그리고 여타 구상들은 연관성이 있다는 정도의 추상성만이 강조될 뿐, 어떠한 점에서 한반도 신뢰가 동북아 전체의 평화를 촉진시킬 것인가에 대한 구체적인 밑그림을 제시하지는 못하고 있었던 것이 현실이었다. 우리의 통일정책에 대한 분명한 논리와 각인이 없는 상태에서 주변국들에게 한국 주도 통일 준비를 지원해 달라고 이야기하는 것 자체가 어폐가 있었던 것이다.

효율성의 한계

이명박 정부의 외교·안보정책은 전략 및 과제 수립의 적절성에 비해 효율성 측면에서는 성과 못지않게 적지 않은 한계를 남겼다. 대표적인 것이 '한반도 평화구조 창출'의 과제였고, 이는 분명한 효율성의 문제를 나타내었다. 우선, 북핵 폐기의 지속적인 추진이라는 점에서 이명박 정부의 외교·안보정책은 큰 진전을 거두지 못한 채 미완의 과제들을 다수 남겨 놓았다. 북한 핵 문제는 이명박 정부 시절 동결과 불능화를 넘어서 해체 또는 완전한 비핵화의 단계에 아직 진입하지 못하고 있으며, 오히려 농축 우라늄을 통한 북한의 또 다른 핵개발 의혹이라는 추가적인 과제를 떠안게 되었다. '비핵·개방·3000'의 비핵화 슬로건 역시 북한의 호응을 이끌어 내지 못한 채 결국은 '상생·공영의 대북정책'이라는 더 큰 대북정책의 틀 안에 흡수되었다. '새로운 한·미 관계의 발전'의 과제는 새로운 한반도 평화구조의 창출 분야에서 가장 많은 성과를 낸 부분이라고 할 수 있다. 한·미 양국이 단순히 한반도 방위를 넘어선 '전략동맹'으로의 발전에 합의한 것 역시 미래를 대비하는 '새로운' 관계의 설정에는 분명 큰 의미를 지니는 것이다. 단, '21세기 전략동맹'이 구체적으로 어떤 역할과 임무를 지향해야 할 것인가에 대해서는 모호성이 지속되었으며, 한·미 동맹과 여타의 주변국 관계에 있어 어떠한 조화를 이루어 나가야 할 것인가 등에 대해서는 많은 부분이 여백으로 남아 있었다.

신아시아협력 외교의 추진이라는 세부 과제 역시 양면성을 동시에 지닌다. 아시아 내 각국에 대한 외교적 협력의 다변화나 활발한 정상외교 측면에서 이명박 정부는 분명히 큰 성과를 거두었다고 할 수 있다. 그러나 중국과 러시아에 대한 외교의 부분에서는 외교적인 수사의 측면에서는 협력의 여지를 확장했으면서도 정작 긴요한 시기에는 충분한 지원을 이끌어 내지 못한 한계 역시 동시에 존재한다. 그 대표적 사례가 2010년의 천안함 폭침과 연평도 포격이라 할 수 있다. 천안함 사태는 한국 국내적으로도 적지 않은 파장을 불러왔지만, 복합적인 동아시아의 전략 정세를 감안할 때, 주변국으로부터의 외교적 협력을 이끌어 내는 것 역시 무엇보다 중요한 과제였다. 그러나 중국은 천안함 사태 초반부터 신중한 반응으로 일관해 왔으며, 북한 연루 가능성을 매우 낮게 판단하는 자세를 취한 바 있으며, 결국 북한 책임론을 받아들이는 것을 부인하였다. 러시아 역시 비슷한 입장을 취했다.

이명박 정부의 외교·안보정책 중 투입 대비 효과의 측면에서 가장 많은 아쉬움이 남는 것이 '선진안보체계의 구축' 부분이다. 우선 이전 정부 당시부터 안정적인 재원 확보와 위협 판단의 적절성 그리고 계획의 일관성 측면에서 논란이 상존했던 『국방개혁 2020』의 수정 및 보완에 있어 확실한 좌표를 설정하지 못했다. 이명박 정부에 들어 새로이 2010년 '국방선진화 추진위원회'가 구성되었고, 이것이 천안함 폭침 이후 새로이 구성된 한시적 안보점검 기구인 '국가안보총괄점검회의'와의 상호 협력을 통해 새로운 개선안을 도출해 내었다고는 하지만, 성공적인 국방 개혁의 필수 요건이라 할 수 있는 치열한 국내적 토론과 광범위한 의견 수렴의 측면에서는 얼마나 성공적이었는지 의문이다. 2010년 중 군 지휘체계 개편과 관련하여 부각되었던 국내적 논란이 그 대표적 반증 사례이다.

2015년까지 한시적으로 유보하였다고는 하지만, 전작권의 전환 관리 역시 많은 문제점을 노출하였다. 미국의 안보공약을 가능한 한 더 오래 확보하는 것은 분명 한국의 국가 이익 면에서는 바람직한 것이다. 그러나 이것이 자칫 대책 없는 안보편승론으로 비추어질 경우 이는 중·장기적으로는 동맹의 활력을 훼손시킬 수 있다. 이러한 측면에서 전작권 전환에 맞추어 한국 자체의 방위력 건설과 한·미 간 비용의 분담과 같은 형평성 있는 거래관계의 형성에 얼마만큼 노력이 집중되었는가를 되돌아볼 필요가 있다.

굳건한 선진안보체제의 구축을 위해서는 무엇보다 초기 국정 과제에서 간과되었고, 2010년 천안함 폭침을 통해 부각되었던 국가 위기관리체제의 정교화 문제가 제대로 해결되었나를 살펴보아야 한다. 천안함 사건은 한국에게 있어 국가 위기관리 측면에서 다양한 교훈을 제시해 주는 것이었다. 천안함 사건의 가장 큰 교훈은 천안함에 대한 북한의 공격을 단순히 "우리의 군사적 대비태세가 약해서 발생한 것"으로 간주해서는 안 되며, 국가위기관리 측면에서 거시적인 접근이 필요하다는 점이었다. 천안함 폭침과 연평도 포격을 거치면서 기존의 청와대 국가위기상황팀이 국가위기관리센터로 확대 개편되는 등 일부 제도적 개선 노력이 있었지만, 이 역시 미봉에 그쳤다는 지적을 면하기 어렵다. 이는 특히 정보의 확산 부분에서 그렇다. 무엇보다 한국의 외교·안보정책에 있어서는 평시 정책과 위기관리에 대한 균형된 접근과 발상의 전환이 필요하다. 긍정적 비전과 전략하에서 국가 이익을 증대하기 위한 접근과 국가 위기 발생 가능성에 대한 문제의식을 가지고 상황을 다루는 태도는 분명 차이가 있다. 즉, 일상적인 외교·안보의 영역과 비상상황하의 위기관리 부문은 어느 쪽이 더 먼저라는 우선순위가 없이 동일한 중요성을 지니고 있다는 점에 대한 인식의 부족이 이명박 정부의 가장 큰 안보 태세의 약점이었다고 할 수 있다.

박근혜 정부에 들어서도 동일한 효율성의 문제는 반복되었다. 대표적인 것이 박근혜 정부가 가장 역점적으로 추진했다고 할 수 있는 대북정책, 특히 '한반도 신뢰프로세스'의 한계였다. 박근혜 정부의 신뢰프로세스에도 불구하고 북한은 박근혜 정부 임기 동안 2차례의 핵실험(2013년의 정권출범 직전까지를 감안하면 사실상 세 차례)을 감행했다. 정부 및 민간차원의 대화 및 교류·협력 부진은 이명박 정부 시절에 이어 반복되었고, 오히려 2015년 이후에는 더 증폭되었다. 이는 한국이 가질 수 있는 강점이나 기회에만 자신감을 가졌을 뿐, 약점이나 위협 극복을 위한 전략적 선택에 미흡했기 때문이었다. 박근혜 정부는 주로 한국의 대북우위 면만을 집중적으로 강조함으로써, 변화된 여건에도 불구, 주변국들이 동참하지 않을 수 없을 것이라는 자신감을 전제하였으며, 국민여론 형성에 있어서도 정부가 옳은 길을 가므로 국민들이 이에 지지하는 것이 당연할 것이라는 신념에 기반하고 있었다. 이로 인해 상대적으로 대주변국 여건 조성을 위한 노력이나, 국민 소통 증대에는 한계를 노출하였다. 또한 '한반도 신뢰프로세스'에는 한 행정부 내에서 해결되어야 할 것과 다음 행정부까지 연장되어야 될 과제가 혼재되어 있었다. 특히 오랜 대치 및 분단을 고려할 때 남북한 간 신뢰의 형성은 인내심을 가진 중·장기적 접근을 요구하는 것이며, 일방향적인 것이 아닌 양방향적인 것이 되어야 하지만, 이에 대한 입장 제시는 상대적으로 미흡했음을 부인하기 어렵다. 이명박 정부와의 '차별화 강박관념' 역시 문제였다. "과거 대북정책의 장점을 수용, 통합적 접근을 모색"하겠다는 것이 『한반도 신뢰프로세스』의 기본 가치였음에도 불구하고, 대북정책에 있어 자신들의 방향만이 독창적인 모범 정답이라는 관념을 벗어나지 못하였다.

'안보'를 강조하면서도 실제로 국방 분야에서 뚜렷한 족적을 남기지 못한 채, 오히려 전작권 전환을 무기한 연기한 것 역시 효율성 측면에서는 분명한 문제점으로 지적되어야 한다. 한국의 현재 그리고 미래의 군사력이 어떠한 수준이어야 합리적인가에 대한 합의도출은 결코 쉬운 일은 아니다. 군사 선진국들의 국방개혁은 모두 이 힘든 사회적 합의의 과정을 인내심 있게 거쳐 왔다. 즉, 범국민적 국방개혁 논의를 위한 제도적 장치를 마련하고, 이를 바탕으로 과거의 시도를 비판적·창조적으로 재해석해야 한다. 일단 사회적 합의가 도출되면 현재 미래의 한국군은 어떠한 방식으로 싸울 것인가(How to fight)에 대한 분명한 중심이 잡혀야 한다. 현재의 북한의 위협에는 어떻게 대응하며, 미래의 불확실한 위협에 대해서는 어떻게 관리할 것인가에 대한 분명한 비전과 전략이 수립되어야 하는 것이다. 과거 미국이 한반도 안보를 주도하던 시절, 이 전략을 추정하는 것은 비교적 간단했다. 즉, 미국으로서는 대규모 지상전력은 한국군의 인력과 자산을 주로 활용하되, 항공력과 해군력은 자신들이 주로 제공함으로써 북한에 대해 전 부문에서 우위를 점한다는 구상을 가지고 있었다고 할 수 있다. 이에 비해 현재 및 미래에는 한반도 방위에 대한 한국의 역할이 점차 증대되어야 한다. 결국 당시의 시대상황을 고려할 때, 박근혜 정부가 북한 위협 대응과 미래 위협 동시 대응은 과연 어떠한 방향이 되어야 하는가에 대해 진지한 검토와 고민이 있었는가는 여전히 의문이다.

수용 가능성의 결여

그러나 이명박 정부와 박근혜 정부의 외교·안보정책에서 가장 큰 문제점으로 나타날 수 있는 것은 수용 가능성의 결여였다. 이는 대외적인 측면과 대내적인 측면 모두에서 공히 나타나고 있다. 이는 원활한 환류(feedback)를 바탕으로 정책 방향을 수정해 나가는 기능이 극히 제약되었다는 데에서 기인한다. 대표적인 것이 대북정책 특히 비핵화 부분인데, 북핵 폐기와 관련하여 과거 핵을 비롯한 모든 핵 능력 해체의 일괄 타결에 대한 한국의 접근은 결과적으로는 광범위한 호응을 얻지 못했다. 비록 '그랜드 바겐'이 주변국들의 입장과 한반도에서의 안보 상황을 고려한 최선의 선택이었다고 하더라도, 그 후 2년 이상 북한 핵 문제에 대한 해결이 답보 상태를 벗어나지 못한다면 새로운 수정 대안이 고려되었어야 했다는 이야기이다. 대북정책에 대한 국론 결집에서도 적지 않은 문제가 있었다. 대북정책에 대한 충분한 소통과 국론 결집의 한계는 전반적인 정책 추진력 자체를 감소시키는 부담을 되돌아왔다고 볼 수 있는 것이다. 이러한 국내의 여론 분열은 2010년의 천안함 폭침과 연평도 포격에서도 그대로 나타났다. 젊은 세대의 적지 않은 비율이 천안함 침몰과 관련된 정부의 조사 결과의 신뢰성에 의문을 제기하였고, 연평도 포격과 관련해서는 국내 및 주변국 차원에서 남북한의 양비론(兩非論)이 제기된 바 있다.

　한·미 동맹의 차원에서도 수용 가능성의 문제는 그대로 나타난다. 이명박 정부에 있어 한·미 동맹 차원에서 가장 많이 등장한 용어가 '복원'이었다. 이전 정부에서 발생했던 부정적인 편린들을 치유하겠다는 측면에서 이해가 가지 않는 것은 아니지만, 이는 적지 않은 논리적 모순점을 내포하고 있다. 2000년대 이후 더 넓게는 1990년대 이후의 안보환경 변화 과정을 지켜볼 때, '복원'이라는 설명이, 그리고 그 설명의 근저에 자리 잡고 있는 인식이 과연 정확한 것인지에 대해서는 의문을 제기하지 않을 수가 없다. '복원'은 어떤 상태 또는 어떤 시점으로의 회귀를 의미한다. 2000년대 이후 한·미 동맹에는 중요한 구조적 변화의 동인들이 지속적으로 발생하였다. 이미 변화하고 있는, 그리고 미국의 입장에서도 그렇게 가야만 하는 동맹의 어떤 상태를 '복원'할 것인가. 이러한 관점에서 현재부터라도 잠재하고 있는 근본적인 구조적인 과제를 해결하려는 자세로 한·미 관계를 접근하지 않는다면 동맹의 지속 가능한 발전은 여전히 취약할 수밖에 없었다. 실제로, 워싱턴을 중심으로 이명박 정부 기간 동안 '보수'를 지향하는 이명박 정부가 동맹의 부담 분담이나 지역/국제적 기여에는 오히려 인색하다는 지적이 제기되었던 점을 주목할 필요가 있다.

　무엇보다 큰 문제는 외교·안보정책의 가장 큰 상대방이라 할 수 있는 북한이 이를 전혀 수용하지 않았다는 점이다. 이명박 정부 기간 동안 북한은 대북정책 비전의 어느 것도 수용하려 하지 않았고, 오히려 매체를 통해 극단적인 비난들을 쏟아 내었다. 북한의 태도를 변화시키기 위해 중국이나 러시아 등 주변국들이 수용 가능한 대안들을 발굴해 내지도 못하였으며, 오히려 임기 말에는 일본과도 독도 문제 등을 둘러싼 갈등을 유발하였다. 비록 이러한 경색이 북한의 비타협적인 정책이나 주변국들의 자기 위주 정책에서 비롯되었다고 치부하더라도, 최소한 국내의 국론수렴 과정이나 정책 방향의 보완을 고려해 볼 만한 상황이었음은 분명하다. 그럼에도 이명박 정부가 이에 아무런 주의를 기울이지 않은 것은 비판을 면하기 어렵다고 보아야 한다.

이러한 문제는 박근혜 정부에서 그대로 반복되었다. '한반도 신뢰프로세스'에서 '신뢰'와 실질적으로 구현된 '신뢰'는 전혀 다른 성격의 것이었다. 대표적인 것이 2016년 하반기 이후 정부 차원에서 주기적으로 표출되었던 '북한 불안정설'로, 이것이 우발사태에 대한 대비를 넘어 수시로 언급되는 상황에서 '제도통일'을 강력히 비난해 온 북한 정권이 한국의 대북정책에 대한 신뢰를 가지기는 힘들다. 이러한 면에서 남북한 간의 '신뢰'는 결국 북한만이 신뢰성 있는 태도를 보여 주면 된다는 '일방적 신뢰'의 요구였고, 국내적 '신뢰'는 정부 정책에 대한 믿음을 주기 위한 노력보다는 정책적 홍보를 통해 국민들의 수용을 끌어내려는 '순응적 신뢰'라는 비판으로부터 자유로울 수 없다. 국제적 신뢰 역시 한국의 진정성을 믿어 주고 지원해 주면 된다는 '수사적 신뢰'의 추구에 가까웠던 것이다. 신뢰프로세스 자체가 애초에 표방한 바를 구현하지 못함으로써 남북한 간의 불신과 대립이 격화되는 것을 방지하지 못한 맹점이 존재하는 것이다. 이러한 한계는 박근혜 정부의 '희망적 사고'(wishful thinking)로 인해 더 심화되었다. 북한의 정권 변환, 더 나아가서는 자체 모순에 의한 붕괴를 믿는 박근혜 정부의 사고는 북한의 입장에서는 결코 수용하기 어려운 정책 방향을 고집하게 만들었다.

수용 가능성의 결여는 결국 이명박 정부와 박근혜 정부가 채택했던 정책결정체계상의 문제와도 밀접한 관련이 있다. 아래 그림에서 나타나는 바와 같이 외교·안보정책의 결정은 다양한 참여자들에 의해 이루어진다. '소집단 결정'의 경우 행정부의 최고정책 결정자와 소수의 참모들만이 참여한다. '조직적 과정'의 경우 주로 행정부의 유관부처들이 정책결정과정에 개입된다. 반면, '부처 간 관료정치'의 경우, 행정부 부처뿐만 아니라 의회, 압력단체, NGO 등의 다양한 행위자들이 정책결정과정에 뛰어든다. 대체로 제기되는 외교·안보 이슈가 일상적 사안일 때는 '조직적 과정'이, 비일상적이지만 위기로 발전할 가능성이 낮을 때는 '부처 간 관료정치'가, 비일상적이고 위기발생이 우려될 때는 '소집단 결정'의 정책결정이 이루어진다. 물론, 모범 정답이 있는

것은 아니다. 다만 외교·안보정책 결정과정에서 그 영향이 국가 전체적인 면
에 미칠 우려가 있을 경우 가능한 한 많은 참여자들을 개입시키는 것이 민주
정치의 기본정신에 부합한다. 가장 위험한 것은 '소집단 결정'으로, 이는 효율
적이기는 하지만, 많은 경우 정책의 실패와 이어질 수 있다(미국의 1960년 '피그
만 사건'과 같이). '소집단 결정'은 결국 '집단사고'(group-think)를 낳게 되고, 이
는 많은 경우 합리적 정책 판단을 불가능하게 만든다.

그림 1 외교·안보정책에 있어 국내적 참여의 정도(Hudson 2007, 65)

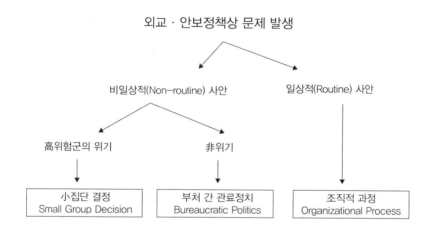

보수정부 9년의 외교·안보정책에서 주요 이슈별로 '부처 간 관료정치'가
발동된 사례는 찾아보기 힘들다. 주기적으로 '실세' 논쟁이 발생했다는 점에
서 '조직적 과정'을 중시했다고 보기도 어렵다. 결국 '소집단 결정' 위주의 외
교·안보정책결정은 주요 정책에 대한 국내적 인지도와 지지도 모두를 낮추
었으며, 시민사회와의 양방향 소통보다는 '홍보' 위주의 접근 역시 '불통'을 야
기하여 수용 가능성을 낮추는 원인이었다고 할 수 있다.

맺는말

전반적으로 이명박 정부로부터 출발하여 박근혜 정부에서 종결된 보수정
부 9년의 외교·안보정책은 타당성 면에서는 충분히 평가할 만하지만, 일관성

이나 철학의 부재라는 문제를 노출하고 있었다. 또한, 효율성 면에서도 일부 국위의 선양이나 중견국으로서의 위상 제고에도 불구하고 최초 지향했던 목표의 달성에는 한계가 있었다는 지적을 피하기 어렵다. 특히, 수용 가능성의 측면에서는 대내외적인 차원에서 모두 뚜렷한 결핍을 나타내었으며, 북한의 경계심이나 불신만을 유도하였다.

다만, 이명박 정부와 박근혜 정부 정책의 한계를 '보수정부'의 정책 실패로 보기에는 한계가 존재한다. 가장 큰 쟁점은 과연 이들이 추구하는 가치가 '보수적'이라고 불릴 수 있을 만한 것이었느냐는 점이다. '보수'는 기존의 것을 '지킨다'라는 가치에서 출발한다. 그런데 양 정부 공히 '안보'나 '국방'과 같이 '보수'의 일반적 정향으로 인식되는 키워드를 차용하였을 뿐, 구체적으로 어떤 가치를 지킬 것인가를 제시하지 못하였다. 대표적인 것이 자유민주주의와 시장경제 같은 가치인데, 양 정부 공히 이를 대북정책이나 대외정책에서 표방하면서도 국내정치적으로는 민주적 절차를 결여하고 있었다. 또한, 이러한 가치를 북한에 확산시키거나 침투시키는 데 있어서도 대북 우월인식 자체를 보수적 가치와 동일시하는 오류를 저질렀다. 예를 들어, 박근혜 정부가 추진했던 '통일대박'의 가치는 특별히 보수의 전유물이라고 보기는 힘들며, 국방 분야에서 두드러졌던 편승 역시 전통적 보수의 가치는 아니었다. 오히려 그때그때 보수라는 인상을 과시하기 위해 개념들을 차용한 것이 이명박 정부와 박근혜 정부의 공통된 문제점이었다.

이미 지적한 철학의 부재는 "무엇을 지킬 것인가"에 대한 인식의 공백과 연결되었다. 한국 사회에서 보수적 가치를 무엇으로 규정할 것인가, 외교·안보 분야에서는 최소한 어떠한 가치를 지향해야 '보수적'인 것이며, 이에 입각한 정책은 무엇인가에 대한 세심한 고려가 없었던 것이다. 이명박 정부는 '실용'이라는 단어의 남발을 통해 오히려 보수적 가치관의 일관성 있는 정립을 저해하였고, 박근혜 정부는 '행복', '희망', '창조' 등의 단어들이 보수적 가치를 통해 어떻게 승화될 수 있는가에 대한 고려도 없이 슬로건 위주의 정책을 구사하였다. 정확히 말해서 이명박 정부와 박근혜 정부의 정책적 문제는 '보수정부'의 한계라기보다는 "보수답지 못한 보수"가 맞닥뜨리게 될 필연적인 결과였다.

보수정부 9년의 외교·안보정책 총평에 있어 두 번째 고려해야 할 것은

과연 이들의 정책 실패가 오롯이 자신들의 무능이나 부패에서 비롯되었는가
이다. 즉, 대외환경적인 요인과 제약이 이들의 정책 추진에 장애를 제공했을
가능성도 따져 보아야 한다. 근본적으로는 '중견국 대한민국'이 지니는 역량
상의 한계와 강대국 위주의 주변국과 접하고 있는 지전략적(geo-strategic) 특
성도 같이 고려되어야 한다는 것이다. 이에 대한 검토가 없이 이명박, 박근혜
정부의 정책적 한계만을 비판하는 것 역시 공정한 평가라고 보기는 어렵다.
대외 환경상의 한계가 이명박 정부 및 박근혜 정부의 정책적 문제의 면죄부
가 되어야 한다는 이야기가 아니다. 이들의 정책상 한계를 유발한 국제정치적
환경에 대한 솔직한 현실 인식이 없이는 후속 정부들 역시 '희망적 사고'에 의
한 폭주나 일방통행을 면하기 어렵기 때문이다.

　　마지막으로 우리가 고려해야 할 것은 보수정부 9년이 주는 반면교사(反面
教士)이다. 이미 지적한 바와 같이, 보수정부 9년의 외교·안보정책상의 그림
자는 충분한 국내적 합의의 과정을 거치지 않은 정책결정과 추진에 상당 부
분 기인하였다. 이제 같은 오류를 새로운 정부가 되풀이하지는 않는 것인지,
위기 시에나 통용될 수 있는 '위로부터의'(Top-down) '소집단 결정'에 안주하
는 것은 아닌지를 항상 되돌아보아야 한다. 보수정부 9년의 외교·안보정책을
평가하는 가장 큰 목적도 그것에 두어야 할 것이다.

참고문헌

대통령 기록관. 2011. 『이명박 정부 100대 국정과제』.

백재옥·전성진·이준호·유준형·정희원. 2016. 『국방예산 분석·평가 및 중기 정책 방향(2015/2016)』. 서울: 한국국방연구원.

제18대 대통령직 인수위원회. 2013. 『제18대 대통령직인수위원회 제안 박근혜 정부 국정과제』, 보도자료. 서울: 대통령직 인수위원회.

외교부. 2009~2017. 『외교백서』.

_____. 2014. 『동북아 평화협력구상: 아시아 패러독스를 넘어 평화와 협력의 동북아로』. 서울: 외교부.

최진욱 외. 2008. "박근혜 정부의 통일안보비전과 추진과제." KINU 정책연구시리즈 13-08.

통일연구원(편). 2008. 『이명박 정부의 통일정책은 이렇습니다』. 서울: 통일연구원.

_____. 2010. 『이명박 정부 통일외교안보정책의 세부적 추진방안』. 서울: 통일연구원.

통일부. 2013. 『한반도 신뢰프로세스』. 서울: 통일부.

Valerie M. Hudson, 2007. *Foreign Policy Analysis: Classic and Contemporary Theory*. Maryland: Rowman & Littlefield Publishers, Inc.

저자 소개(가나다순)

강우진

고려대학교에서 비교정치와 한국정치를 전공으로 학사와 석사 학위를 받았다. 이후 도미하여 플로리다 주립대학교(Florida State University)에서 박사 학위를 받았다. 미국 텍사스 주립대학교 중의 하나인 Angelo State University에서 조교수를 역임했으며 하와이 대학교 동서문화 센터, 한국학 중앙연구원 등에서 펠로우를 지냈다. 2014년 9월부터 경북대학교 정치외교학과에서 부교수로 재직 중이다. nomadwj@gmail.com

강우창

호주국립대학교(Australian National University) 정치학과 조교수를 역임했다. 미국 뉴욕대학교(New York University)에서 정치학 박사 학위를 취득하고 예일대학교(Yale University) 동아시아연구단에서 박사 후 연구원으로 근무했다. Political Geography, Electoral Studies, Conflict Management and Peace Science, Social Science Journal, American Politics Research 등 학술지에 논문을 게재하였다. 2019년 9월부터 고려대학교에서 근무하게 되었다. woochang_kang@korea.ac.kr

구양모

노위치(Norwich)대학교 정치학과 부교수로 재직하면서 동대학 소재 평화전쟁연구소 부소장을 겸직하고 있다. 미국 아메리칸대학교 국제대학원 조교수를 역임하였다. 서강대학교에서 학사 학위를 취득하고 미국 조지워싱턴대학교에서 국제관계학 석사와 정치학 박사 학위를 받았다. 주요 연구 분야는 동북아 안보, 남북한 정치, 북한 핵 문제/경제개혁, 적대국가 간 화해, 미국 외교정책이다. Journal of East Asian Studies, Asian Perspective, Journal of Peace and War Studies, Korea Journal, Pacific Focus, Asian Journal of Peacebuilding 등의 학술지에 논문을 게재하였다. yku@norwich.edu

김희민

1981년 미국에 유학하여 1983년 미네소타대학교(University of Minnesota)에서 정치학 학사 학위를 받았다. 1990년에는 워싱턴대학교(Washington University in St. Louis)에서 정

치학 박사 학위를 받았다. 1989년에 플로리다 주립대학교(Florida State University)에 조교수로 임용되었고, 그곳에서 22년을 근무하였다. 2011년에 귀국하여 지금까지 서울대학교 사회교육과에서 정치교육을 가르치고 있다. 또한 플로리다 주립대학교 명예교수, 중국 길림대학교 공공외교학원 객좌교수도 겸하고 있다. 연구 관심 분야는 합리적 선택이론, 민주주의 성취도 비교연구, 미래 거버넌스 연구 등이다. Rationality and Politics in the Korean Peninsula(1995), Mapping Policy Preferences: Estimates for Parties, Electors, and Governments, 1945-1998(2001), 매니페스토의 올바른 이해와 사용: 서구 24개국의 정당 매니페스토 연구(2007), Korean Democracy in Transition: A Rational Blueprint for Developing Societies(2011), 게임이론으로 푸는 한국의 민주주의(2013), 민주주의와 리더십 이야기(2016) 등의 저서를 출판하였고, 그 외에도 약 45편의 해외 학술지 논문이 있다. 북미한국정치연구회의 회장을 역임하였고, 학술활동을 통한 국위선양을 인정받아 김대중 대통령으로부터 국민훈장 대통령장을 받았다. recount01@snu.ac.kr hkim@fsu.edu

노정호

연세대학교 정치외교학과에서 학사와 석사 학위를 받고 도미하여 MIT에서 박사 학위를 받았다. 그 후 예일대학교 정치학과에서 박사 후 연구원을 지내고, 2016년부터 국민대학교 정치외교학과에서 조교수로 근무하였다. Party Politics, Electoral Studies, Journal of European Social Policy, International Area Studies Review, The Social Science Journal, Journal of Asian and African Studies 등 국제 학술지에 논문을 게재하였다. jungho.roh77@gmail.com

문충식

중앙대학교 정치국제학과 조교수이다. 연세대학교 정치외교학과를 졸업하고, 미국 플로리다 주립대학교(Florida State University)에서 정치학 박사 학위를 받았다. 2014년부터 2018년까지 호주국립대학교(Australian National University) 정치학과에 조교수로 근무했다. 외국인 직접투자, 국제무역, 공적원조 등의 주제로 다수의 논문을 International Studies Quarterly, Comparative Political Studies, Journal of Conflict Resolution, Democratization, International Political Science Review, Journal of East Asian Studies 등 국제 학술지에 게재하였다. sarim799@gmail.com

성예진

서강대학교 정치외교학부를 졸업하고, 서울대학교에서 정치학 전공으로 석사 학위를 취득한 후 현재 박사 과정 수료 중이다. "한국인들은 무엇으로 민주주의를 평가할까? 승자-패자의 논리, 정당의 지역적 기반과 이념 성향을 중심으로(공저)", "2017년 대통령 선거에서 이념과 세대: 보수 성향 유권자를 중심으로(공저)"의 논문을 출판했다. 관심 분야는

정치제도, 대통령제, 관료제, 정책결정과정, 선거정치이다. jins.violet@gmail.com

송두리

서울대학교 사회교육과를 졸업하고, 동대학원에서 석사 학위를 취득하고, 현재 박사 과정 수료 중이다. 출판된 논문으로는 "승자 – 패자의 논리, 정당의 지역적 기반과 이념 성향을 중심으로(공저)"가 있다. 연구관심 분야는 정치참여와 민주주의 지지, 합리적 시민을 양성하는 정치교육, 정치적 지식과 시민행동 등이다. sdl0324@gmail.com

윤미영

숙명여자대학교 정치외교학과를 졸업하고, 미국 플로리다 주립대학교(Florida State University)에서 정치학 박사 학위를 받았다. 1993년부터 미국 인디애나주 하노버대학교에서 국제 정치와 비교정치를 가르치고 있다. 아프리카 여성의 정치참여, 영토 분쟁, 민주화, 공적원조 등의 주제로 다수의 논문을 해외학술지에 게재했다. yoon@hanover.edu

이윤경

고려대학교 철학과를 졸업하고, 연세대학교 국제대학원에서 석사를, 미국 듀크대학교에서 정치학 박사 학위를 받았다. 뉴욕주립대 – 빙햄튼을 거쳐 2016년부터 토론토대학교 사회학과 부교수로 재직하고 있으며, 동 대학 한국학 연구소 소장을 맡고 있다. 정치사회학 전공자로서 노동 운동, 사회 운동, 정치경제, 정당정치에 대해 연구한다. 주요 저서로는 Militants or Partisans: Labor Unions and Democratic Politics in Korea and Taiwan(Stanford University Press 2011) 외에 Globalizations, Studies in Comparative International Development, Asian Survey, Journal of Contemporary Asia, Critical Asian Studies 등에 실린 다수의 논문이 있다. yoonkyung.lee@utoronto.ca

정한울

한국리서치 여론연구전문위원이다. 고려대학교 정치학 박사, 유엔사 한미연합사 주한미군 여론분야 자문위원으로 활동 중이며, 고려대학교 평화와 민주주의연구소 교수, 서울시 여론조사 공정심의위원회 위원, 동아시아연구원 여론분석센터 부소장을 역임했다. hanwool.jeong@gmail.com

조진만

2004년 연세대학교에서 정치학 박사 학위를 취득하였다. 연세대학교 리더십센터 교육전문연구원, 미국 플로리다 주립대학교 정치학과 방문연구원, 인하대학교 국제관계연구소 연구 교수를 거쳐 현재 덕성여자대학교 정치외교학과 부교수로 재직 중이다. 전공 분야는 비교정치와 한국정치로 의회, 선거, 정당과 관련된 연구들을 주로 수행하였다. 다수의 논문을 Electoral Studies, Pacific Focus, Korea Observer, Asian Perspective, [한국정치학회보], [의정연구], [한국정당학회보], [국가전략] 등의 학술지에 게재하였다. jmcho7777@hanmail.net

차두현

연세대학교 정치외교학과를 졸업하고 동대학원에서 정치학 석사와 박사 학위를 받았다. 한국 국방연구원 국방현안팀장, 청와대 위기정보 상황팀장, 한국국제교류재단 교류협력이사 등을 거쳐 현재는 아산정책연구원 객원연구위원, 경희대 평화복지대학원 겸임교수, 북한대학원대학교 겸임교수로 근무하고 있다. 『북한 권력구조와 권력엘리트』, 『2025년 미래 대예측』, 『한·미 동맹의 비전과 과제』, 『한국외교 2020, 어디로 가야하나? 1』, 『현대 한미관계의 이해』, Alliance For the Next Century: ROK-US Security Cooperations toward 21st Century 외 다수의 저서가 있다. 21lancer@naver.com

Terrence Roehrig

마켓대학교(Marquette University)에서 정치학 석사를, 위스콘신대학교(University of Wisconsin-Madison)에서 정치학 박사 학위를 취득하였다. 현재 미국 해군대학교(the U.S. Naval War College) 국가안보학과 교수이며 아시아 태평양 그룹의 수장을 맡고 있다. 하버드대학교 케네디스쿨에서 연구원으로 근무한 경력이 있다. Japan, South Korea, and the U.S. Nuclear Umbrella: Deterrence After the Cold War, South Korea's Rise: Economic Development, Power, and Foreign Policy와 South Korea since 1980 외 다수의 서적을 출판하였다. 한국과 동아시아의 안보, 북한의 핵무기, 북방한계선 문제, 남한의 해군력, 한미동맹, 인권문제 등에 대해 여러 학술지에 꾸준히 출판을 하고 있다. terence.roehrig@usnwc.edu

한국 보수정부의 부침 2008-2017

초판발행	2019년 8월 30일
지은이	김희민 외 13인
펴낸이	안종만 · 안상준
편 집	황정원
기획/마케팅	손준호
표지디자인	박현정
제 작	우인도 · 고철민
펴낸곳	(주)박영사
	서울특별시 종로구 새문안로3길 36, 1601
	등록 1959. 3. 11. 제300-1959-1호(倫)
전 화	02)733-6771
f a x	02)736-4818
e-mail	pys@pybook.co.kr
homepage	www.pybook.co.kr
I S B N	979-11-303-0800-5 93340

정 가   14,000원